Les dérives de l'industrie de la santé

DU MÊME AUTEUR

En collaboration, « Sartre sur la crise d'Octobre 1970 », entrevue avec Jean-Paul Sartre, *Bulletin d'histoire politique*, vol. 5, n° 3, 1997.

La condition humaine. Quelques conceptions de l'être humain, 3ᵉ édition, Gaëtan Morin éditeur, Chenelière Éducation, 2006.

L'imposture néolibérale. Marché, liberté et justice sociale, Montréal, Éditions Écosociété, 2000.

Dieu est mon copilote. La Bible, le Coran et le 11 septembre, Montréal, Éditions Écosociété, 2002.

En collaboration avec Pierre Mouterde, *ADQ : voie sans issue*, Montréal, Éditions Écosociété, 2002.

L'envers de la pilule. Les dessous de l'industrie pharmaceutique, Montréal, Éditions Écosociété, 2004.

L'industrie pharmaceutique: mythes et réalités. De certaines pratiques commerciales éthiquement discutables touchant le médicament, Communications livrées au premier congrès international sur la chaîne du médicament, 2005, Geriso, www.geirsomedica ments.uqam.ca, Montréal, 2006.

J.-Claude St-Onge

Les dérives de l'industrie de la santé

Petit abécédaire

LES ÉDITIONS
écosociété
MONTRÉAL

Direction éditoriale : Serge Mongeau
Coordination de la production : Valérie Lefebvre-Faucher
Direction artistique : Julie Mongeau
Typographie et mise en pages : Andréa Joseph [PageXpress]
Illustration de la couverture : commebleu

LES ÉDITIONS ÉCOSOCIÉTÉ
C.P. 32052, comptoir Saint-André
Montréal (Québec) H2L 4Y5
Dépôt légal : 4ᵉ trimestre 2006
ISBN 2-923165-28-4

Depuis les débuts, les Éditions Écosociété ont tenu à imprimer sur du papier contenant des pourcentages de fibres recyclées et post-consommation, variables selon la disponibilité du marché. En 2004, nous avons pris le virage du papier certifié *Éco-Logo* – *100 % fibres post-consommation* entièrement traité sans chlore. De plus, afin de maximiser l'utilisation du papier, nos mises en pages ne comportent plus de pages blanches entre les chapitres.

Catalogage avant publication de Bibliothèque et Archives Canada

St-Onge, J.-Claude (Jean-Claude), 1941-

Les dérives de l'industrie de la santé : petit abécédaire

Comprend des réf. bibliogr. et un index.

ISBN 2-923165-28-4

1. Industrie pharmaceutique – Aspect social. 2. Médecine – Pratique. 3. Médicaments – Commercialisation. 4. Éthique médicale. I. Titre.

RS100.5.S24 2006   174.2'951   C2006-941901-9

Nous remercions le Conseil des Arts du Canada de l'aide accordée à notre programme de publication. Nous reconnaissons l'aide financière du gouvernement du Canada par l'entremise du Programme d'aide au développement de l'industrie de l'édition (PADIE) pour nos activités d'édition.

Nous remercions le gouvernement du Québec de son soutien par l'entremise du Programme de crédits d'impôt pour l'édition de livres (gestion SODEC), et la SODEC pour son soutien financier.

À Lise. Plus que jamais

*Au spécialiste du médicament qui
m'a initié à ces réalités, toute ma reconnaissance
pour ses conseils et son amitié*

REMERCIEMENTS

Je tiens à remercier Serge Mongeau des Éditions Écosociété pour ses conseils et son appui ainsi que toute l'équipe de la maison, notamment Julie Mongeau, ainsi que Valérie Lefebvre-Faucher et Carole Michaud qui ont lu le manuscrit.

Un grand merci à Jean Lapalme pour la documentation qu'il me fait généreusement parvenir depuis plus de deux ans.

Finalement, toute ma gratitude et bien davantage à ma première lectrice, Lise Ste-Marie, pour son soutien, ses suggestions et sa patience qui a été mise à rude épreuve en cours de rédaction.

...nous avons laissé l'impression que tous les médicaments sont sécuritaires. En fait, aucun médicament n'est sécuritaire.

HANK MCKINNELL, P. D.-G. DE PFIZER,
Fortune, 10 janvier 2005

La santé est un état transitoire qui ne laisse rien présager de bon... Tout homme bien portant est un malade qui s'ignore.

LE DOCTEUR KNOCK,
Personnage absurde d'une pièce de Jules Romains
créée en 1923

Les décès causés par Vioxx ne sont pas « des vraies morts ».

UNE HAUTE RESPONSABLE DE LA FDA

TABLE DES MATIÈRES

MISE EN GARDE

Ne jamais arrêter une médication sans avoir consulté son médecin au préalable.

GLOSSAIRE DES SIGLES

AHRP   Alliance for Human Research Protection (organisme amé-
        ricain qui se consacre à la protection des sujets humains
        participant aux recherches)

DPT   Direction des produits thérapeutiques (branche de Santé
        Canada responsable de l'homologation des médicaments)

DSM   *Diagnostic and Statistical Manual* (*Manuel diagnostique
        et statistique des troubles mentaux* ou *DSM-IV*, utilisé
        par les professionnels de la santé pour diagnostiquer et
        traiter les troubles mentaux)

FDA   Food and Drug Administration (équivalent canadien de la
        DPT)

HRG   Health Research Group ou Groupe de recherche en santé,
        branche médicale de l'organisme de défense des consom-
        mateurs Public Citizen

IRB   Institutional Review Board (comité d'éthique de la
        recherche qui approuve les essais cliniques. En France,
        Comité de protection des personnes)

JAMA   *Journal of the American Medical Association*

JAMC   *Journal de l'Association médicale canadienne* (ou *CMAJ*
        en anglais)

NEJM	*New England Journal of Medicine*
NIH	National Institutes of Health (subventionnés par le gouvernement américain, équivalent des Instituts de recherche en santé du Canada)
NYT	*The New York Times*
ORC	CRO en anglais. Organisation de recherche contractuelle ou organisation de recherche clinique (entreprise de recherche clinique commanditée par les fabricants de médicaments pour concevoir et réaliser les essais cliniques)
OMS	Organisation mondiale de la santé
RIP	Représentant de l'industrie pharmaceutique

À moins d'indication contraire, les montants d'argent dans ce texte sont exprimés en dollars américains. Les traductions sont de l'auteur. Le nom de marque des médicaments commence avec une majuscule, le nom générique est tout en minuscules. Pour faciliter la lecture j'ai renvoyé toutes les références à la fin du livre. Pour ne pas multiplier les références inutilement, j'ai souvent choisi de fournir mes sources une seule fois quelques lignes plus loin dans le texte ou au contraire quand je commence à aborder une nouvelle question.

INTRODUCTION

Elle [l'industrie pharmaceutique] ne craint personne, tient les États à la gorge et les presse comme un citron, creusant leur déficit de façon vertigineuse.

Pʀ Philippe Even, Pʀ Bernard Debré

Plusieurs personnes ont réagi avec consternation à la publication de *L'envers de la pilule*, tant certains faits rapportés semblaient inconcevables. Mais je suis, si l'on peut dire, en bonne compagnie. Deux professeurs de médecine français, Philippe Even et Bernard Debré (ce dernier ayant été ministre sous le gouvernement Balladur, on ne peut le soupçonner de « déviation de gauche »), écrivent dans leur dernier livre au sujet de l'industrie pharmaceutique : « Car derrière la scène, il y a les coulisses, parfois si sombres qu'il est difficile d'y croire. Si difficile, et nous le mesurons, que ceux qui en parlent n'ont que peu de chances d'être publiés, crus et sont vite taxés d'excès, de sensationnalisme, même preuves en mains[1]. »

Ce livre poursuit l'analyse socio-économique et éthique de l'industrie pharmaceutique entreprise dans *L'envers de la pilule* en élargissant le propos à certains aspects de l'industrie de la santé. Cet ouvrage est une suite et un complément à *L'envers de la pilule*. Une suite, dans la mesure où il apporte des informations sur une série d'événements qui se sont déroulés depuis la fin de 2004, notamment les nouvelles preuves que les antidépresseurs poussent un certain nombre d'utilisateurs au suicide et les mésaventures ayant entouré la pire catastrophe médicale, celle du Vioxx. Un complément, dans la mesure où j'élargis la perspective à des thèmes connexes tels que les erreurs médicales, les infections nosocomiales, l'homéopathie, les déterminants sociaux de la santé, la politique du médicament, etc. Cet ouvrage tente également de répondre à de nombreuses questions que *L'envers de la pilule soulevait en les laissant en suspens, comme le rôle* du vieillissement dans l'explosion de la consommation des médicaments.

Pour être sûr d'être bien compris, précisons que ce livre n'est pas un réquisitoire contre les médicaments bien éprouvés — je me fais vacciner chaque année contre la grippe. Comme je le rappelle souvent, et bien qu'il faille dénoncer leur usage abusif, les antibiotiques ont sauvé des millions de patients et la trithérapie maintient en vie ceux et celles qui seraient autrement voués à une mort certaine. Ce n'est pas non plus une condamnation de la médecine et de l'industrie de la santé, mais de certains comportements injustifiables. Au cours des conférences que j'ai données, j'ai croisé nombre de médecins critiques à l'égard de l'industrie et dévoués à l'intérêt de leurs patients. Notre système de santé répond à des besoins essentiels. Mais ses grandeurs ne doivent pas nous aveugler sur les misères qui l'accablent. Finalement, on ne peut prendre prétexte des avancées de l'industrie de la santé pour excuser les dérives et les embardées dont nous sommes témoins.

J'ai opté pour l'abécédaire à cause de la souplesse d'une telle formule. Pour faciliter la lecture et répondre aux vœux de certains lecteurs, le texte s'accompagne de tableaux qui illustrent mes propos.

Antidépresseurs

Dissimulation des effets indésirables

...des vies ont été menacées et les Américains ont été traités comme des cobayes parce que les responsables d'Eli Lilly ont menti il y a 15 ans en niant que leur antidépresseur pouvait induire des comportements suicidaires.

Dʳ Martin Teicher

Combien d'années faut-il attendre avant que les autorités sanitaires reconnaissent qu'un médicament est potentiellement dangereux parce qu'il peut induire des comportements violents allant jusqu'au meurtre et au suicide ? Dans le cas des nouveaux antidépresseurs la réponse est : 16 ans. Après la commercialisation du Prozac par Eli Lilly en 1988, des cas de meurtre et de suicide par des patients traités aux antidépresseurs ont été répertoriés et documentés. Des proches des victimes ont poursuivi des laboratoires et obtenu des règlements hors cour.

Risque de tentatives de suicide et efficacité modeste

Les premiers chercheurs qui ont alerté l'opinion publique au sujet des dangers des antidépresseurs, appelés inhibiteurs sélectifs de recaptage de la sérotonine (ISRS), notamment David Healy, n'ont pas été crus et ont fait l'objet de pressions, voire de harcèlement de la part de certains fabricants[2]. La question était controversée jusqu'à maintenant. Mais la publication récente de plusieurs documents ne laisse guère de place au doute. Parmi ceux-ci, signalons le texte du fabricant de Prozac publié sur le site Internet de CNN en 2005 ; l'étude d'une équipe de Toronto sur le suicide chez les personnes âgées consommant des ISRS; une analyse démontrant un risque accru de commettre des tentatives de suicide chez les jeunes traités aux antidépresseurs; une lettre de GlaxoSmithKline (GSK) expédiée aux médecins en mai 2006 pour les prévenir que le Paxil peut accroître le risque de tentatives de suicide. Le document d'Eli Lilly soulève une autre question tout aussi fondamentale et non moins troublante. Lilly a-t-il caché des informations sur la sécurité de son antidépresseur aux professionnels de la santé, mettant inutilement des vies en danger? En effet, comment les médecins peuvent-ils prescrire correctement un médicament s'ils n'ont pas l'heure juste à son sujet? Déjà en 1990, le docteur Martin Teicher, clinicien et éminent chercheur de Harvard, publiait la première étude scientifique liant le Prozac aux comportements violents et suicidaires. Il confiait récemment au *USA Today* que «les Américains ont été traités comme des cobayes parce que les responsables d'Eli Lilly ont menti il y a 15 ans en niant que leur antidépresseur pouvait induire des comportements suicidaires[3].» Un porte-parole de la compagnie a rejeté ces accusations en bloc.

Par ailleurs, l'analyse récente de nombreux essais cliniques remet sérieusement en question le degré d'efficacité réelle des nouveaux antidépresseurs qui ont pratiquement fait table rase des thérapies des générations précédentes, sous prétexte que ces nouveautés étaient plus efficaces et plus sécuritaires. Si ces médicaments soulagent les symptômes dépressifs de certaines personnes, leur degré d'efficacité pour de nombreux patients n'est guère plus élevé que celui du placebo et plus de la moitié des patients ne répondent pas à la médication.

Un antidépresseur en cinq minutes: la dépression au Canada

Ces questions sont d'autant plus troublantes qu'une enquête du *Journal de Montréal*, réalisée en janvier 2006, révélait qu'il est désespérément facile de se procurer des antidépresseurs. En cinq jours, le journaliste qui se disait déprimé et qui prétendait manquer d'intérêt pour certaines activités s'est fait prescrire 271 comprimés d'antidépresseurs. Dix des 11 médecins les ont prescrits en quelques minutes. Seulement trois médecins ont pris plus de 15 minutes et tenté d'en connaître davantage sur les causes de la «dépression». En plus de la médication, 8 des 11 médecins ont recommandé de consulter un psychologue[4]. Ces conseils, tout à fait judicieux, risquent dans bien des cas de rester lettre morte en raison des coûts engendrés par les consultations avec des professionnels en santé mentale. Aux États-Unis, une enquête a démontré que les deux tiers des enfants et un nombre plus élevé d'adultes n'avaient pas consulté de médecin ou de professionnel en santé mentale au cours du mois qui a suivi le début de leur traitement médicamenteux, en dépit des nouvelles directives des autorités sanitaires qui recommandent, depuis 2004, et nous verrons pourquoi, un suivi hebdomadaire au cours du premier mois de traitement[5].

Au Canada les ventes d'antidépresseurs ont dépassé le cap du milliard de dollars canadiens et la prescription de ces médicaments a augmenté de 75 % entre 1999 et 2004[6]. La consommation française — la plus élevée au monde — a presque été multipliée par dix entre 1980 et 2000[7].

Au troisième rang pour la consommation de médicaments au Canada, le Québec occupe la neuvième position en matière d'anti-dépresseurs. Jusqu'en 2004, les diagnostics de dépression émis par les médecins en cabinet (en excluant les hôpitaux) sont ceux qui ont connu la croissance la plus rapide avec 9 023 000 consultations en 2004.

Nombre d'ordonnances pour la dépression au Canada : 2004

Nombre d'ordonnances	24,2 millions
Nombre de consultations pour dépression	9,02 millions
% d'hommes	34 %
% de femmes	66 %
Consultations débouchant sur un médicament	81 %

Source : IMS Health, « Quoi de neuf ? », 7 mars 2005, http://www.imshealthcanada.com/htmfr/1_0_16.htm.

Le nombre de consultations en 2004 représente une baisse de 22 % par rapport à l'année précédente alors que les médecins émet-taient 11,6 *millions de diagnostics de dépression*. Dans 75 % des cas, les médicaments prescrits sont ceux qui appartiennent à la même famille que le Prozac. En 2003, 450 000 personnes de 19 ans et moins ont été traitées pour dépression et 75 % d'entre elles ont reçu un antidépresseur[8].

Cette diminution dans le nombre de diagnostics de dépression est un phénomène au premier abord intrigant. Qu'est-ce qui a changé pour justifier cette réduction ? Le facteur le plus important est sans doute le fait qu'en 2004 les autorités sanitaires ont mis le public en garde contre ces produits qui peuvent pousser certaines personnes au suicide, particulièrement les jeunes. Ces mises en garde ont contribué à réduire l'offre d'antidépresseurs ce qui aurait un effet sur les diagnostics. Ivan Illich a raison de soutenir que la consommation de médicaments est tributaire de l'offre ; plus l'offre est importante, plus les gens en consomment (voir **obsédés**).

Cela dit, le Canada ne compte pas neuf millions de déprimés. Une personne peut consulter son médecin trois fois dans l'année et recevoir trois fois le même diagnostic. Les données d'IMS ne distinguent pas ceux qui souffrent de dépression majeure de ceux qui sont affectés de dépression légère à modérée ou de simples symptômes dépressifs. Le sondage de Statistique Canada réalisé en 2002, intitulé *Enquête sur la santé dans les collectivités canadiennes : santé mentale et bien-être*, estime que 4,5 % à 4,8 % de la population aurait vécu un épisode dépressif *majeur* au cours des 12 mois qui ont précédé l'enquête. Le sondage met en évidence certains troubles de santé mentale susceptibles d'un traitement aux antidépresseurs.

Troubles de santé mentale susceptibles d'être traités aux antidépresseurs chez les 15 ans et plus : Canada, 2002

Condition	Nombre total	En pourcentage de la population
Trouble dépressif majeur	1 120 000	4,5
Trouble de l'humeur	1 210 000	4,9
Anxiété	1 180 000	4,7
Trouble panique	400 000	1,6
Trouble de la manie	190 000	0,8
Agoraphobie	180 000	0,7
Phobie sociale (timidité)	750 000	3,0

Source : Statistique Canada, *Enquête sur la santé des collectivités canadiennes : santé mentale et bien-être*, http://www.statcan.ca/Daily/Francais/030903/q030903a.htm, 3 septembre 2003.

Le Canada compterait donc plus de *cinq millions de personnes de 15 ans et plus utilisateurs potentiels d'antidépresseurs, soit plus de 20 % de la population.* Cela fait beaucoup de gens étiquetés comme ayant des problèmes de « santé mentale », d'autant plus que les membres des Forces armées canadiennes ainsi que les résidants des trois territoires, des établissements, des régions éloignées et des réserves indiennes, où l'incidence de la dépression est élevée, n'étaient pas ciblés par l'enquête. À ceux-là il faudrait ajouter la quasi-totalité des 5,9 % d'enfants de 6 à 16 ans qui souffriraient de dépression majeure d'après une étude épidémiologique de 1990, sans compter ceux qui sont affectés par les autres troubles qui figurent au tableau et ceux qui sont âgés de 0 à 6 ans[9]. En ajoutant les moins de 15 ans, se pourrait-il qu'environ une personne sur trois et même plus souffre de problèmes mentaux, sans compter ceux et celles qui sont atteints de psychoses (schizophrènes, maniaco-dépressifs, etc.)? Nous verrons plus loin qu'il convient d'être critique à l'égard de ces évaluations en raison même des limites inhérentes aux questionnaires utilisés pour recueillir ces données.

D'après une enquête européenne réalisée en 1994-95, les Français arrivent en tête pour l'Europe avec 9,1 % de citoyens souffrant de dépression majeure, 1,7 % de dépression mineure et 11,6 % présentant des symptômes dépressifs. L'Allemagne s'en tire beaucoup mieux. Pour les mêmes catégories nous obtenons 3,8 %, 1,9 % et 5,6 %[10].

De nouvelles preuves que les antidépresseurs accroissent le risque de suicide

La controverse fait rage depuis des années. Les antidépresseurs comme le Prozac poussent-ils un petit nombre de patients au suicide, comme le soutiennent quelques spécialistes? Puisque ces médicaments sont consommés par des dizaines de millions de personnes sur la planète, ce qui pourrait sembler un risque acceptable devient un problème de taille. Les fabricants continuent de soutenir que *seule* la dépression pousse les patients au suicide et que leurs médicaments ne sont aucunement en cause. Cette opinion, *a priori* plausible, est de plus en plus battue en brèche et est devenue insoutenable.

En 2005, Maurice Hinchey, membre du Congrès américain, remettait un document interne du fabricant de Prozac à l'agence de nouvelles CNN. La publication du document apporte un nouvel éclairage au débat. Ce document a originellement fait surface en 1994 lors d'un procès impliquant Joseph Wesbecker qui s'est suicidé après avoir tué huit personnes suite à l'absorption de Prozac. Le document était connu de quelques experts — notamment ceux qui ont témoigné au procès — et est passé quasiment inaperçu avant qu'il ne soit transmis à CNN. Ce document, dont l'authenticité n'a pas été contestée, suggère fortement que Lilly savait depuis le début que son produit pouvait induire des comportements violents. Intitulé *Activation and Sedation in Fluoxetine* [nom générique du Prozac] *Clinical Trials*, il porte sur les essais cliniques réalisés auprès de 14 198 patients en 1988.

Selon Hinchey, Lilly a donné des instructions pour cacher des informations sur les dangers potentiels de son médicament. Lors des essais cliniques menant à l'autorisation de mise sur le marché du Prozac, 38 % des patients traités à l'antidépresseur contre 19 % de ceux qui étaient sur placebo ont éprouvé ce que les spécialistes appellent le « syndrome d'activation », ou « syndrome sérotoninergique », constitué de toute une série de symptômes plus inquiétants les uns que les autres (voir tableau). Par comparaison, 4 % des gens prenant un tricyclique, un antidépresseur de première génération développé vers la fin des années 1950, ont éprouvé ces symptômes.

Symptômes du syndrome d'activation

Automutilation	Agitation
Idées suicidaires	Insomnie
Impulsivité	Hostilité
Irritabilité	Acathisie
Anxiété	Virage maniaque
Attaques de panique	Hypomanie

Source : Marie-Ève Lavoie, *L'actualité pharmaceutique*, février 2006, p. 4.

L'élément le plus inquiétant révélé par le document demeure le nombre de rapports d'effets indésirables graves. Les tentatives de suicide étaient beaucoup plus fréquentes sous Prozac qu'avec les anciens antidépresseurs, soit 3,7 % contre 0,2 % à 0,8 % pour les tricycliques, comportant un risque de surdose élevé. *Le risque de tentative de suicide se trouvait ainsi multiplié par 4,6 à 18* selon le tricyclique auquel le Prozac était comparé. Par ailleurs, le document de Lilly montre que les patients sous Prozac étaient deux fois plus prédisposés à démontrer de l'hostilité, huit fois plus à même de causer des blessures intentionnelles et au moins deux fois plus susceptibles de souffrir de dépression psychotique que ceux qui prenaient un tricyclique[11].

L'étude comparative du docteur Juurlink de l'Institute for Clinical Evaluative Sciences de Toronto parue dans l'*American Journal of Psychiatry* en mai 2006, ne devrait pas laisser subsister beaucoup de doutes quant au potentiel des ISRS de pousser certains patients à commettre des tentatives de suicide et de les réussir. Si la plupart des personnes âgées qui se sont suicidées en Ontario (1142 entre 1992 et 2000) ne prenaient pas d'antidépresseurs, celles qui étaient traitées aux ISRS étaient presque *cinq fois plus susceptibles de se suicider au cours du premier mois* de leur traitement que celles qui prenaient des antidépresseurs de première génération comme Elavil. L'étude du docteur Juurlink révèle qu'*après le premier mois* de traitement, quel que soit l'antidépresseur utilisé, il n'y avait aucune différence en ce qui a trait au nombre de suicides. Cette observation suggère fortement que l'absorption d'ISRS augmentait l'incidence du suicide[12].

Une autre pièce importante est venue s'ajouter au dossier récemment. Après avoir ré-analysé les données de ses essais cliniques — pourquoi ne pas l'avoir fait plus tôt puisque la question est soulevée depuis longtemps ? — GSK relate que sur les 3455 déprimés traités au Paxil, 11 ont commis une tentative de suicide par comparaison à *un seul* des 1978 sujets sur placebo, soit une personne sur 314. La plupart étaient de jeunes adultes de 18 à 30 ans[13].

En 2004, la FDA concluait que les enfants et les adolescents traités aux antidépresseurs présentaient un risque élevé de « suicidalité », terme technique pour « idées et comportements suicidaires ». L'analyse de 24 études comparant cinq ISRS à un placebo, *dénombrait 89 cas de suicidalité et 120 autres cas possibles sur les 4582 sujets* ayant participé aux essais cliniques. L'incidence de suicidalité allait de 0 % à 8 %, pour un risque de suicidalité global qui est près de deux fois plus élevé pour les jeunes patients traités aux antidépresseurs que pour ceux qui prenaient un placebo. L'étude montre que les patients souffrant de dépression étaient relativement moins à risque de commettre une tentative de suicide (1,66) que ceux qui étaient traités pour d'autres indications (1,95) telles que l'anxiété ou les troubles obsessifs-compulsifs. L'essai clinique des Instituts nationaux de la santé mentale révélait un risque significativement plus élevé de suicidalité que celui qu'on observait dans les essais commandités par les fabricants d'antidépresseurs[14]. Ces résultats illustrent les biais potentiels et réels, les vices cachés et le faible degré de fiabilité de nombreux essais cliniques commandités par les fabricants par rapport aux études indépendantes (voir **essais**)[15].

Un *rush* de sérotonine semblable à l'effet de la cocaïne

Les symptômes décrits dans le document de Lilly font partie de ce qu'on appelle le syndrome sérotoninergique. Ils se produisent généralement dans les *premières semaines* après le début du traitement, au moment de réajuster la dose ou quand le patient ayant oublié de prendre son médicament s'y remet. Cette condition révèle toute l'importance d'un suivi serré dans les premières semaines suivant la prescription du médicament. Les ISRS élèvent le niveau d'un neurotransmetteur dans le cerveau, la sérotonine — les neurotransmetteurs facilitent la transmission de l'influx nerveux entre les neurones. Il se produit alors un *rush* de sérotonine qui peut également survenir quand l'antidépresseur est pris simultanément avec un produit naturel, le millepertuis, avec un médicament contre l'obésité, le Meridia (voir **Xenical**), qui n'est rien d'autre qu'un antidépresseur reconverti dans la lutte contre l'obésité[16] ou avec les sirops pour le rhume à base de dextrométhorphane (DM). Soit dit en passant, le journal *Pediatrics* de juillet 2004 signalait que la dextrométhorphane et un antihistaminique en vente libre « ne sont pas supérieurs à un placebo » pour traiter le rhume chez les enfants. L'American Academy of Pediatrics n'entérine pas l'usage de ce produit en raison de son manque d'efficacité et de son « potentiel de toxicité[17] ».

Bien que Lilly ait toujours nié les risques de suicide associés à son médicament, un reportage du *Boston Globe* réalisé en 2000 semble confirmer les révélations contenues dans le document de la compagnie transmis à CNN. Le journal révélait que le laboratoire a déposé une demande de brevet en 2000 pour un Prozac amélioré, (R-fluoxétine), qui n'a jamais vu le jour. La demande de brevet indique que la *R-fluoxétine ne produirait pas les mêmes effets indésirables que le Prozac. Le document de Lilly explique quels sont ces effets* :

« *acathisie* [agitation intense avec incapacité de rester assis], *pensées suicidaires, automutilation*[18] ». Les symptômes d'acathisie sont décrits par un patient : « c'est comme si quelqu'un vous administrait une dose de poudre à gratter par intra-veineuse[19]. »

Un psychiatre de Harvard affirme que si le Prozac peut causer de sérieux problèmes de comportement, c'est que la fluoxétine a des effets similaires à la cocaïne sur la sérotonine chez certaines personnes[20]. À la Food and Drug Administration (FDA), l'agence américaine d'approbation et de surveillance des médicaments, le scientifique responsable d'évaluer les effets indésirables du Prozac, au moment de son autorisation de mise sur le marché, notait que la fluoxétine a un profil similaire aux amphétamines, mieux connues sous le nom de *speed*[21]. Faut-il s'étonner si les ISRS peuvent provoquer des troubles tels que de l'agitation, de la nervosité et de l'agressivité ?

En 1984, et de nouveau en 1985, les autorités sanitaires allemandes rejetaient la demande d'autorisation de mise sur le marché de Lilly dans ces termes : « En tenant compte du rapport risque/bénéfice, nous croyons que cette préparation est totalement inadéquate pour le traitement de la dépression ». Elles soulignaient que le caractère potentiellement dangereux du médicament provenait du fait « qu'il provoquait de l'agitation avant d'améliorer l'humeur[22]. » Avant d'aller mieux, plusieurs patients sont excités et agressifs, ce qui les incite ainsi à passer à l'acte.

La correspondance entre un médecin employé par Lilly en Allemagne et le quartier général montre comment l'industrie manie l'euphémisme pour banaliser les effets indésirables. Le médecin se plaint d'avoir reçu des instructions pour changer le terme « *tentative de suicide* » par « *surdose* » et « *idées suicidaires* » par « *dépression* » dans les rapports des essais[23]. GSK a utilisé les mêmes méthodes dans les rapports soumis à la FDA au sujet de Paxil. Les scientifiques de l'agence ne comprenaient pas le sens de l'expression « labilité affective » utilisée par le fabricant pour décrire la réaction à son médicament. La réponse de la multinationale : « tentative de suicide[24] ».

Lilly nie avoir caché des informations aux autorités médicales. Le médecin responsable du dossier Prozac à la FDA jure qu'il n'a jamais vu le document de Lilly intitulé *Activation and Sedation in Fluoxetine Clinical Trials* quand la compagnie a soumis sa demande d'autorisation de mise sur le marché.

En 1990, David Graham, directeur adjoint de la FDA, qui a recommandé le retrait de 12 médicaments — deux d'entre eux sont toujours sur le marché — soutient que Lilly a omis de rapporter à l'agence 76 des 97 cas de suicidalité recensés au cours de la surveillance post-marketing[25].

Malgré les avis de certains spécialistes et cliniciens au sujet des dangers potentiels des ISRS, ce n'est qu'en mars 2004, 16 ans après la commercialisation du Prozac, que les fabricants d'antidépresseurs ont dû apposer des mises en garde à l'effet que leurs produits risquaient de provoquer de l'agitation et des comportements suicidaires, particulièrement chez les jeunes. Un guide destiné aux patients, disponible sur le site Internet des Instituts nationaux de santé mentale (NIMH), consulté en février 2006, ne fait aucune référence à ces effets indésirables potentiels des ISRS[26].

Découverte de nouveaux effets indésirables des antidépresseurs
En 1997, la FDA recevait 40 000 rapports d'effets indésirables, dont 10 000 graves au sujet des antidépresseurs[27]. En plus d'élever le risque de tentatives de suicide, on commence à peine à constater les conséquences dramatiques qu'ils peuvent avoir chez les enfants des femmes exposées aux antidépresseurs durant leur grossesse. Le *New England Journal of Medicine* rapporte les résultats d'une étude réalisée chez 377 femmes ayant pris des ISRS dans le troisième trimestre de leur grossesse, comparé à un groupe témoin de 836 femmes et leurs enfants. Dans le premier groupe, 14 enfants souffrant d'hypertension pulmonaire avaient été exposés aux antidépresseurs par comparaison à 6 pour le groupe témoin[28]. Les enfants exposés aux antidépresseurs étaient donc *six fois plus à risque de développer de l'hypertension pulmonaire* persistante que dans la population normale. Bien que le risque absolu d'hypertension pulmonaire ne soit que de 0,5 % chez les enfants des femmes enceintes exposées aux ISRS, une femme sur 200 ayant consommé ces médicaments donnera naissance à un enfant souffrant de cette affection grave.

L'hypertension pulmonaire peut entraîner des défaillances cardiaques et est associée à des taux de mortalité et de morbidité élevés. L'auteure principale de l'étude a tenu à préciser que « nous ne sommes pas certains que le médicament *cause* [je souligne] de l'hypertension pulmonaire ». Une haute responsable de la FDA ayant déjà défendu l'innocuité du Vioxx affirmait : « ce n'est pas une raison de paniquer.

Pour plusieurs femmes, le petit risque suggéré par cette étude *pourrait être* [je souligne] contre-balancé par le besoin de traiter leur problème mental[29].» Après avoir tergiversé, la FDA imitait finalement les autorités médicales canadiennes en juillet 2006 en émettant un avertissement sur les dangers des ISRS durant la grossesse.

En outre, jusqu'à 30 % des nouveaux-nés exposés à ces médicaments avant leur naissance présentent des symptômes tels que de l'agitation, un faible tonus musculaire, des problèmes respiratoires et parfois des convulsions[30]. Certains d'entre eux ont nécessité une hospitalisation prolongée. Des chercheurs affirment que ces problèmes sont temporaires et que les conséquences seront pires si les mères dépressives ne prennent pas leur médicament.

Une étude épidémiologique suédoise de 5123 femmes révélait que 2 % des femmes traitées au Paxil pendant le premier trimestre de la grossesse avaient donné naissance à *des enfants présentant des anomalies congénitales et des malformations cardiaques, par comparaison à 1 % des femmes dans la population totale*[31]. D'après certains spécialistes, ces résultats ne sont pas concluants car d'autres facteurs pourraient être en cause. Cependant, une étude de plus faible envergure citée dans le même document de Santé Canada révélait que 5,1 % (13 sur 257) des nourrissons exposés au Paxil avaient développé des malformations congénitales. Si cela n'est pas une preuve de causalité, c'est néanmoins un signal inquiétant.

Par ailleurs, la somnolence et les étourdissements provoqués par les antidépresseurs ne sont pas sans conséquences sérieuses. Le Health Research Group (HRG), organisme de défense des consommateurs américains, cite une étude concluant que 14 % des fractures de la hanche chez les personnes âgées sont attribuables aux psychotropes, une classe de médicaments dont font partie les antidépresseurs. Certains d'entre eux peuvent induire des symptômes ressemblant à la maladie de Parkinson[32]. D'après une enquête française, environ 10 % des accidentés de la route ont un psychotrope dans le sang et 50 % des médicaments en vente libre ou sous ordonnance altèrent les facultés au volant. Toute molécule qui a des effets sédatifs multiplie le risque d'accident de deux à cinq fois[33].

Finalement, il convient de ne pas sous-estimer un large éventail de désagréments liés aux ISRS. En voici un échantillon tiré de la monographie de Cipralex: nausées, transpiration excessive, diarrhée, constipation, fièvre, difficulté à s'endormir, envie de dormir, étourdissements. De très nombreuses personnes rapportent une forte baisse de libido et l'inhibition de l'orgasme. Le docteur Smog aurait-il raison ? Dans cette bande dessinée d'André-Philippe Côté, une patiente vient consulter le docteur Smog. Elle lui confie : « Tout va mal, j'ai des centaines de milliards de problèmes ». Il lui recommande des antidépresseurs en ajoutant : « Vous n'aurez qu'un seul problème. » « Lequel ? », demande la patiente. La réponse du docteur : « L'antidépresseur ![34] »

La pilule du bonheur ?

Les ISRS ont été célébrés comme des médicaments miracle. Or, Jacky Law, auteure de *Big Pharma*, compare les taux d'efficacité des antidépresseurs à ceux du placebo. Ces pourcentages sont mesurés à partir de l'échelle Hamilton, un instrument qui évalue la sévérité de la dépression. Les essais cliniques montrent à répétition que les patients sont très sensibles à l'action de la prise en charge qui accompagne le placebo. Le tableau qui suit résume l'amélioration éprouvée par les patients sous antidépresseur par comparaison à ceux qui prenaient un placebo.

Efficacité des antidépresseurs par comparaison au placebo (en pourcentage)

	Groupe sous antidépresseur	Groupe sous placebo
Effexor	11,54	8,38
Zoloft	9,96	7,93
Paxil	9,88	6,67
Celexa	9,69	7,71
Proxac	8,3	7,34

Source : Jacky Law, *Guardian*, « The fool's gold that heals », *Guardian*, 14 janvier 2004. L'article résume le dernier livre de Jacky Law, *Big Pharma*, chez Constable & Robinson, 2006.

En vertu de la loi d'accès à l'information, des chercheurs ont obtenu des documents de la FDA sur six des antidépresseurs les plus populaires, sensiblement les mêmes que ceux cités plus haut — Prozac, Paxil, Zoloft, Celexa, Serzone, Effexor — tous des ISRS, sauf les deux derniers qui agissent sur la sérotonine et la noradrénaline, un autre neurotransmetteur. La plupart des 42 essais cliniques passés en revue par les chercheurs ont duré *six* semaines — et pourtant on suggère que les patients suivent un traitement de six mois ; certains des essais n'avaient jamais été publiés. La différence entre le médicament et le placebo n'est *que de deux points sur les 62 que compte l'échelle Hamilton*, un instrument pour mesurer la sévérité de la dépression. Comme il s'agit d'une moyenne, certains patients pourraient en bénéficier davantage que d'autres. Par ailleurs, les chercheurs ont constaté un taux d'efficacité moyen sous placebo de 80 % par comparaison au médicament[35]. Une équipe de spécialistes dirigée par Irving Kirsh a analysé 31 essais cliniques provenant des banques de données de la FDA. Ils constatent que *57 % des essais financés par l'industrie pharmaceutique n'ont pas réussi à démontrer l'existence d'une différence d'efficacité significative entre l'antidépresseur et le placebo.* Nous sommes loin du miracle annoncé. La plupart des essais négatifs obtenus de la FDA n'ont pas été publiés.

Une équipe de chercheurs de l'Université Brown a révélé que la majeure partie des candidats potentiels ont été *exclus* des essais. Plusieurs essais cliniques refusaient les patients qui présentaient des symptômes psychotiques, des épisodes maniaco-dépressifs, un risque de suicide, un problème d'abus d'alcool ou de drogues. D'autres essais écartaient les personnes présentant des troubles alimentaires, des troubles obsessifs-compulsifs et des attaques de panique. Les personnes souffrant de dépression légère ont également été exclues parce qu'elles sont susceptibles de répondre aussi positivement au placebo qu'au médicament[36]. En appliquant les critères d'inclusion/exclusion utilisés pour les essais cliniques chez 436 patients souffrant de dépression, les chercheurs de l'Université Brown ont découvert que de 66 % à 85 % d'entre eux auraient été exclus des essais cliniques[37]. Les résultats des essais sont par conséquent biaisés en fournissant un nombre de réponses positives plus élevé que celui obtenu dans la vraie vie.

Ces résultats mitigés expliquent pourquoi tant de gens ne répondent pas à la médication. Des chercheurs qui ont reçu des fonds de l'industrie soulignent que lors des essais cliniques chez les adultes, ce taux est de 50 %[38]. D'après l'Association américaine de psychiatrie, après un premier épisode dépressif, de 50 à 85 % des patients font au moins une rechute et la moitié d'entre eux rechutent dans les deux ans. En outre, 20 % présentent des troubles chroniques et les trois quarts ne retrouvent jamais l'équilibre psychologique dont ils jouissaient avant leur traitement[39]. Une vidéo récente du fabricant de Cymbalta révèle que 30 % des participants aux essais cliniques connaissent une rémission et que les trois quarts qui présentent des symptômes résiduels font une rechute[40]. Des patients prenant des antidépresseurs depuis des mois aboutissent chez le psychologue deux fois plus mal en point.

Les failles que nous venons d'observer dans les essais cliniques concourent non seulement à exagérer les effets bénéfiques des antidépresseurs, mais également à en minimiser les effets indésirables. Les sujets qui exhibent des comportements suicidaires en sont souvent exclus, les compagnies dissimulent les tentatives de suicides sous des euphémismes et plusieurs études omettent de rapporter les tentatives de suicide comme le signale Ferguson[41].

Pire encore, dans la plupart des cas, ces pilules ne règlent pas les problèmes à l'origine des symptômes et peuvent même les aggraver en aidant nombre d'usagers à supporter l'insupportable. Un psychiatre américain, Simon Sobo, qui prescrit lui-même des antidépresseurs, expose le cas d'un de ses patients malheureux en mariage. Il souffrait de dépression majeure parce qu'il désirait ardemment des enfants, alors qu'il n'en était pas question pour son épouse. D'après Sobo, un traitement aux antidépresseurs pourrait le rendre entièrement fonctionnel, mais il n'est pas exclu qu'il se réveille 25 ans plus tard avec le sentiment d'avoir gâché sa vie parce qu'il aura accepté d'enterrer son rêve d'enfants[42]. Les antidépresseurs servent souvent de forme de *contention* sociale, comme l'écrit Christian Saint-Germain[43]. On contient le malheur, on le circonscrit, sans toucher au problème de fond. Pourquoi payer maintenant quand on peut payer plus tard ?

Les antidépresseurs semblent engendrer une espèce de « je m'en foutisme » que les patients de Sobo décrivent en ces termes quand ils pensent à leur attitude devant ce qui les déprimait : « c'est pas grave », « faut pas s'en faire, ce sont des détails ». Les antidépresseurs émoussent la capacité à réagir sur le plan émotionnel.

Un déséquilibre chimique ?

Nous sommes à l'ère du *tout biologique*, un discours qui cherche dans le cerveau ou les gènes l'origine de tous les comportements — du divorce à l'intelligence, en passant par l'orientation sexuelle — et de toutes les maladies, de la fibrose kystique en passant par la dépression et la schizophrénie. Si la génétique a fait de grands pas dans l'identification des gènes responsables des maladies physiques comme la fibrose kystique (mucoviscidose en France), il en va autrement de la génétique du comportement qui n'a pas donné les fruits escomptés, y compris la génétique du comportement animal. On n'a jamais pu démontrer que les comportements complexes comme l'attitude face à l'autorité, l'intelligence, l'orientation sexuelle, le divorce, sont déterminés par les gènes, comme le soutiennent les partisans de cette approche.

En ce qui a trait à la schizophrénie, l'hypothèse qui en ferait une maladie *purement* génétique ne s'est pas avérée. Malgré les titres tapageurs des journaux, toujours friands de rapporter la dernière « grande percée scientifique », toutes les études ayant identifié LE gène de la schizophrénie ont été contredites par des études subséquentes. Dans les couples de vrais jumeaux où l'on trouve un schizophrène, les deux le sont dans environ 50 % des cas. Puisque les vrais jumeaux sont identiques sur le plan génétique et que le vrai jumeau d'un schizophrène n'est atteint qu'une fois sur deux, il est impossible de soutenir que LA cause de la schizophrénie est génétique[44].

Si l'hypothèse du *tout biologique* ne tient pas la route dans le cas de nombreux comportements complexes, voire la vaste majorité, cela ne veut pas dire que la biologie ne joue aucun rôle dans l'apparition de la schizophrénie ou dans d'autres pathologies. Il se pourrait que l'on découvre un gène, plus vraisemblablement une collection de gènes prédisposant certaines personnes à la maladie. Une équipe française multidisciplinaire ayant étudié 25 généalogies, a fait l'hypothèse que la schizophrénie pourrait être reliée à une paire de gènes. Or, 75 % des personnes possédant le gène « anormal » en double dose ne seraient jamais atteintes. Les sujets possédant un gène normal et un gène lié à la schizophrénie auraient une probabilité de 5 % de souffrir de schizoïdie, une forme atténuée de la maladie[45]. La génétique est beaucoup plus complexe qu'on ne le croyait, et le vieux modèle linéaire « un gène, une protéine, une maladie » a été abandonné. Mais ces considérations suffisent pour invalider l'hypothèse du *tout biologique* : la schizophrénie n'est pas une maladie monofactorielle, n'impliquant que les gènes, comme l'affirme le généticien Jean-Louis Serre[46].

Le principal courant de la psychiatrie, sous l'impulsion de l'industrie pharmaceutique, considère la dépression comme résultant d'un déséquilibre chimique auquel la publicité fait abondamment référence. Dès lors, il faut rétablir l'équilibre en augmentant les niveaux de sérotonine et/ou de noradrénaline dans le cerveau. Cette hypothèse n'a jamais été prouvée. Des expériences ont tenté d'induire des dépressions en épuisant le niveau de sérotonine, mais les résultats obtenus étaient incohérents. Inversement, pour traiter la dépression, des chercheurs ont administré des méga doses d'une substance qui augmentait les niveaux de sérotonine, mais sans succès. Une analyse récente montrait que les tricycliques sont aussi « efficaces » que les ISRS pour traiter la dépression, bien qu'ils ne ciblent pas particulièrement la sérotonine. D'ailleurs, celle-ci n'est pas identifiée comme cause de la dépression dans le *DSM-IV*, la bible des psychiatres américains. En 2003, les autorités médicales irlandaises ont interdit à GSK d'inclure dans la monographie du Paxil toute information prétendant qu'il rétablirait les niveaux de sérotonine[47]. Un spécialiste de la FDA affirmait que les psychiatres ont cherché à prouver cette hypothèse, « mais jusqu'à maintenant, elle demeure insaisissable[48] ».

Contrairement à l'hypertension ou au cholestérol, quand le médecin émet un diagnostic de dépression, il ne procède à aucun test pour démontrer que son patient souffre d'un tel déséquilibre. Cette thèse constitue le « fondement » théorique pour prescrire des antidépresseurs à tout va en ajustant les niveaux des neurotransmetteurs. Or, le cerveau est un outil fabuleux, mais aussi complexe que le cosmos. Nos connaissances ne sont pas à la hauteur quand on se mêle d'ajuster et de régler les niveaux des neurotransmetteurs. Par ailleurs, les techniques d'imagerie médicale n'ont pas donné les résultats escomptés. Le docteur Jeffrey A. Lieberman du département de psychiatrie de l'Université Columbia souligne que « les différences observées [entre déprimés et non-déprimés] se situent à l'intérieur de variations qu'on trouve dans une population normale ». En outre, les changements observés dans le cerveau des patients sur placebo ou traités aux antidépresseurs sont similaires chez tous les sujets[49].

Le choix d'un antidépresseur particulier ne répond pas aux critères les plus rigoureux. Pourquoi tel antidépresseur agissant uniquement sur la sérotonine plutôt que tel autre agissant également sur la noradrénaline ? Pourquoi du Paxil, plutôt que du Zoloft, du Prozac ou de l'Effexor ? Pourquoi ne pas prescrire un des antidépresseurs de deuxième génération, (appelés IMAO-A), qui agissent également sur les neurotransmetteurs ? Pour toute réponse on dira que tel patient réagit bien à tel produit. Ce type de raisonnement procède à reculons en inférant la cause à partir de l'effet de la médication. Ce serait comme dire que l'aspirine guérit le mal de tête parce que le cerveau en manque. Ce type de raisonnement est battu en brèche par l'Institut national de santé mentale aux États-Unis : l'efficacité des ISRS ne peut servir de preuve à l'hypothèse du déséquilibre chimique[50]. La psychiatrie est loin d'être une science exacte. Le *DSM-IV* admet que les critères pour identifier les maladies mentales « restent subjectifs[51] ». À ce sujet rappelons une expérience réalisée dans les années 1970. De faux patients envoyés en psychiatrie se plaignaient d'entendre des voix. Ils ont tous reçu un diagnostic de schizophrénie. Dans les mois suivants, 10 % des vrais patients ont été soupçonnés par le personnel d'être des simulateurs[52].

On ne peut exclure que certaines dépressions soient attribuables à des anomalies biologiques et il se pourrait que la chimie du cerveau y joue un rôle. Après tout, notre cerveau est une véritable usine de produits chimiques. Mais, encore là, les déséquilibres observés dans le cerveau seraient-ils un effet ou une cause de la dépression ? Qu'est-ce qui vient en premier, la maladie ou les différences apparentes dans la structure du cerveau ? Des expériences sur des animaux montrent que le milieu peut induire des changements biologiques importants. Le cerveau des animaux manipulés très jeunes par les expérimentateurs est plus riche en cholestérol et leurs surrénales moins riches en acide ascorbique[53]. Si la sérotonine est impliquée dans la dépression, c'est à titre de médiateur, sans pour autant en être la cause. C'est pourquoi la recherche s'oriente vers d'autres voies, notamment le cortisol, l'hormone du stress, qui détruit les neurones ou les empêche de se régénérer.

On peut comprendre pourquoi un médecin prescrira un antidépresseur. Lorsqu'il voit arriver un patient dans son cabinet, il est normal qu'il veuille le sortir de sa misère. L'antidépresseur est la réponse simple à un problème sérieux et complexe dans un contexte où nous ne disposons pas des conditions et des ressources adéquates pour la prise en charge des déprimés.

L'hypothèse biochimique comporte bien des avantages. En identifiant un marqueur biologique comme source de la dépression, elle transforme cette maladie en condition comme n'importe quelle autre, que ce soit le diabète ou l'hypertension, donc passible d'un traitement médicamenteux. En attribuant cette condition à un déséquilibre chimique, elle déculpabilise le patient dans la mesure où certains préjugés attribuent la dépression à un manque de volonté ou à une faiblesse de caractère. En ciblant le cerveau, elle nous épargne la laborieuse recherche de causes sociales et surtout la nécessité d'apporter des changements aux institutions sociales, ce qui est beaucoup plus exigeant que la prescription d'une pilule en cinq minutes.

Depuis longtemps, les théories qui réduisent tout au biologique — par exemple la sociobiologie — et qui sont le pendant du « *tout* économique », ont servi, dans le pire des cas, à justifier le racisme, le sexisme, l'homophobie, l'exclusion. Dans le meilleur des cas, elles justifient l'inaction devant la nécessité de réaménager les institutions sociales. Ces théories sont commodes. Si tant de phénomènes comme l'attitude devant l'autorité, l'intelligence ou les inégalités sociales sont ancrés biologiquement, il n'y a rien à faire. Puisque c'est congénital, il ne sert à rien d'éduquer les pauvres ni ceux qui présentent un quotient intellectuel faible et il faut enfermer les rebelles ou les contenir grâce à une médication appropriée! Nous sauverons ainsi beaucoup d'argent et nous pourrons baisser les impôts, ceux des riches. Sociobiologie et néolibéralisme : même combat!

Profil de consommation et facteurs de risque
Les plus grands « consommateurs » d'antidépresseurs sont des consommatrices dans une proportion de plus des deux tiers. Une enquête française réalisée en 1996-1997 dévoilait que les principaux utilisateurs, par catégorie sociale, sont les retraités, suivis des travailleurs, des inactifs autres que les retraités et des chômeurs. Par ailleurs, les personnes à faible revenu sont deux fois plus susceptibles de souffrir de dépression et les hommes divorcés ou séparés sont trois fois plus à risque que les hommes mariés. Ceux qui ont subi des traumatismes dans la petite enfance sont de 1,5 à trois fois plus à risque de vivre un épisode dépressif[54].

Le profil social des consommateurs d'antidépresseurs — solitude, pauvreté, enfance malheureuse, triple tâche des femmes (boulot, tâches ménagères, soins aux vieux parents) — confirme l'importance des conditions de vie dans l'apparition de la maladie, ce que l'hypothèse du déséquilibre chimique a pour fonction de masquer. Plutôt que de mettre en place des politiques sociales qui favorisent véritablement la conciliation famille-travail, ou de s'attaquer aux facteurs qui minent le tissu social, on prescrit des pilules, pour la vie dans certains cas, sans que soient connus leurs effets à long terme. La surprescription d'antidépresseurs risque d'engendrer des formes de dépendance aux drogues légales, ce qui est démontré par la difficulté de la plupart des patients à se sevrer lorsque vient le temps d'arrêter leur médication.

Pourquoi l'augmentation fulgurante du nombre de déprimés ?

En 1967, un expert de l'Organisation mondiale de la santé prédisait que le nombre de cas de dépression augmenterait. Il attribuait ce phénomène à l'allongement de l'espérance de vie, notamment aux maladies associées au vieillissement, au changement de l'environnement psychosocial lié à la désintégration de la famille et à la solitude, à l'augmentation des maladies du cœur et du système gastro-intestinal et à la croissance de la consommation de médicaments qui peuvent provoquer la dépression[55].

Parmi les autres facteurs contribuant à la dépression, notons les conditions de vie stressantes, l'effilochement du filet de sécurité sociale, l'institutionnalisation de la précarité (du couple, du travail, de la famille) et les exigences de performance qui n'en finissent plus de porter la barre plus haut. C'est pourquoi la consommation de psychostimulants comme le Ritalin a connu une explosion chez les adultes. Entre 2000 et 2004, l'absorption de psychostimulants a été multipliée par quatre chez les adultes américains de 20 à 44 ans[56]. Plus que jamais, l'accent est placé sur la réussite financière et la reconnaissance sociale, de sorte que la société fabrique des déprimés dans la mesure où la plupart des gens n'arrivent jamais à atteindre les objectifs qu'on leur impose et qu'ils intègrent. On peut en dire autant d'une autre obsession, celle du corps, la tyrannie de l'apparence physique. Les modèles (mannequins, vedettes de cinéma, athlètes) qui sont donnés aux jeunes, modèles impossibles à reproduire, placent un stress inutile sur leurs épaules. Ils finissent par se percevoir comme inadéquats.

Le devoir de bonheur, l'idéologie du «tout est possible» et l'obsession contemporaine consistant à faire reculer les limites de la «machine» humaine mettent notre équilibre psychologique en danger. Comme l'explique Alain Ehrenberg, il faut vite retrouver le goût d'agir et la liberté d'entreprendre. Pour nous y aider, un ouvrage français publié en 1998 : *Guide des 300 médicaments pour se surpasser physiquement et intellectuellement.* Cet ouvrage revendique le droit au dopage dans une société hyper-compétitive. La dope permet de se confronter à tous les défis et donne l'illusion d'ouvrir des possibilités illimitées[57].

Finalement, le manque de tolérance face à l'angoisse et la tristesse, qui est lié à la quête de performance, nous incite à nous débarrasser de ces problèmes gênants. Ce manque de tolérance est visible dans les universités américaines où des étudiants ont été expulsés de leur institution après une tentative de suicide ou sont menacés d'expulsion pour avoir simplement consulté au sujet d'une dépression[58].

Une épidémie ?

Avant l'arrivée des antidépresseurs, la dépression n'était pratiquement pas diagnostiquée. On évaluait qu'elle touchait de 50 à 100 personnes par million, alors que les évaluations courantes la situent de 100 000 à 200 000 par million[59]. Déprimant, non ? Si, auparavant la dépression n'était pas identifiée, serions-nous aujourd'hui tombés dans le travers inverse ? Ces données sont-elles fiables et ne seraient-elles pas gonflées artificiellement ?

Le nombre de déprimés est certes plus élevé de nos jours. Mais se pourrait-il que la consommation d'antidépresseurs ait augmenté proportionnellement bien plus que le nombre de déprimés et de personnes souffrant de divers troubles mentaux ? Les antidépresseurs seraient-ils prescrits pour toutes sortes de conditions qui ne le justifient pas ?

En effet, depuis quelques années on note une tendance à médicaliser des événements normaux de la vie des individus. On range dans la catégorie des « malades » des personnes en parfaite santé, mais qui traversent une mauvaise passe. C'est à cet étiquetage que pensait le ministre de la Santé de Grande-Bretagne en déclarant : « Je m'inquiète du fait que la société mette des étiquettes sur des choses qui font partie de la condition humaine[60] ». Autrement dit, on transforme en maladie des conditions normales comme la peine d'amour ou le malheur passager qui n'épargne personne.

De plus, la consommation de médicaments, qui augmente à folle allure, est responsable de nombreuses dépressions. Le Health Research Group a identifié 166 médicaments qui peuvent causer la dépression et il arrive trop fréquemment qu'on traite les effets indésirables des médicaments avec d'autres médicaments plutôt que de revoir la médication (voir **surconsommation**)[61]. Parmi les médicaments qui peuvent causer la dépression, notons l'Accutane (pour l'acné), le Dalmane (un somnifère), le légendaire Valium, le Zantac (un antiacide) et le Propecia (finastéride de son nom générique) utilisé dans le traitement de la calvitie et des problèmes de prostate. Ce médicament est devenu célèbre depuis que José Théodore, le gardien de buts des Canadiens, échangé depuis au Colorado, a été sanctionné par les autorités internationales du hockey pour l'avoir utilisé contre la perte des cheveux, puisqu'il sert également à masquer l'usage de stéroïdes. Le *Bulletin des effets indésirables des médicaments* de Santé Canada présente le cas d'un homme dans la mi-quarantaine qui utilisait le finastéride contre la calvitie. Trois mois après le début de son traitement il tombe en dépression et il est soigné aux antidépresseurs pendant quatre ans. Deux semaines après l'interruption du finastéride, la dépression disparut[62].

En outre, le marketing agressif de l'industrie, comme le reconnaissait le Collège des médecins, les campagnes de sensibilisation de l'Organisation mondiale de la santé, le Depression Screening Day aux États-Unis, la Defeat Depression Campaign en Grande-Bretagne, sont des facteurs qui favorisent l'explosion de la consommation[63]. Le *DSM-IV* ajoute toutes sortes de nouvelles « maladies » à son répertoire, ajouts qui sont de plus en plus critiqués par les professionnels de la santé. Le psychiatre Paul McHugh de l'université Johns Hopkins ironisait : « Bientôt nous aurons droit au syndrome du petit gros Irlandais à l'accent bostonnais[64] ».

L'outil de dépistage des psychiatres, utilisé par Statistique Canada, pourrait contribuer à exagérer l'incidence des « problèmes mentaux » susceptibles d'un traitement aux antidépresseurs. L'enquête de Statistique Canada sur les troubles mentaux est conduite au téléphone par des préposés qui n'ont en général pas de formation dans le domaine. Selon les critères de Statistique Canada, un répondant souffre de dépression *majeure* lorsqu'il présente cinq symptômes et plus et qu'il déclare une humeur dépressive ou une perte d'intérêt ou de plaisir de *deux semaines* ou plus[65]. Un article paru dans le *Journal de l'Association médicale canadienne* soutient qu'il suffit de poser deux questions pour dépister la dépression en cabinet : « Au cours des deux dernières semaines, vous êtes-vous senti déprimé, désespéré ? Avez-vous ressenti peu d'intérêt ou de plaisir à vaquer à vos occupations[66]»? À quoi sert de consulter un médecin pour se faire poser deux questions qu'un écolier pourrait poser? Cet instrument, qui serait aussi performant que des questionnaires plus longs, ne risque-t-il pas de donner des faux positifs en transformant en dépression la tristesse qui envahit toute personne normalement constituée suite à un coup dur? Étiqueter comme souffrant de «dépression majeure» une personne qui ne ressent pas d'intérêt ou de plaisir pour ses activités *pendant deux semaines* est une pratique qui manque de rigueur. La dépression est un phénomène sérieux qui va bien au-delà du vague à l'âme. Les outils pour évaluer la dépression ou la maladie mentale sont notoirement flous. C'est ainsi que lorsqu'il s'agit d'évaluer la prévalence de la dépression, les études américaines varient dans une fourchette allant de 4,8 % à 8,6 %[67].

Par ailleurs, des facteurs culturels entrent également en jeu. Dans certains pays les médecins ont le crayon lourd lorsqu'il s'agit de prescrire. Une enquête européenne révélait que 90 % des consultations sont suivies d'une ordonnance en France — au premier rang pour la consommation d'antidépresseurs — contre 72 % en Allemagne et 43,2 % aux Pays-Bas[68]. Il est impossible d'attribuer le phénomène à la demande des patients, puisque seulement 25 % d'entre eux souhaitent une ordonnance en consultant leur médecin.

L'industrie pharmaceutique exagère souvent l'incidence de différentes pathologies pour attirer l'attention du public et des autorités médicales en vue de recruter de nouvelles clientèles[69]. En donnant des descriptions tellement générales de diverses conditions, le consommateur conclut souvent: «Voilà, c'est moi». Auparavant on créait des médicaments pour des maladies; aujourd'hui nous créons des maladies pour les médicaments.

Des alternatives

Si environ 1 200 000 Canadiens de 15 ans et plus ont fait l'objet d'un diagnostic de dépression majeure, la consommation d'antidépresseurs dépasse largement ce bassin de patients. En plus de ceux qui souffrent de dépression majeure et pour qui les antidépresseurs s'avèrent un recours possible, ces produits sont également prescrits pour toutes sortes de conditions que nous avons énumérées plus tôt, sans compter la ménopause, les troubles alimentaires, le syndrome du choc post-traumatique, le syndrome prémenstruel grave (voir **trouble**

dysphorique prémenstruel), etc. Depuis quelques années, les enfants et les adolescents ont été ciblés comme clientèle privilégiée de l'industrie, notamment pour la timidité, qu'un cadre de GlaxoSmithKline a rebaptisée « phobie sociale[70] ». Or, les antidépresseurs n'ont jamais été approuvés par les autorités sanitaires pour soigner les jeunes de 18 ans et moins, sauf pour le Prozac aux États-Unis. En juin 2006, l'Agence européenne du médicament donnait le feu vert à cet ISRS pour traiter les enfants de huit ans et plus à condition qu'il soit utilisé en association avec une psychothérapie lorsque ce traitement, seul, n'a pas donné de résultat après quatre à six séances[71]. De nombreux essais cliniques ont démontré leur manque d'efficacité encore plus flagrant chez les jeunes que chez les adultes[72].

Si des changements dans les conditions de vie et de travail pour briser la barrière de la solitude et reconstituer le tissu social sont l'une des clés pour enrayer l'« épidémie » de dépression[73], d'autres traitements ont fait leurs preuves. Faute de volonté politique et parce que de puissants intérêts économiques y font obstacle, les changements sociaux sont lents à venir. Les alternatives aux antidépresseurs exigent du temps, de l'effort et des ressources, ce qui est mal vu dans une société qui fait des crises d'urticaire quand il est question de consacrer des ressources au mieux-être et au bien public, plutôt que de les affecter à l'augmentation des profits et à la productivité qui sont souvent destructeurs des milieux de vie.

Parmi ces alternatives, particulièrement pour ce qui est de la dépression légère ou modérée, il y a l'activité physique. Dès 1979, la revue *Contemporary Psychiatry* publiait un article démontrant que l'activité physique améliore les symptômes de la dépression. Depuis, de nombreuses études sont venues confirmer ces résultats, y compris pour la dépression majeure. Une étude publiée dans les *Archives of Internal Medicine* a divisé 156 patients souffrant de dépression majeure en trois groupes. Le premier groupe ne faisait que de l'activité physique, le deuxième a été traité aux antidépresseurs et le troisième a été soumis aux deux approches. Quelle que soit l'approche, tous les patients ont rapporté une diminution de leurs symptômes dépressifs[74].

À la suite de l'analyse d'un millier d'études et de documents, l'Institut national de la santé et de la recherche médicale en France concluait que les thérapies cognitivo-comportementales, visant à augmenter l'estime de soi en modifiant les comportements inadéquats et les schèmes mentaux inadaptés, se sont révélées plus efficaces que les antidépresseurs. Pour la dépression légère ou modérée, le risque de rechute a été divisé par deux par rapport aux antidépresseurs[75]. Parmi les alternatives pour traiter la dépression saisonnière, il y a la thérapie lumineuse. D'après une étude canadienne publiée dans l'*American Journal of Psychiatry* de mai 2006, cette forme de thérapie s'est avérée aussi efficace que le Prozac pour traiter le *blues* de l'hiver[76]. En outre, la thérapie lumineuse causait moins d'agitation et de problèmes de sommeil que le médicament.

Le psychiatre David Servan-Schreiber énumère sept méthodes pour guérir la dépression, l'anxiété et le stress sans recourir aux antidépresseurs ou à la psychanalyse. Parmi ces méthodes, il y a les mouvements oculaires, la régulation du rythme cardiaque, l'activité physique, l'acupuncture et les oméga-3[77]. Si ces derniers apportent indéniablement des bienfaits, il convient de rester sceptique quant à l'étendue de leurs vertus curatives en raison d'un manque de preuves solides d'efficacité et de l'effet de mode dont ils sont l'objet. Les oméga-3 sont devenus LA nouvelle panacée. La compagnie de produits naturels de M. Servan-Schreiber finance une étude importante au Québec sur les vertus des oméga-3 dans le traitement de la dépression. On ne peut que saluer l'initiative, mais c'est un terrain fertile pour les conflits d'intérêts. Un point à retenir, ce médecin promeut la prise en charge personnelle de ces problèmes, c'est un pas dans la bonne direction.

Une étude récente qui passait en revue 89 essais cliniques concluait que les données au sujet des oméga-3 ne sont pas probantes en ce qui a trait à la mortalité causée par les troubles cardiovasculaires et le cancer. En revanche, ils offriraient une certaine protection à ceux qui ont déjà subi une crise cardiaque, mais pas à ceux qui souffrent d'angine. Par ailleurs, ils seraient bons pour les neurones et d'autres cellules de l'organisme.

Quant aux produits naturels tels que le millepertuis, ils semblent donner certains résultats dans la dépression légère et modérée. Mais, ces conclusions ont été remises en question par des chercheurs britanniques après analyse de plusieurs études. En ce qui a trait à la dépression majeure, les résultats des études sont contradictoires[78].

Un nouveaux traitement expérimental a récemment été approuvé par la FDA pour la dépression résistante aux autres thérapies, c'est l'implantation, dans la poitrine, d'un dispositif pour stimuler le nerf vague. Bien qu'un comité d'experts convoqué par la FDA ait recommandé l'approbation du dispositif, une enquête d'un comité du Sénat américain découvrait que tous les membres du personnel de l'agence consultés au sujet de ce traitement s'y opposaient. Ils étaient plus de 20. Le directeur du centre des dispositifs médicaux passait par-dessus leur tête et donnait le feu vert au stimulateur[79].

De nombreux professionnels de la santé soulignent qu'il est dangereux de ne pas traiter la dépression, particulièrement la dépression majeure et chronique, notamment parce que plusieurs patients souffrant de cette condition sont sur la liste des candidats au suicide. Si cette opinion est juste, il ne faut pas oublier qu'il existe des alternatives au traitement médicamenteux, que la prescription d'antidépresseurs peut avoir des conséquences néfastes et tout aussi sérieuses en ajoutant des candidats à cette liste et que, lorsqu'un traitement médicamenteux se justifie, le patient doit faire l'objet d'un suivi rigoureux particulièrement dans les premières semaines. Les antidépresseurs ne sont pas des bonbons. Ils sont surprescrits et surconsommés.

Brésil

Une politique du médicament au service des patients

Le Brésil dispose d'une série de sociétés d'État, chapeautées par un organisme public à but non lucratif (la fondation Oswaldo Cruz ou Fiocruz, comme les laboratoires Farmanguinhos, qui produisent des médicaments génériques, particulièrement les antirétroviraux que le gouvernement met gratuitement à la disposition des patients. En 2006, près de 180 000 patients bénéficiaient de ce programme[80]. Le Brésil a ainsi pu sauver des milliers de vies, diminuer de 80 % le taux d'hospitalisation dû aux complications du VIH et épargner des centaines de millions de dollars au système de santé. Récemment, il prenait l'initiative de mettre sur pied une coalition d'organismes pour produire un médicament contre la malaria, une maladie négligée par les grands laboratoires internationaux.

Une loi sur les brevets pour l'accès aux médicaments
L'ex-directrice de Farmanguinhos explique que c'est grâce à une loi sur les brevets, votée par le parlement brésilien en 1996, que ce pays peut échapper au diktat des géants pharmaceutiques. En dépit des accords de l'Organisation mondiale du commerce sur la propriété intellectuelle, cette loi permet au Brésil de produire sur place tout

médicament dont le brevet a été déposé avant 1997 ou dont la production dans le pays n'a pas commencé trois ans après sa mise sur le marché[81]. Quand un médicament est déclaré d'« intérêt public », il devient libre de droits et peut être produit sous licence obligatoire moyennant des redevances.

Pour la première copie d'antirétroviral, la néviparine, une chimiste de la société d'État a travaillé quatre mois avec une équipe de quatre personnes et pratiquement sans aucun investissement[82]. Fiocruz, dirigée par le docteur Paulo Marchiori Buss, a pour mission de rendre accessible les médicaments essentiels à la population brésilienne. La fondation chapeaute 18 laboratoires publics disséminés à travers le territoire brésilien. En 2006, elle compte plus de 8100 employés dont 1277 chercheurs et 1266 spécialistes chargés de l'éducation à la santé.

Par l'intermédiaire de ses différentes entités – comme Farmanguinhos, le laboratoire officiel du gouvernement brésilien, que j'ai visité au cours du 11e congrès mondial de santé publique de 2006 –, le Brésil produit huit antirétroviraux. En outre, les laboratoires publics fabriquent une soixantaine de médicaments génériques : antibiotiques, réducteurs de cholestérol, antihypertenseurs, médicaments contre la tuberculose et le diabète, etc. Farmanguinhos dispose également d'un programme de transfert de technologie à l'intention des pays en développement pour la production de médicaments à bon marché et prévoit se lancer dans l'exportation des génériques[83].

Parmi les activités de ces laboratoires, il y a la formation du personnel de la santé, mission dont s'acquitte notamment la Fondation Ezequiel Dias, dirigée par Carlos Alberto Pereira Gomes. Cette fondation, qui produit trois antirétroviraux, est notamment spécialisée dans la recherche de vaccins contre la fièvre jaune et des antidotes contre le venin de diverses variétés de reptiles et d'araignées.

Les laboratoires publics du Brésil fournissent près de 50 % des antirétroviraux utilisés par la population et le reste est acheté au secteur privé par un système d'appels d'offres. Ces initiatives ont provoqué la chute vertigineuse des prix. Bristol-Myers Squibb a gagné un appel d'offres du ministère de la Santé pour fournir un antirétroviral, la didanosine, à 0,51 $ la boîte, un prix moins élevé que la copie fabriquée par le Brésil à 0,67 $. Le même médicament se vend 1,27 $ la boîte en Ouganda et 1,81 $ aux États-Unis.

Pour soigner les maladies délaissées des pays pauvres

Sur les 1556 nouvelles entités moléculaires mises sur le marché entre 1975 et 2004, seulement 21 concernaient les maladies négligées des pays tropicaux[84]. De ce nombre, entre 1975 et 1997, quatre furent inventées par l'armée américaine durant la guerre du Vietnam et cinq étaient destinées aux animaux[85]. D'après l'Organisation mondiale de la santé (OMS), moins de 10 % des fonds de recherche sont affectés aux conditions qui représentent 90 % des causes de maladie et de mortalité. Vingt pour cent des 35 maladies les plus mortelles n'ont fait l'objet d'aucun article dans les six revues médicales les plus prestigieuses[86]. La majorité des investissements sont consacrés à des « maladies » de riches (calvitie, dysfonction sexuelle, timidité, excès de poids, etc.) ou à la production de « *me-too* » ou de « c'est comme » pour employer le jargon des pharmaciens, c'est-à-dire des molécules qui s'équivalent. Peu de recherche est faite sur les médicaments dont le brevet est expiré, sur les substances naturelles, la diète, l'activité physique où pour trouver de nouvelles indications aux médicaments bon marché déjà génériqués. Au dernier congrès de l'OMS, le Kenya et le Brésil ont présenté une résolution visant à créer un cadre pour les activités de recherche essentielles en santé.

L'OMS estime que la malaria fauche chaque année près d'un million d'enfants dans le monde, dont 80 % en Afrique seulement. Comme la maladie est devenue résistante aux anciens médicaments, il était urgent de trouver de nouveaux traitements. Récemment, Farmanguinhos mettait au point une méthode pour combiner deux produits en vue de traiter la malaria, l'artémisine et la méfloquine. C'est en collaboration avec un groupe à but non lucratif, le Drugs for Neglected Diseases Initiative (DNDi) — Initiative pour la lutte contre les maladies négligées — que le projet a été mené à bon port.

La DNDi a été fondée à Genève en 2003 et prévoit investir 250 millions de dollars sur 12 ans pour développer six à sept médicaments pour « combattre la maladie du sommeil, la leishmaniose et la maladie de Chagas, trois maladies mortelles qui menacent 350 millions de personnes chaque année ». *La DNDi s'éloigne du schéma traditionnel du partenariat public-privé et place le « développement des médicaments en dehors du marché, en encourageant le secteur public à prendre davantage ses responsabilités dans le domaine de la santé[87] ».*

Les coûts de la recherche pour aboutir au nouveau traitement contre la malaria se sont élevés à 7,1 millions de dollars, un montant modeste par rapport aux sommes que prétend investir l'industrie en matière de R&D. DNDi a fourni 4,4 millions de dollars, un organisme de l'Union européenne 1,39 million, Farmanguinhos 614 000 $, un organisme de l'Unicef 538 000 $ et Médecins sans frontières y est allé d'une contribution de 180 000 $. L'organisme de l'Unicef agissait comme conseiller scientifique et a fourni son aide pour coordonner les essais cliniques. La troisième phase des essais s'est déroulée en Thaïlande, où une société d'État fabrique des médicaments. DNDi a conclu une entente avec le géant français Sanofi-Aventis pour fabriquer le nouveau traitement contre la malaria. Farmanguinhos est en pourparlers avec des partenaires éventuels en Asie pour la fabrication du nouveau médicament[88].

Dans le domaine de la santé, la stratégie thaïlandaise n'est pas sans rappeler celle du Brésil. Le fluconazole, pour traiter les infections chez les patients atteints par le VIH, était vendu au départ par Pfizer 7 $ le cachet. À partir de 1998, trois laboratoires thaïlandais ont entrepris de produire le médicament. Pfizer a été forcée de baisser son prix à 3,60 $, ce qui est encore loin des 0,60 $ auquel il est vendu par les laboratoires thaïlandais. Au Québec, la Régie de l'assurance maladie rembourse le produit de Pfizer à raison de 4,46 $ le comprimé de 50 mg et 13,41 $ pour celui de 150 mg. Le générique est remboursé jusqu'à concurrence de 5,54 $ pour le comprimé de 100 mg[89]. Médecins Sans Frontières explique qu'il existe quantité d'autres exemples : l'AZT, un antirétroviral, coûte 14 fois moins cher au Brésil qu'aux États-Unis[90].

Complicité, collaboration, connivence et corruption

Des accusations au pénal

MICHAEL LOUKS, procureur-adjoint de l'État du Massachusetts, révélait que huit sociétés pharmaceutiques ont dû verser sous forme d'amendes et de compensations de toutes sortes la somme de 2,2 milliards de dollars entre 2000 et 2003. *Quatre de ces sociétés ont plaidé coupables à des accusations au pénal*[91]. Par ailleurs, certains médecins ont été condamnés pour avoir vendu des échantillons gratuits à des pharmacies et des hôpitaux.

Ces pratiques injustifiables auxquelles j'ai consacré un chapitre de *L'Envers de la pilule* ne sont pas limitées aux États-Unis, mais se retrouvent partout sur la planète, comme en témoigne le dernier rapport de *Transparency International*[92]. Sans aller dans les détails, je me contenterai d'en résumer quelques-unes. De nombreuses sociétés ont dû payer des amendes jusqu'à hauteur de *875 millions de dollars* pour avoir:

- manipulé les prix et changé le nom de leurs médicaments pour les vendre plus cher;

- fourni, en toute connaissance de cause, des médicaments gratuits ou à rabais à des oncologues qui les revendaient au plein prix ;

- tenté de corrompre les responsables de fournisseurs de soins de santé pour qu'ils inscrivent leur médicament au formulaire de leur institution ;

- payé des fabricants de génériques pour qu'ils ne mettent pas leurs produits en marché ;

- monopolisé les principes actifs de certains médicaments pour en multiplier le prix *par 30* (vous avez bien lu) ;

- fraudé et détroussé les systèmes de santé publics ;

- constitué des cartels en vue de faire monter le prix des vitamines ;

- versé des ristournes aux pharmaciens et aux médecins ;

- payé des médecins pour faire des conférences à leurs confrères afin de les encourager à prescrire des médicaments non conformes aux indications autorisées. Une étude récente dévoilait que plus de 20 % des ordonnances des médecins en cabinet étaient pour des indications non approuvées par les autorités sanitaires. Si certaines d'entre elles semblent fondées, plus des deux tiers se basent sur des preuves d'efficacité douteuses. Le docteur Stafford, responsable de l'étude, souligne que ces utilisations peuvent être caractérisées comme « expérimentales ». Cette pratique peut poser des problèmes dans la mesure où la sécurité et l'efficacité de ces médicaments n'ont pas été testées pour les indications pour lesquelles ils sont utilisés[93].

Le recours aux pratiques que je viens d'évoquer témoigne avec éloquence de la non- supériorité des nombreux produits à large usage sur ceux des compétiteurs ou sur les anciens, passés au statut de générique. Ce sont de plus des pratiques qui nous coûtent les yeux de la tête (voir **Zyprexa**).

J'aimerais ici aborder ce que l'on pourrait qualifier de « corruption » ordinaire, banale, tellement que d'aucuns la considèrent comme tout à fait normale et n'y voient rien à redire.

Les cadeaux de l'industrie influencent les prescripteurs

L'industrie pharmaceutique courtise assidûment médecins et étudiants qui reçoivent des livres, des stéthoscopes, etc. Repas, échantillons gratuits, honoraires pour prononcer ou assister à des conférences, tout l'arsenal de la séduction y passe. Le mécanisme qui opère dans ces circonstances, souvent à l'insu des bénéficiaires, est celui de la réciprocité. En acceptant des faveurs des représentants de l'industrie, le bénéficiaire se sent redevable vis-à-vis de celui ou celle qui l'accorde et l'obligation qu'il ressent est d'autant plus insidieuse qu'elle est souvent inconsciente.

Le docteur Jerome P. Kassirer, anciennement rédacteur en chef du *New England Journal of Medicine*, croit que ces dons « peuvent amener certains médecins à agir dans leur propre intérêt, et non dans celui de leurs patients[94] ». Il souligne que la marge entre ce qui est légal et illégal est parfois mince tout comme l'est la frontière entre ce qui sépare l'influence indue et moralement condamnable de la corruption pure et simple.

Ces pratiques sont susceptibles d'influencer le profil de prescription de certains médecins, ce que plusieurs nient catégoriquement. Ils se voient, c'est le cas de la plupart d'entre nous, comme des individus moraux qui ne se laissent pas acheter ni influencer par les cadeaux et la promotion. « Les autres peut-être, mais sûrement pas moi ». Un sondage auprès de 100 internes et résidents illustre plutôt le contraire. Il montre que 39 % d'entre eux se disent influencés par la promotion mais prétendent que 84 % de leurs collègues le sont[95].

Les contacts entre les représentants de l'industrie ont pourtant des effets (voir **marketing**). Une étude publiée dans les pages du *Journal of the American Medical Association* a montré que des internes et des résidents ayant assisté à des rencontres de l'industrie étaient plus susceptibles de prescrire le produit du fabricant même s'ils avaient oublié son nom. Un sondage auprès de 40 médecins ayant demandé d'ajouter des médicaments aux formulaires de leur hôpital, par comparaison à 80 d'entre eux n'ayant pas fait cette demande, montrait que ceux du premier groupe étaient de 9 à 21 fois plus susceptibles d'accepter les faveurs de l'industrie. Une enquête a révélé que ces ajouts présentaient peu ou pas d'avantages thérapeutiques. Deux sondages, l'un auprès de 10 médecins et l'autre auprès de 20 de leurs collègues ayant assisté à des rencontres commanditées par une société révélaient une utilisation de deux à trois fois plus fréquente des médicaments du fabricant dans les mois suivant les rencontres[96].

Par suite de pressions venant de plusieurs médecins qui dénoncent ces pratiques, différents regroupements comme l'American Medical Colleges, l'American Medical Association et le Collège des médecins du Québec ont émis des directives sur la participation aux activités des promoteurs. Au Québec, les médecins ne doivent plus recevoir de cachet pour assister aux rencontres d'éducation médicale continue[97]. Mais cela n'a pas empêché l'industrie de contourner ces règles en embauchant des médecins comme consultants ou conférenciers. On les nomme «leaders d'opinion». Fort bien rémunérés, ils contribuent à la promotion de nouveautés coûteuses, la plupart du temps sans avantages thérapeutiques substantiels et débalancent ainsi les budgets de la santé.

Créativité
Une façon particulière d'innover : comment multiplier les profits sans se fatiguer

DE 3 À 8,7 % DES « NOUVEAUX » MÉDICAMENTS qui sont mis sur le marché représentent une avancée thérapeutique substantielle. La plupart des « nouveautés » sont des quasi-répliques de produits qui existent déjà, ce sont des « c'est comme »[98]. Autrement dit, l'industrie pharmaceutique n'est pas particulièrement innovatrice, contrairement à ce que l'on prétend souvent (voir **le marché mondial**).

Par contre, lorsqu'il s'agit de prolonger la durée de vie des brevets et de maintenir leur monopole, les grandes pharmaceutiques font preuve d'une imagination débordante[99]. Certaines de ces méthodes sont ingénieuses, notamment quand elles visent à transférer la clientèle de l'ancien produit vers un « nouveau », le vieux produit étant généralement une molécule vedette, aussi appelée *blockbuster* ou « grosse bombe ».

Des trucs pour prolonger la durée de vie des brevets
Un médicament est transformé par l'organisme en ce qu'on appelle un « métabolite », qui parfois n'est rien d'autre que le dérivé du principe actif du produit. Au moment où le Claritin arrivait en fin de brevet (les ventes annuelles ont déjà atteint un sommet de 2,7 milliards de dollars), le fabricant a breveté un métabolite de Claritin et l'a commercialisé sous le nom de Clarinex et obtenu cinq années supplémentaires d'exclusivité[100]. En outre, le fabricant a convaincu la FDA de changer le statut de Claritin pour le transformer de produit d'ordonnance en médicament en vente libre. Or, la loi interdit qu'un produit identique soit vendu à la fois comme produit d'ordonnance et qu'il soit disponible en vente libre, ce qui excluait toute concurrence en provenance des génériques.

Quand le brevet de l'antiacide Losec (anciennement Prilosec, ou Mopral en France) est arrivé à échéance, son fabricant a breveté l'image miroir de la molécule et l'a commercialisée sous le nom de Nexium. Autrement dit, Nexium est, à toutes fins pratiques, l'envers de Prilosec, un médicament qui a déjà occupé le premier rang mondial avec des ventes annuelles de six milliards de dollars. Pour convaincre les médecins de prescrire du Nexium et les patients de l'acheter, le fabricant a organisé quatre essais cliniques en comparant des doses de 20 mg de Losec à des doses de 20 et 40 mg de Nexium. Nexium est sorti gagnant par une faible marge dans deux des quatre essais[101]. La dernière étape consistait à confier le lancement du « nouveau » produit à une agence de publicité. Grâce à un budget de promotion de *500 millions de dollars*, elle mettait le Nexium sur la carte des nouveautés. Nexium est un bon médicament qui a fait ses preuves pour traiter les ulcères, mais il est trop souvent prescrit pour de simples brûlures d'estomac. Dans ces cas, le Tagamet à 0,17 $ le comprimé fait aussi bien l'affaire que le Nexium qui se vend près de 3 $ canadiens le comprimé. De l'avis du docteur Robert Patenaude, le Nexium devrait être réservé aux seuls cas résistants[102].

Eli Lilly, le fabricant de Prozac a adopté la même stratégie pour prolonger la durée de vie de son antidépresseur. Sauf que lors des essais cliniques, la R-fluoxétine (nom générique du Prozac) à la dose la plus élevée posait un risque pour le cœur et le fabricant a décidé d'abandonner le projet. Lilly a réussi à maintenir partiellement sa position de monopole en mettant au point une formule de libération hebdomadaire (un médicament pris une fois par semaine) et en changeant le nom, la couleur et l'indication du médicament[103]. Le nouveau produit, Sarafem — *identique* au Prozac — se présente dorénavant dans un nouvel habillage. Du vert il est passé au rose et lavande. Il été approuvé par la FDA pour le traitement du « trouble dysphorique prémenstruel » (voir ce terme)[104]. Aux États-Unis, en 2004, Sarafem se vendait 5,70 $ le comprimé par comparaison à 2,00 $ pour le générique.

De nombreux médicaments présentés comme des nouveautés sont ainsi des images miroir des anciens produits[105].

Le fabricant de Paxil, dont les ventes mondiales atteignaient 4,9 milliards de dollars en 2003, a obtenu un prolongement de son brevet de plus de cinq ans. Dès qu'une compagnie de produits génériques signale son intention de copier un médicament breveté, le fabricant peut poursuivre son compétiteur et il obtient automatiquement 30 mois de prolongation pour son brevet (24 mois au

Canada). Un seul brevet avait été enregistré pour le Paxil. Le fabricant a réussi à obtenir une autre extension à son monopole sur le produit en déposant neuf nouveaux brevets. L'argumentation de l'industrie en faveur de la protection des brevets qui seraient essentiels à la production de nouveaux médicaments est irrecevable. Les brevets servent davantage à protéger des sources de profits intarissables et des produits qui sont des quasi-répliques de médicaments qui existent déjà et par conséquent à ravir des parts de marché aux compétiteurs. De plus, les sommes d'argent colossales investies pour fabriquer des « c'est comme » ne sont pas employées pour produire des médicaments véritablement innovateurs. Les brevets et le secret qui entoure la recherche entravent la circulation de l'information qui est le principal carburant de l'innovation.

Déterminants sociaux de la santé

En définitive, un pays ne peut pas affirmer qu'il s'occupe bien de la santé de sa population uniquement en lui fournissant des services et des soins de santé, et ce, même s'ils sont de très grande qualité.

GINETTE PAQUET, auteure de *Partir du bas de l'échelle*

LES PROGRÈS DE L'HYGIÈNE ET DE LA MÉDECINE ainsi que les bonnes habitudes de vie — activité physique, alimentation équilibrée, arrêt du tabagisme — ont contribué à l'augmentation de la qualité de vie et de la longévité de millions de personnes. Par ailleurs, le système de santé et les médicaments répondent aux urgences et peuvent nous remettre sur pied quand la « machine » se détraque. Mais, de nos jours, c'est avant tout vivre au *bas de l'échelle qui rend malade*. L'humoriste Yvon Deschamps avait raison : riche et en santé, pauvre et malade ! Cependant, prenons garde de simplifier : il n'est pas nécessaire d'être millionnaire pour être bien-portant et d'autres facteurs que le statut socio-économique jouent un rôle de premier plan à cet égard.

Un grand nombre d'études réalisées à l'échelle internationale montrent que l'accessibilité aux soins médicaux et aux médicaments, le nombre de médecins et les habitudes de vie sont impuissants à expliquer à eux *seuls* les variations de la longévité, l'état de santé des populations et la persistance des inégalités devant la santé. Pour comprendre ces inégalités, qui sont en augmentation depuis la Deuxième Guerre mondiale, le sentiment de contrôler sa vie et sa destinée est un facteur capital[106].

Pauvre et malade, riche et en santé

À Montréal, on constate des écarts déroutants en ce qui a trait à l'espérance de vie à la naissance, soit près de 11 ans de différence entre la zone la plus favorisée où l'on vit en moyenne plus de 81 ans (Côte St-Luc, Hampstead, Snowdon-Ouest) et la zone la plus défavorisée où l'espérance de vie est de 71 ans (Centre-sud et le centre-ville). Il en va de même pour l'espérance de vie en bonne santé et pour de nombreuses pathologies. Le groupe de revenus le plus bas, par comparaison au groupe de revenus le plus élevé, présentait 62 % *plus de décès par cancer du poumon et 31 % plus pour les maladies cardiaques. Pour certaines conditions, les différences entre les plus pauvres et les plus riches sont énormes : 31 % pour le taux d'hospitalisations, 589 % pour le taux de grossesses des adolescentes de 15 à 19 ans, 47 % pour les bébés de faible poids et 111 % pour le suicide*[107].

À partir de 1998, l'Institut de la statistique du Québec a suivi annuellement 2000 enfants depuis l'âge de cinq mois jusqu'à environ quatre ans. Ginette Paquet a divisé les sujets de l'étude en trois groupes d'après le statut socio-économique : 17 % des familles se retrouvaient dans la catégorie « faible », 52 % dans la catégorie « moyenne » et 31 % dans la catégorie « supérieure ». Les familles de la catégorie « faible » étaient celles qui demeuraient de façon persistante dans cette position. Le tableau suivant résume quelques-uns de ses résultats :

Catégorie socio-économique*		
Faible	Moyenne	Supérieure
	(en pourcentage)	
Hospitalisations	32,9	27,0	8,3
Asthme	15,8	11,2	8,7
Infections des voies respiratoires	44,9	42,2	37,5
Problèmes chroniques	15,6	12,6	10,5
Consultation des généralistes	40,8	37,6	31,5

Source : G. Paquet, *Partir du bas de l'échelle. Des pistes pour atteindre l'égalité sociale en matière de santé*, Montréal, Les Presses de l'Université de Montréal, 2005, p. 37.

* Les composantes du statut socio-économique sont définies à partir du revenu du ménage, de la scolarité et de la catégorie socioprofessionnelle des parents. De son propre aveu, les critères utilisés par l'auteure pour définir la catégorie « faible » sous-estiment les liens entre pauvreté et santé.

Ce tableau permet de constater l'existence d'une échelle graduée entre le statut socio-économique et la santé : à mesure qu'on descend dans l'échelle, c'est la santé qui en souffre. Les enfants de deux ans provenant de la catégorie « faible » connaissent près de 80 % plus de risques d'être hospitalisés que ceux de la catégorie « supérieure ». Ils présentent des taux substantiellement plus élevés d'affections telles que l'asthme, les infections des voies respiratoires et les problèmes chroniques.

Une autre enquête de l'Institut de la statistique du Québec, réalisée en 1992-93 sur l'ensemble de la population, confirme ce lien entre le statut socio-économique et la santé physique et psychologique. Ce lien s'observe même quand on suppose qu'un certain nombre de facteurs de risque se répartissent également dans la population. La moins bonne santé des « pauvres et très pauvres ne peut être associée qu'en partie au fait qu'ils fument plus, qu'ils ont un moins bon soutien social, qu'ils sont davantage exclus du marché du travail, qu'ils sont moins scolarisés ou qu'ils sont plus touchés par l'obésité[108]. »

Le taux de cholestérol moins important que le contrôle de sa vie

À partir de 1967, une équipe britannique dirigée par l'épidémiologiste Michael Marmot a suivi 17 000 cols blancs masculins pendant plus de deux décennies. Les participants, œuvrant dans la fonction publique, ont été divisés en quatre groupes : personnel de direction, personnel d'encadrement, employés de bureau, employés subalternes. Personne ne vivait dans une situation de pauvreté absolue, la plupart bénéficiaient de la sécurité d'emploi et tous jouissaient d'un bon accès aux soins de santé. Les résultats sont proprement saisissants. En partant du haut, à chaque marche descendue dans l'échelle de la hiérarchie socio-économique, l'état de santé se détériore. *La mortalité augmente à mesure qu'on descend l'escalier, que ce soit la mortalité générale ou la mortalité spécifique causée par le cancer, les maladies coronariennes et vasculaires cérébrales, les problèmes gastro-intestinaux, les accidents, les homicides et le suicide. Au point que le personnel de direction qui fumait n'avait pas un taux de décès « par cancer du poumon beaucoup plus élevé que les employés subalternes non fumeurs[109]. » La consommation de tabac, l'obésité, la sédentarité, la pression sanguine et le taux de cholestérol expliquaient moins de 25 % des différences de mortalité selon le statut socio-économique[110].*

Ces résultats ont été confirmés par des études d'envergure à l'échelle internationale : les habitudes de vie contribuent de manière plus modeste qu'on ne le croit dans l'explication des inégalités devant la santé[111]. Si tout le monde adoptait de bonnes habitudes de vie, la longévité et l'état de santé augmenteraient, mais les écarts entre classes sociales subsisteraient. L'enquête de Marmot a été reprise en 1985 avec 10 000 personnes des deux sexes et a fourni les mêmes résultats[112]. Il ne s'agit pas de faire l'apologie des mauvaises habitudes de vie ou de renoncer aux bonnes, mais d'en prendre note.

Les études de Marmot ont révélé qu'au-dessus d'un certain seuil de pauvreté, quelque chose de plus important que le revenu intervient, bien que les deux soient liés : le *contrôle de sa vie et de son travail, l'estime de soi, l'importance des réseaux de soutien dont les sujets bénéficient et la capacité de donner un sens aux événements traumatisants de la vie. Le sentiment d'avoir peu de contrôle sur sa destinée est une variable permettant de mieux prédire l'incidence des maladies cardiaques que les facteurs de risque classiques : obésité, cholestérol, hypertension, tabagisme, sédentarité.* Les études réalisées en Russie après l'effondrement de l'ancien régime confirment les conclusions de Marmot. On a assisté, dans les années 1990, à une chute catastrophique de l'espérance de vie[113].

Autrement dit, les facteurs psychosociaux jouent un rôle fondamental dans le maintien de la santé. Si le mécanisme d'action de ces facteurs n'est pas totalement élucidé, nous ne sommes pas devant des entités métaphysiques œuvrant de façon mystérieuse et incompréhensible. Par quels mécanismes le « social passe-t-il sous la peau », comme le dit Ginette Paquet ?

Le stress persistant engendré par des situations sociales difficiles aurait des effets néfastes, le stress le plus nocif n'étant pas celui qui découle d'une crise ponctuelle, mais celui qui dure longtemps. L'étude de Marmot démontrait que les sujets situés en haut de la pyramide géraient beaucoup mieux leur stress que les employés subalternes. Au travail, tous les employés avaient à peu près la même tension artérielle. Une fois rentrés chez eux, ceux qui trônaient en haut de la pyramide retrouvaient une tension artérielle plus basse, plus normale, que ceux qui occupaient le bas de l'échelle[114]. Marmot observe que les personnes qui ont le sentiment d'avoir peu de contrôle sur leur vie et leurs conditions de travail sont vulnérables aux maladies cardiovasculaires et à la dépression.

Le stress chronique fait vieillir le corps prématurément en accélérant le vieillissement des cellules et des chromosomes. Il élèverait le niveau des glucocorticoïdes, notamment le cortisol, qui est la principale hormone du stress. Les glucocorticoïdes affectent la digestion, l'énergie vitale, la tension artérielle, le système immunitaire et la survie des neurones.

Comme le rappelle Yanick Villedieu, des expériences sur des animaux ont établi que des rats dorlotés par les expérimentateurs pendant leurs trois premières semaines de vie répondent beaucoup mieux au stress que ceux qui ne l'ont pas été. Les dorloter plus tard dans leur vie n'a pas d'effet notable sur la santé[115]. L'intérêt de cette expérience est de mettre en relief une composante essentielle de la santé : les conditions de vie durant la petite enfance. Le faible poids à la naissance agit défavorablement sur la santé alors que l'allaitement maternel est un facteur qui agit positivement sur la santé des futurs adultes, tout comme l'amour et l'attention dont les enfants sont l'objet.

Si nos gouvernements voulaient s'attaquer à l'explosion des coûts en matière de santé, ils cibleraient avant tout la pauvreté et les conditions de vie. Si nous étions aussi obsédés par la pauvreté que nous le sommes par la santé ou plutôt par l'industrie de la santé (voir **obsédés**), notre système de soins ne serait pas menacé par l'implosion. Un pays ne s'occupe pas bien de la santé de sa population « uniquement en lui fournissant des services et des soins de santé, et ce, même s'ils sont de très grande qualité[116] ».

Erreurs médicales

Responsables de 9250 à 23 750 décès évitables

*Comme tout médecin j'ai commis beaucoup d'erreurs
en cours de route.*
RICHARD A. FRIEDMAN, MD[117]

*...les hôpitaux où l'on trouve des patients gravement malades
qui ont besoin de soins médicaux complexes sont des endroits
particulièrement dangereux.*
JOURNAL DE L'ASSOCIATION MÉDICALE CANADIENNE

AU CANADA, les erreurs médicales font chaque année plusieurs dizaines de milliers de victimes et votre vie peut se transformer en cauchemar quand vous survivez à certains soins médicaux ou que le médecin fait une erreur de diagnostic.

À la suite d'un accident d'automobile, une jeune mère de famille voyageant avec son fils de sept mois ayant subi une fracture du crâne a été accusée de lui avoir infligé ces blessures. Quatre spécialistes ont cru qu'il était victime du syndrome du bébé secoué. Après l'accident l'enfant a été confié à la Direction de la protection de la jeunesse (DPJ). Le couple a pu le reprendre sous la supervision constante d'une tierce personne. Au cours d'un procès, un spécialiste en neuroradiologie a expliqué que la condition de l'enfant était due à l'accident. Les parents ont éventuellement divorcé et la mère, étudiante en médecine, a abandonné ses études : elle dit avoir perdu toute confiance dans la profession médicale. La DPJ a laissé tomber les procédures, l'hôpital a fermé le dossier et les parents poursuivent l'établissement[118].

Le phénomène ne date pas d'hier. Dans un livre publié il y a près de 25 ans, *Survivre aux soins médicaux*, Serge Mongeau témoigne de certains cas dont il a été mis au courant. Un homme traité par radiation pour l'acné et qui développe un cancer du visage. Une dame opérée à cœur ouvert chez qui l'intervention a été un succès décède des brûlures causées par la température trop élevée de la table d'opération. Une jeune femme subissant une sinusectomie banale et qui s'éveille avec un oeil qui regarde à gauche et l'autre à droite. Un homme à qui on enlève celui de ses deux reins qui fonctionne plutôt que celui qui était gravement atteint[119].

L'hôpital sauve des millions de vies. Mais les « hôpitaux où l'on trouve des patients gravement malades qui ont besoin de soins médicaux complexes sont des endroits particulièrement dangereux[120] ». Si certaines conséquences des traitements médicaux sont inévitables, par exemple des réactions allergiques imprévisibles à un antibiotique, une quantité importante d'erreurs médicales pourrait être évitée. En outre, un nombre substantiel d'erreurs sont commises après que le patient ait reçu son congé de l'hôpital.

Les pages qui suivent résument brièvement les principales études sur la question. Ces études fort techniques utilisent des méthodologies différentes — qu'il serait fastidieux de discuter en détail dans le cadre de cet ouvrage — de sorte que les résultats ne sont pas toujours comparables et qu'ils peuvent faire l'objet de certaines nuances et controverses. Néanmoins, le portrait qui s'en dégage est à la fois suffisamment précis et inquiétant.

La première étude sur les effets indésirables des soins de santé dans les hôpitaux canadiens a paru dans les pages du *Journal de l'Association médicale canadienne* en 2004. Au cours de l'année fiscale 2000, 7,5 % des patients qui ont été admis à l'hôpital ont souffert d'au moins un effet indésirable. Un effet indésirable se traduit par des blessures ou des complications ayant entraîné la mort, l'invalidité ou un séjour prolongé à l'hôpital. L'étude excluait les cas psychiatriques et obstétricaux, sous-estimant ainsi le phénomène.

Sur les 2,5 millions d'admissions dans les hôpitaux de soins aigus, les auteurs évaluent que 141 250 à 232 250 personnes ont été victimes d'un effet indésirable et que de 37 à 51 % de ces « accidents » étaient évitables. *D'après cette étude, 9250 à 23 750 vies auraient pu être sauvées* (voir tableau)[121]. Ces résultats ont été compilés à partir de l'étude des dossiers médicaux des patients admis dans quatre hôpitaux différents (un hôpital universitaire, un gros établissement et deux petits) dans chacune des cinq provinces suivantes : Québec, Ontario, Colombie-Britannique, Alberta, Nouvelle-Écosse.

Estimation du nombre de décès causés par un effet indésirable au Canada : 2000

	Minimum	Maximum
Nombre d'effets indésirables	141 250	232 250
Décès ayant pu être évités	9 250	23 750

Dans l'échantillon retenu par les chercheurs, 5,2 % des patients ont connu des invalidités permanentes et 15,9 % sont décédés. Dans un peu plus de la moitié des cas, la chirurgie était en cause. L'autre type d'événement indésirable le plus fréquent était attribuable aux médicaments et aux solutés.

Comme il fallait s'y attendre, les hôpitaux universitaires présentaient un nombre d'effets indésirables plus important que les autres établissements. Ces hôpitaux reçoivent généralement les cas les plus lourds et dispensent des soins complexes prodigués par une grande diversité de spécialistes, ce qui pourrait augmenter le nombre d'effets indésirables en raison d'un manque de coordination. Finalement, les auteurs font l'hypothèse que la qualité des soins dans ces établissements pourrait être inférieure à ce qu'on trouve ailleurs.

Un article du *Boston Globe* révèle un taux élevé d'erreurs dans la pratique en cabinet. Une enquête auprès de 2 500 oto-rhino-laryngologistes (ORL), dont 446 ont répondu au sondage, montre que 45 % d'entre eux ont été témoins d'erreurs au cours d'une période de six mois : diagnostics, tests, interventions chirurgicales et soins post-opératoires. Trente-sept pour cent de ces erreurs ont sérieusement affecté les patients et neuf se sont révélées fatales. Ce sondage a été fait à l'initiative des ORL du Boston's Children's Hospital, de la faculté de médecine de l'Université Tufts et de l'Université d'Helsinki en Finlande[122].

Au Québec : 670 décès évitables attribuables aux soins reçus dans les hôpitaux

La première étude québécoise, réalisée à partir des données disponibles en 2000-2001, concluait que 5,6 % des hospitalisations s'accompagnaient d'un événement indésirable et près de 27 % de ces incidents étaient évitables. Par extrapolation, le nombre de décès évitables s'établit à 670, soit *plus de deux fois plus que le nombre de victimes de la route*[123]. Chaque mois, 1250 patients deviennent handicapés, aveugles, infectés ou blessés, à cause des soins médicaux. Les deux principaux types d'effets indésirables étaient de nature chirurgicale (32,7 %) et médicamenteuse (19,5 %). La moyenne d'âge des patients était de 62,8 ans et ceux qui ont subi un effet indésirable n'étaient pas significativement plus âgés.

L'échantillon de l'étude québécoise était plus représentatif que celui de l'étude canadienne. Il comprenait huit hôpitaux universitaires ou affiliés à des universités, 10 grands hôpitaux communautaires et deux petits hôpitaux. L'étude excluait les cas psychiatriques et obstétricaux. Contrairement à l'étude canadienne, les réadmissions à l'hôpital à la suite d'un congé ont été prises en compte. Ces nuances méthodologiques expliquent certaines des différences entre les résultats des deux études.

Des études semblables pour la Nouvelle-Zélande et l'Australie ont révélé des taux d'effets indésirables beaucoup plus importants, soit respectivement 12,9 % et 16,6 %. L'étude australienne utilisait une méthodologie différente et plus inclusive car elle comptabilisait les effets indésirables liés à une hospitalisation précédente ou ayant été découverts lors d'une hospitalisation subséquente[124]. L'étude australienne examinant plus de 14 000 cas d'hospitalisations révélait que 43 % des hospitalisations liées aux médicaments étaient très faciles à éviter. Aux États-Unis, deux études d'envergure, employant une méthodologie différente, ont révélé des taux d'effets indésirables de 3,7 % et 2,9 %.

Une étude de Harvard portant sur 30 195 citoyens de New York concluait que 18 % des effets indésirables des médicaments avaient pour cause la négligence. La plupart du temps ces effets indésirables étaient attribuables au défaut d'ajuster les doses des médicaments pour tenir compte des problèmes de foie, de fonction rénale, de masse corporelle et d'âge ainsi que d'inaptitude à déceler les allergies médicamenteuses connues[125].

Selon l'Institut canadien d'information sur la santé, les erreurs médicales seraient chaque année responsables de 1,1 million de journées d'hospitalisation, accaparant ainsi des ressources qui sont déjà surchargées[126]. Par ailleurs, à peine 10 % des cas de négligence criminelle donnent lieu à une poursuite et lorsque l'assureur du médecin va en procès, il gagne 8 fois sur 10[127]. Un sondage auprès des médecins américains, publié dans les *Archives of Internal Medicine* du 14 août 2006, révèle que les chirurgiens et les médecins spécialistes sont plutôt réticents quand vient le temps de révéler à leurs patients les erreurs qu'ils ont commises. Quand la faute est évidente, comme dans le cas d'une ordonnance erronée pouvant mener à une surdose, 81 % des médecins consentiraient à dévoiler l'erreur au patient. Mais lorsque la faute est moins apparente, seulement 50 % d'entre eux sont d'avis qu'ils devraient le signaler à leur patient.

Des effets indésirables après avoir reçu son congé de l'hôpital
Une étude menée à partir de deux campus de l'hôpital universitaire d'Ottawa révélait que 23 % des 328 patients ayant reçu leur congé de l'hôpital avaient connu par la suite au moins un effet indésirable. La plupart (72 %) des effets indésirables étaient attribuables aux médicaments, 16 % aux erreurs thérapeutiques et 11 % aux infections contractées à l'hôpital (voir **infections nosocomiales**). On évalue que 11 % de ces effets indésirables auraient pu être évités ou corrigés et 3 % d'entre eux ont entraîné un décès[128].

L'effet indésirable le plus commun était la diarrhée associée à un antibiotique. Cet effet indésirable a requis une visite à l'urgence ou la réadmission à l'hôpital de 27 patients. L'un d'entre eux est décédé. La plupart des effets indésirables *évitables* étaient des erreurs thérapeutiques liées à des interactions médicamenteuses connues, à l'utilisation d'un traitement contre-indiqué pour une condition spécifique et à un manque de suivi. Ces erreurs sont en partie attribuables au manque de communication entre l'hôpital et les médecins qui œuvrent au sein de la communauté.

Les évaluations divergentes des études — qui ne sont jamais parfaites — ne devraient pas servir de prétexte à banaliser les erreurs médicales.

Essais cliniques
La jungle

La recherche moderne a donné naissance à une préoccupation croissante. Les découvertes qui ne sont pas dignes de confiance pourraient constituer la majorité ou même la vaste majorité des affirmations mises en preuve dans les études qui sont publiées.
JOHN P. A. IOANNIDIS

LE GÉANT PHARMACEUTIQUE ELI LILLY a financé cinq études démontrant que son antipsychotique, le Zyprexa (voir **Zyprexa**) était supérieur au Risperdal de Janssen et deux études prouvant qu'il fonctionnait mieux que le Geodon de Pfizer. Janssen a commandité quatre études comparant les deux médicaments. Dans trois cas sur quatre le Risperdal a démontré sa supériorité sur le Zyprexa. Dans les deux essais organisés par Pfizer, le Geodon a battu le Zyprexa une fois sur deux[129]. Le profane et même le professionnel ont de quoi se poser des questions. Qu'est-ce qui ne tourne pas rond dans le merveilleux monde des essais cliniques ?

Des résultats impossibles
Le psychiatre John Davis a examiné toutes les études disponibles financées par l'industrie pharmaceutique comparant les nouveaux antipsychotiques. Son analyse révèle *que dans 90 % des cas le « meilleur » médicament est celui que le fabricant a commandité.* Ce qui est une impossibilité : A ne peut à la fois être meilleur que B et B supérieur à A. Avec une pointe d'ironie, Davis signale que depuis qu'il refuse les faveurs de l'industrie, il ne fait plus de voyages en première classe à Tokyo et Monte Carlo. Il estime que 90 % des études commanditées par l'industrie et qui se flattent d'avoir un professeur ou un chercheur académique prestigieux, le recrutent après coup dans l'équipe de recherche comme « auteur » dans le but de donner de la crédibilité à l'étude.

Un article du *British Medical Journal* a montré que les études commanditées par les fabricants étaient quatre fois plus susceptibles de fournir des résultats positifs que les études indépendantes. Une étude publiée dans les pages du *Journal of the American Medical Association (JAMA)* portant sur 1 140 essais cliniques confirmait que les essais financés par les sociétés pharmaceutiques étaient 3,6 fois plus susceptibles de fournir des conclusions favorables à l'industrie[130]. C'est la raison pour laquelle Drummond Rennie du *JAMA* en appelle à la création d'une agence totalement indépendante pour tester l'efficacité et l'innocuité des médicaments. Il n'y aurait pas ainsi deux classes d'essais cliniques : ceux qui inspirent confiance et ceux qui n'ont aucune crédibilité[131].

La question de la fiabilité des études est capitale, puisqu'elles servent de fondement aux médecins pour prescrire des médicaments. Or, la multiplication du nombre d'études a créé un phénomène paradoxal et inquiétant : plus le nombre d'études augmente, plus l'incrédulité et la confusion s'installent, quand ce ne sont pas la suspicion et le cynisme autant chez les médecins que chez les patients. Mon étude contre ton étude ! Match nul.

Comment expliquer que les conclusions des essais cliniques, des études épidémiologiques, des analyses de risques génétiques, sont souvent contredites par des études subséquentes ? Comment se retrouver dans cette jungle ?

Un territoire miné par les conflits d'intérêts

Les fabricants de médicaments sont des entreprises à but lucratif. De prime abord, on imagine mal qu'ils conçoivent des études ou publient des résultats qui seraient défavorables à leurs produits. Autrement dit, le territoire des essais cliniques est miné par les conflits d'intérêts. Et dans la confrontation entre l'argent et la science, l'argent l'emporte beaucoup trop souvent.

Le docteur Marc Girard, du comité éditorial de la revue *Medecine Veritas*, appelé à commenter la fraude commise par un scientifique coréen qui avait inventé ses données de toutes pièces au sujet d'une expérience sur le clonage chez les humains, écrit que « la science a perdu son chemin. La raison pour ce désastre est trop évidente : le pouvoir de l'argent[132] ».

John Ioannidis, professeur de médecine en Grèce et aux États-Unis, signale que la probabilité de faux résultats augmente avec la quantité de conflits d'intérêts financiers faisant partie d'un champ scientifique donné. Dans le domaine de la recherche médicale, les conflits d'intérêts sont légion. Par conséquent, les essais cliniques comportent de nombreuses failles tant au plan de la conception que de la présentation des résultats, comme le souligne le psychiatre John Davis.

Quand une société pharmaceutique, voire un chercheur indépendant, veulent obtenir des résultats favorables, ils ont à leur disposition une panoplie de moyens pour obtenir les conclusions désirées. Un nouveau médicament ne sera pas comparé au traitement de référence (le produit qui était largement employé jusque là) et les résultats seront présentés en termes de *risques relatifs* pour en exagérer l'efficacité dans l'esprit du lecteur. C'est ainsi que si un médicament réduit le risque de crise cardiaque de 3 % à 2 %, on dira qu'il réduit ce risque de 33 % (1/3), alors qu'en termes absolus ce risque est diminué de 1 % (3-2). Les concepteurs de l'étude multiplieront les critères d'évaluation et les sous-groupes, ce qui donnera des résultats incohérents. Les conclusions de l'étude mettront en relief l'efficacité du médicament, les données relatives aux effets indésirables étant jugées secondaires et les résultats défavorables ne seront pas publiés. Les patients les plus susceptibles de réagir favorablement au traitement seront sélectionnés pour l'étude (voir **antidépresseurs**) et une dose plus faible du médicament du compétiteur sera utilisée pour que la nouveauté faisant l'objet du test fasse bonne figure (voir **créativité**). Les objectifs visés par l'essai seront changés après analyse des données et les commanditaires arrêteront un essai en cours de route dès que des résultats favorables sont acquis.

Cette dernière pratique a été dénoncée par le docteur Montori de la clinique Mayo. Dans 143 essais cliniques qui ont été publiés dans des journaux médicaux et dont les auteurs ont rapporté qu'ils avaient été arrêtés prématurément parce que « le traitement semblait si efficace », les médicaments se sont avérés non efficaces par la suite[133].

Les conflits d'intérêts n'ont pas toujours une source financière. Ils peuvent avoir pour origine la croyance aveugle en une théorie scientifique ou la conviction d'un chercheur que ses résultats sont valables. Par ailleurs, des études indépendantes réalisées dans les universités pourront avoir pour objectif l'obtention d'une promotion ou de la permanence pour le chercheur. Pour bien paraître on s'arrangera pour qu'elles soient « positives ». Au lieu que la science serve à découvrir la vérité, on l'utilise pour prouver qu'on a raison.

Le jargon des essais cliniques

- **Les essais contrôlés ou comparatifs** déterminent l'efficacité d'un produit par comparaison à un autre traitement ou à un placebo. Lorsqu'ils sont réalisés en double aveugle, on dit que c'est la règle d'or en matière d'études.

- **Le placebo** a les apparences du médicament. C'est une substance inerte, sans principe actif, composée de sucre ou de farine. Il sert de témoin au médicament expérimental. Le groupe qui reçoit le placebo est appelé **groupe témoin**. L'effet placebo découle de la prise en charge du patient en plus de la confiance dans ce qu'il pense être un médicament.

- **Le double aveugle** laisse le médecin et le patient dans l'ignorance de qui reçoit le placebo ou la substance active.

- **Le tirage au sort** détermine quel patient reçoit le médicament ou le placebo. On parle dans ce cas d'essais **randomisés**. C'est une façon de répartir les facteurs connus et inconnus susceptibles d'influencer les résultats.

- **La méta-analyse** est la synthèse statistique d'un grand nombre d'essais cliniques ayant, en principe, des objectifs et des méthodes similaires. Il arrive assez fréquemment que des études aux objectifs semblables mais réalisées dans des conditions disparates soient regroupées arbitrairement, affaiblissant ainsi ou remettant en question la crédibilité des résultats.

Les variables cachées : des limites inhérentes aux essais cliniques

La randomisation, c'est-à-dire, la répartition des volontaires au hasard, doit assurer l'homogénéité des deux groupes qui font l'objet d'une comparaison. Ils seraient donc, en *principe*, homogènes. Si le groupe testant le médicament affiche une diminution de la mortalité de 15 % par rapport au groupe témoin et si le même résultat est obtenu dans des études semblables et réalisées selon les règles de l'art, il est raisonnable de supposer qu'il est attribuable au médicament. Mais la randomisation a ses limites. Elle peut s'avérer un piège si les différences entre le placebo et le médicament sont minces. Quand la tension artérielle ou le taux de mortalité baissent de 2 à 3 % avec un traitement par rapport au placebo, ces résultats peuvent facilement s'inverser comme dans les sondages aux élections. Quand 25 % des patients sortent de l'étude avant la fin de l'essai, la randomisation ne tient plus : on ne quitte pas une étude par hasard. Le médicament est-il véritablement efficace ou les résultats sont-il dus au hasard ou aux limites de tout essai clinique ?

En effet, des variables cachées sont susceptibles d'influencer les résultats. Comme le soulignent Even et Debré, si la longueur de la queue du chat du médecin ou la marque de sa voiture n'ont aucune influence, il en est autrement du sourire de l'infirmière, de la couleur de la chambre et surtout de l'observance du traitement, des pathologies inconnues des participants à l'étude, de leurs habitudes de vie, des différences socio-économiques, ethniques, climatiques et autres. Toutes ces variables cachées, jouent un rôle d'autant plus important que les patients sont aujourd'hui recrutés partout sur la planète.

Ces détails sont purement formels quand il s'agit d'évaluer des médicaments très actifs, mais lorsque les différences vont de 1 % à 5 %, comme c'est souvent le cas, ils risquent fort de rendre l'exercice futile[134].

La confiance aveugle en la statistique

Un des grands facteurs de confusion sur le plan des résultats des essais est l'habitude de considérer une différence *entre deux médicaments ou entre un médicament et un placebo comme étant statistiquement significative* si elle a 5 % de probabilité d'être due au hasard. Cette règle du 5 % est pratiquement devenue un dogme. Pourtant, elle donne souvent des taux élevés de non confirmation dans des études subséquentes pour la bonne raison que les résultats acquis après *une* seule recherche sur une question donnée ne sont pas nécessairement valides.

Dans le jargon des essais cliniques, c'est ce qu'on appelle la valeur *p*. Quand la valeur *p* est égale ou inférieure à 0,05, les résultats sont considérés comme étant significatifs et dignes de confiance. Plus ce chiffre est petit, plus le degré de confiance dans le résultat est élevé. Quand l'étude a une valeur *p* de 0,0007, il y a 7 chances sur 10 000 que le résultat soit dû au hasard et le niveau de confiance est de 99,93 %. Par exemple, s'il s'agit de tester l'efficacité d'un médicament, une valeur p de 0,0007 signifie qu'il y 99,93 % de chances que la différence observée soit due à la différence de traitement. Un degré de confiance de 95 % peut sembler impressionnant (voir **y a-t-il un pilote...?**). Mais c'est largement insuffisant considérant tout ce qui précède. Comme le soulignent Even et Debré : « Telle qu'elle est aujourd'hui trop souvent utilisée, *la statistique est l'outil qui permet de forger des résultats trompeurs*[135] ». C'est en grande partie ce qui explique les débats sans fin autour d'un certain nombre d'études concernant le dépistage mammographique du cancer du sein et les traitements préventifs de l'insuffisance coronaire, pour ne nommer que celles-là.

Un des facteurs susceptibles de brouiller les pistes et qui saute aux yeux est la taille de l'échantillon. Plus les études sont petites, plus les résultats sont susceptibles d'être faux et d'être invalidés par des études subséquentes (voir l'étude de Reily dans **homéopathie**). Les études de cette nature — j'en ai cité un certain nombre tout en soulignant leurs limites — doivent être reçues avec prudence. Pour être crédibles leurs résultats doivent être reproductibles.

Dans la même veine, le degré de fiabilité d'une étude risque d'être plus élevé quand la taille des effets possibles qu'elle révèle est importante. Un exemple d'effet de taille important est fourni par l'impact de la cigarette sur le cancer ou les maladies cardiovasculaires. De telles études fournissent des résultats plus fiables que celles qui portent sur des conditions ou des problèmes où la taille des effets est plus modeste. C'est le cas des études épidémiologiques qui tentent de mesurer l'effet d'un gène sur une maladie complexe. Le nombre de variables cachées est tellement grand qu'on doit se demander si le résultat obtenu est attribuable à des facteurs inconnus des chercheurs.

Plusieurs études épidémiologiques appellent des réserves semblables. En raison du grand nombre de variables cachées, mesurer l'effet du brocoli sur l'incidence du cancer du poumon, du vin sur la maladie d'Alzheimer ou de la vitamine D sur la santé des os, est un exercice qui risque fort de fournir des résultats incertains et qui devront être validés par des recherches plus poussées[136].

Les autorités commencent à peine à prendre acte de la confusion et du cynisme engendrés par l'industrie des essais cliniques qui sont en train de discréditer la recherche scientifique. La France annonçait en mai 2006 que les recherches biomédicales seront encadrées de manière plus stricte à l'avenir. Simultanément, l'Organisation mondiale de la santé émettait une série de directives en matière d'essais cliniques[137]. Une dizaine de journaux médicaux parmi les plus prestigieux refuseront dorénavant de publier des articles sur les essais cliniques qui n'auraient pas été préalablement enregistrés dans les banques de données gouvernementales, accessibles aux chercheurs et au grand public, afin d'éviter que seuls les résultats positifs soient rapportés. Jusqu'à présent ces nouvelles directives ont été inégalement suivies. Si de nombreux essais cliniques ont été enregistrés dans les banques de données, des points importants ont été omis par plusieurs commanditaires, dont le nom du médicament sous prétexte du secret industriel, ce qui est loin d'être un détail. Des observateurs soulignent qu'il ne suffit pas d'enregistrer les essais, les protocoles des essais doivent également l'être[138]. C'est un dossier à suivre.

«Frais aux usagers» et conflits d'intérêts

Santé Canada en otage : un danger pour la santé

La réglementation intelligente a pour but d'«aider ceux qui souhaitent se conformer aux règlements à le faire aussi facilement que possible, les encourageant à se conformer volontairement aux règles».

Bulletin interne du ministère de la Santé

L'industrie fournit jusqu'à 70 % des fonds pour approuver les médicaments

En 1992, la FDA instaurait ce qu'on appelle pudiquement des « frais aux usagers » ; en 1994, le Canada emboîtait le pas. Dans ce contexte, les « frais aux usagers » réfèrent au fait que l'industrie pharmaceutique paie pour que les agences de contrôle approuvent leurs médicaments. Avec les « frais aux usagers », le gouvernement se retirait du financement de l'homologation des médicaments. Jusqu'à 70 % des fonds destinés à l'approbation des médicaments de la Direction des produits thérapeutiques (DPT) de Santé Canada, et par conséquent des salaires des scientifiques et fonctionnaires responsables de veiller à la sécurité des médicaments, proviennent de l'industrie pharmaceutique[139]. C'est comme demander à celui que vous payez de vous policer et de vous contrôler. En échange, l'industrie a obtenu ce qu'elle exigeait depuis longtemps, c'est-à-dire la réduction du temps d'approbation pour les nouveaux médicaments. L'enjeu est de taille pour l'industrie pharmaceutique. En 2000, le docteur Thomas Bodenheimer avançait que les sociétés pharmaceutiques devaient renoncer en moyenne à 1 300 000 $ pour chaque journée perdue à attendre l'homologation d'un médicament; les évaluations courantes triplent ce montant (voir **un métier dangereux**). Les « frais aux usagers » sont dangereux pour la santé. À preuve, une étude souligne que le rappel des médicaments aux États-Unis est passé de 1,56 % entre 1993-1996 à 5,35 % entre 1997-2001[140]. D'après le docteur Joel Lexchin de l'Université de Toronto, 39 % des médicaments qui ont été retirés de la circulation au Canada depuis 40 ans l'ont été dans la dernière décennie. Les agences de contrôle jouent de plus en plus mal le rôle le plus important qui leur est imparti, c'est-à-dire celui de protéger le public contre les médicaments dangereux. Une enquête menée par Public Citizen en 1998 a révélé que des responsables de la FDA ont identifié au moins 27 médicaments approuvés par l'agence, au cours des trois années précédentes, qu'ils avaient recommandé de ne pas approuver[141].

Parmi toutes les formes de conflits d'intérêts qui minent le système de santé, les « frais aux usagers » sont un des éléments les plus inquiétants. Les agences de contrôle, étant placées en situation de prestataires de services, entrent de plus en plus en compétition pour obtenir ces redevances, ce qui peut les conduire à être moins exigeantes vis-à-vis des fabricants[142]. Ce système est largement responsable de l'approbation de produits qui n'auraient jamais dû l'être.

Une mesure qui mine la confiance des scientifiques des agences de contrôle

Les « frais aux usagers » ont entraîné la baisse des standards et des critères d'homologation et ont mis inutilement des vies en danger. Obtenu en vertu de la loi d'accès à l'information, un sondage interne, réalisé au début des années 2000, révèle que les « frais aux usagers » ont miné le moral et la confiance des scientifiques de la FDA. Commandé par le département de la Santé, ce sondage donnait quatre choix de réponses : « entièrement confiance », « largement confiance » et à l'autre extrémité, « modérément confiance », « aucunement confiance ». D'après les résultats, *36 % des scientifiques de l'agence avouent qu'ils n'ont « aucunement confiance » ou ne sont que « modérément confiants »* quand il s'agit de l'efficacité et de la sécurité des produits approuvés par la FDA; les deux tiers estiment que la surveillance post-approbation est inadéquate. Plus inquiétant encore : 18 % des scientifiques de la FDA admettent avoir subi des pressions pour approuver des médicaments dont la sécurité leur posait des problèmes à leurs yeux[143]. Puisqu'une entente de principe a été conclue entre Santé Canada et la FDA pour uniformiser les normes d'homologation des médicaments, nous sommes en droit de prétendre que les conditions sont tout aussi inquiétantes au Canada.

Le Dr David Graham de la FDA soulignait en 2004 qu'il existait cinq médicaments dangereux sur le marché qui devraient être sévèrement restreints ou carrément retirés dont l'agent anti-obésité, le Meridia (voir **Xenical**). Depuis ce temps, un seul d'entre eux, l'anti-inflammatoire Bextra, a été retiré des tablettes. À moins d'un coup de barre important, Graham soulignait que nous ne sommes pas à l'abri d'une autre catastrophe comme celle du Vioxx.

La moitié des membres des comités d'évaluation des agences sont en situation de conflit d'intérêts
Au cours de 88 des 159 rencontres des comités de la FDA qui font l'évaluation des médicaments et des dispositifs médicaux, la moitié et plus des membres possédaient des intérêts financiers dans le produit qu'ils devaient évaluer. Sur les 102 rencontres devant évaluer un médicament spécifique, le tiers des membres des comités possédaient un intérêt financier direct dans le produit qu'ils devaient évaluer[144].

Nous ne disposons pas de telles données pour le Canada, mais lorsqu'un comité d'évaluation de Santé Canada s'est penché sur le cas du Vioxx afin de déterminer s'il devait être remis sur le marché, neuf des 13 membres étaient en conflit d'intérêts (voir **Vioxx**).

Les conflits d'intérêts sont nombreux et se retrouvent partout dans l'industrie de la santé. Je me contenterai d'un seul autre exemple, puisque j'aborde la question indirectement ailleurs dans ce livre. Une enquête du département de la Santé à Washington montrait, en 1989, que les médecins détenant des intérêts dans des laboratoires faisaient un usage intensif de leurs services pour leurs patients. Leurs patients, éligibles à Medicare, recevaient 45 % plus de services de laboratoires que les patients des médecins qui n'avaient aucun lien financier avec des laboratoires. Les médecins détenant des intérêts dans des établissements d'imagerie médicale commandaient quatre fois plus d'examens pour le même problème que ceux qui référaient leurs patients à un radiologue indépendant. Les médecins du premier groupe demandaient pour chaque test des frais plus élevés que les autres. La facture moyenne pour chaque épisode de soins était de 4,4 à 7,5 fois plus salée.

Les préjudices causés par la déréglementation

Le retrait du financement des agences de contrôle des médicaments est à mettre dans le contexte de la vague de déréglementation qui déferle sur tous les pays depuis le début des années 1980, sous l'influence des gouvernements Reagan et Thatcher, élèves dociles de l'École de Chicago, ayant à sa tête l'économiste et conseiller de Reagan, Milton Friedman.

La déréglementation est l'une des principales pièces maîtresses du néolibéralisme pour rétablir les conditions d'accumulation du capital. Pour le milieu des affaires, les lourdeurs administratives qui accompagnent la réglementation nuisent à la compétitivité et elles demeurent un « obstacle à l'initiative, à l'entreprise et à la liberté personnelle », pour reprendre les termes du comité Nielsen mandaté par Ottawa pour faire le point sur la question en 1985[145].

Le programme néolibéral se traduit notamment par l'abolition ou l'allégement des règles édictées pour la protection du public ; par les coupes sombres dans les budgets des agences gouvernementales dont la mission est d'agir comme chien de garde des intérêts publics ; par les privatisations (ou leur version dernier cri, les partenariats public-privé ou PPP) ; par les compressions dans les services sociaux et les attaques sur les salaires.

C'est surtout dans les années 1990 que la déréglementation a commencé à frapper le secteur de la santé avec l'introduction des « frais aux usagers ». Un autre tournant important a été franchi à l'été 1997. Santé Canada s'est alors attaqué à la Direction générale de protection de la santé (DGPS), qui chapeaute la Direction des produits thérapeutiques, responsable de l'homologation et de la surveillance des médicaments. La DGPS sera rebaptisée Direction générale des produits de santé et des aliments. L'abandon du terme « protection » est plus que symbolique. Le budget de la DGPS a été sérieusement amputé et celui de la sécurité des aliments a été coupé de près des deux tiers. Santé Canada a aboli son Bureau de recherche sur les médicaments, reconnu pour ses travaux sur la qualité, la toxicité et l'application clinique des médicaments[146]. Un rapport du ministère des Ressources naturelles daté de janvier 2006 souligne que les immeubles utilisés pour les programmes de recherches scientifiques du gouvernement tombent en ruines[147].

Aujourd'hui, le gouvernement s'apprête à modifier la Loi sur les aliments et drogues, qu'il entend « moderniser » en remplaçant le principe de précaution par celui de « gestion des risques ». Les autorités prônent une « réglementation intelligente » destinée à « nourrir le climat économique et à promouvoir l'innovation et l'investissement[148] ». Dans ce domaine, le Canada adopte l'approche client, comme l'explique un bulletin interne du ministère de la Santé. « Votre client est le bénéficiaire direct de vos services »... « Elle [la réglementation intelligente] a pour but d'«aider ceux qui souhaitent se conformer aux règlements à le faire aussi facilement que possible, les encourageant à se conformer volontairement aux règles[149] ». L'industrie pharmaceutique est devenue le client de Santé Canada et le ministère de la Santé se décharge de ses responsabilités en tant que fiduciaire et gardien de la santé pour les confier progressivement au secteur privé. C'est ce que le milieu des affaires revendique depuis longtemps : l'autoréglementation, qui équivaut à confier la bergerie au loup. L'histoire, particulièrement l'histoire récente, a démontré que l'industrie ne peut s'autoréglementer.

Grippe aviaire:

Le A (H5N1), menace imminente ou prétexte?

Donald Rumsfeld... possède des actions dans Gilead [qui détient les droits du Tamiflu] dont la valeur oscille entre 5 et 25 millions de dollars...

NELSON D. SCHWARTZ, *Fortune*

Le Tamiflu: une véritable poule aux œufs d'or

LES GOUVERNEMENTS SE PRÉPARENT EN VUE d'une nouvelle pandémie de grippe qui, disent-ils, pourrait déferler sur la planète et faire des millions de victimes. Depuis 2004, ils stockent à grands frais des millions de doses d'un nouveau médicament, le Tamiflu de Roche. Au Québec seulement, les réserves ont été portées à 13 millions de doses. Son cousin le Relenza, développé par GlaxoWellcome (maintenant GlaxoSmithKline), qu'un comité de la FDA recommandait de ne pas approuver, n'a pas fait l'objet d'achats massifs de la part des autorités sanitaires. Soulignons que le virus de la grippe aviaire, le A (H5N1), a été identifié pour la première fois en 1955.

Le docteur Richard Schabas, anciennement le plus haut responsable des questions sanitaires en Ontario, pense que la menace de pandémie est une «imposture». Il disait lors d'un point de presse: «Je crains davantage les problèmes de circulation que j'ai dû affronter en me rendant ici que la menace de grippe aviaire[150].»

Le Tamiflu a été mis au point par Gilead Sciences, dont le président du conseil d'administration était nul autre que le secrétaire à la défense de George W. Bush, Donald Rumsfeld (voir encadré). En outre, plusieurs laboratoires se sont lancés tous azimuts dans la recherche d'un vaccin susceptible de contenir cette pandémie. Le *San Francisco Chronicle* écrivait, en mai 2005, que Gilead Sciences veut mettre fin à l'accord de 1996 qui donnait les droits exclusifs de fabrication et de commercialisation du Tamiflu à Roche en échange de redevances[151]. Gilead serait insatisfaite de la façon dont Roche commercialise cet antiviral et la rend responsable des problèmes d'approvisionnement du médicament devenu une véritable poule aux œufs d'or. En avril 2005, Roche rapportait que les ventes de Tamiflu au *premier trimestre* avaient quadruplé pour atteindre la somme de 330 millions de dollars. Bref, la perspective de juteux profits promet un bel affrontement. Qui du petit suisse ou du grand aigle américain sortira vainqueur de ce combat?

Gilead : une société bien branchée sur le pouvoir

À partir des rapports du gouvernement fédéral, le magazine *Fortune* évalue que Donald Rumsfeld détient des actions pour une valeur de 5 à 25 millions de dollars dans Gilead. L'ancien secrétaire d'État, George Shultz, qui siège au conseil d'administration de Gilead, a vendu, entre le début de 2005 et le mois d'octobre de la même année, plus de sept millions de dollars d'actions qu'il détenait dans cette société qui a profité des achats massifs de Tamiflu par les gouvernements. L'épouse de l'ancien gouverneur de la Californie Pete Wilson siège également au conseil d'administration de la firme.

Donald Rumsfeld a été nommé président du conseil d'administration de Gilead en 1997 après y avoir siégé depuis sa fondation 10 ans plus tôt. Gilead a vendu le brevet de Tamiflu à Roche en échange de redevances évaluées à 10 % des ventes. Mais, rassurons-nous, Rumsfeld n'a plus rien à voir avec les décisions qui impliquent Gilead. Il a pris soin de consulter le département de la Justice, la Securities and Exchange Commission et le conseiller en éthique du gouvernement, qui n'ont émis aucune opinion sur le sujet. Il s'est alors tourné vers une firme privée qui lui a suggéré d'être transparent et de conserver ses actions car les vendre risquait de mal paraître.

Source : Nelson D. Schwartz, « Defense Secretary, ex-chairman of flu treatment rights holder, sees portfolio value growing », Fortune, 31 octobre 2005.

Le Relenza approuvé par la FDA en dépit de l'avis de son comité d'experts

Le premier de ces médicaments, le Relenza (zanamivir de son nom générique) a été homologué par la FDA en juillet 1999 en dépit de la recommandation d'un comité d'experts qui a voté 13 à 4 contre son approbation (il obtenait l'aval de Santé Canada en novembre de la même année). Le comité jugeait que les preuves d'efficacité du produit n'étaient pas au rendez-vous[152]. Ce médicament doit être administré dans les 48 heures suivant le déclenchement des premiers symptômes. Au moment de son homologation, une seule étude comparative avait été publiée. Elle montrait que le Relenza réduisait les symptômes de la grippe d'une durée médiane de 1,5 jour par rapport au placebo et les auteurs concluaient que leurs résultats devaient être confirmés par d'autres études.

Le Health Research Group a obtenu de la FDA copie de deux études qui n'ont pas été publiées. La plus imposante de ces études, réalisée aux États-unis, comptait un nombre de patients quasiment aussi important que les deux autres et révélait que la différence entre le Relenza et le placebo était très mince. Les patients prenant le médicament ont passé 7,2 jours sans que leurs symptômes soient soulagés, contre 7,5 jours pour ceux qui prenaient un placebo, soit un gain de 0,3 jour. Les deux autres études affichaient des gains de 1,1 et 1,8 jour. La spécialiste de la FDA concluait que l'amélioration se chiffrait « approximativement à une journée en moyenne », ce qui n'est pas cliniquement significatif. Compte tenu de ces résultats, le HRG ne comprend pas pourquoi la FDA a approuvé le médicament. Au Royaume-Uni, le National Institute for Clinical Excellence a rendu un avis défavorable au sujet du Relenza. Le fabricant a multiplié les menaces, y compris celle de déménager ses unités de recherche et développement et l'avis a été complètement transformé par la suite[153].

Le Tamiflu (oseltamivir de son nom générique) a été approuvé quelques mois plus tard. Une directrice de la FDA décrit son effet comme étant « modeste[154] » ; il raccourcit la durée de la grippe de 1,3 jour et l'appréciation de son efficacité est « une question hautement subjective[155] ». En 2000, les autorités sanitaires européennes considéraient que les preuves d'efficacité du Tamiflu dans le traitement de l'influenza B étaient insuffisantes et Roche a alors retiré sa demande d'homologation[156].

Une menace imminente ?
De 2004 à juin 2006, les autorités sanitaires ont recensé environ 200 personnes infectées par le virus de la grippe aviaire. Un peu plus de la moitié en sont mortes. Il existe trois types de virus de l'influenza : les types A, B et C ainsi que plusieurs sous-types H (de 1 à 16) et neuf sous-types N. Ces lettres désignent les diverses protéines retrouvées à la surface externe des virus de type A. Le virus actuel, le H5N1 qui a tué un grand nombre de volailles, a déjà sévi en Écosse en 1959, en Angleterre en 1991 et à Hong-Kong en 1996-1997[157].

Si les virologistes s'entendent pour dire que nous sommes mûrs pour une nouvelle pandémie de grippe, ils ne s'entendent pas pour dire que le A (H5N1) est le candidat le plus probable.

Deux groupes de chercheurs japonais et néerlandais soutiennent que si le virus actuel ne se « communique pas facilement » d'une personne à l'autre, c'est qu'il ne se transmet pas par le rhume ou les éternuements pour la bonne raison qu'il loge dans les profondeurs du système respiratoire. Le virus humain des grippes saisonnières, lui, préfère les cellules situées dans le haut du système respiratoire. De plus, les pandémies antérieures (la grippe espagnole de 1918, la grippe asiatique de 1957 et la grippe de Hong Kong de 1968) appartenaient à d'autres sous-types que le H5. Des spécialistes soulignent que le passage d'un virus d'une espèce à l'autre est un phénomène rare. Pour être infecté, une personne doit avoir été en contact étroit avec de la volaille contaminée ou avoir ingéré de la viande crue contaminée.

On ne peut exclure que le H5N1 puisse s'adapter à l'être humain. Certains spécialistes soulignent que quelques mutations suffiraient pour lui permettre de migrer vers les voies respiratoires supérieures, ce qui lui donnerait la capacité de se transmettre facilement d'un humain à l'autre[158].

En dépit des nombreuses alertes qui pouvaient laisser croire à une transmission entre humains, les cas suspectés ne se sont pas avérés. Selon Jeanne Brugère-Picoux, spécialiste des pathologies animales, la grippe aviaire ne pourrait tuer des millions de personnes, car « c'est une maladie spécifique aux oiseaux, elle ne se transmet qu'exceptionnellement à l'homme. Jamais une épizootie (épidémie qui tue un grand nombre d'animaux) n'a été à l'origine d'une grippe saisonnière ou d'une pandémie[159] ». Le docteur Offit, virologiste de Philadelphie, rappelle que le H5 a été identifié dans les années 1950 et qu'il n'a jamais acquis les propriétés nécessaires pour déclencher une pandémie.

Il souligne que s'il faut s'inquiéter à propos d'une prochaine pandémie, il est mal avisé d'effrayer le public en lui laissant croire que le virus de la grippe aviaire est celui qui déclenchera la catastrophe. Ces constats sont corroborés par Santé Canada. Le contact direct avec de la volaille contaminée est le principal moyen d'infection, *sinon le seul*. Dans un petit nombre de cas, il *semblait* y avoir eu transmission limitée de personne à personne, mais ces cas impliquaient des contacts personnels étroits et prolongés avec une personne infectée. De plus, le H5N1 ne se « transmet pas facilement des oiseaux à l'homme[160] ».

Le Tamiflu testé sur des patients vietnamiens

Le Tamiflu a été testé sur huit vietnamiens atteints de la grippe aviaire à la fin de 2005. L'étude de de Jong et collègues, publiée dans le *New England Journal of Medicine* (*NEJM*), confirme que deux des patientes qui sont décédées, bien que le traitement ait commencé très tôt chez l'une d'elles, ont développé une résistance au médicament et le virus était toujours présent à la fin du traitement chez trois patients[161]. Sur les huit patients qui ont été traités au Tamiflu, quatre sont décédés et quatre ont survécu. Ce taux de mortalité est sensiblement le même que celui qu'on observe chez les personnes atteintes de la grippe aviaire, qu'elles soient traitées ou non au Tamiflu. Ces résultats ne sont pas sans suggérer une efficacité plutôt faible, bien que les quatre patients qui ont survécu aient eu des niveaux indétectables du virus.

Dans une entrevue disponible dans le même numéro du *NEJM*, Anna Moscona, professeure à l'Université Cornell et spécialiste des maladies infectieuses, pense que c'est un « tournant qui fait peur ». Elle qualifie ces développements d'« alarmants », surtout que les patients ont été traités avec la dose recommandée. Elle souligne que des études japonaises sur une centaine d'enfants ont révélé que 16 à 18 % de ceux qui souffraient d'une grippe saisonnière ont développé une résistance au Tamiflu. C'est pourquoi les spécialistes ne recommandent pas que les individus stockent des réserves de Tamiflu. Mal l'utiliser en le partageant avec ses proches, ou en l'administrant en doses trop faibles, pourrait augmenter la résistance au médicament.

L'étude de de Jong a été « soutenue » (on ne nous donne pas plus de précision) par le Trust Wellcome de Grande-Bretagne. Cette organisation « charitable indépendante » (ces deux termes figurent en caractères gras sur son site Internet), a été mise sur pied par Sir Henry Wellcome en 1936. Wellcome est le fondateur de la firme du même nom, une des sociétés ayant donné naissance au géant GlaxoSmithKline (GSK), le fabricant du Relenza. Jusqu'en 1986, le Trust Wellcome était le seul actionnaire de la société pharmaceutique et, en 1992, il réduisait sa participation à 25 % des actions. Aujourd'hui, le Trust Wellcome détient « une petite partie » des actions de GSK[162]. La question qui vient à l'esprit est : « Pourquoi une organisation charitable, tout indépendante soit-elle, soutiendrait-elle une étude sur un médicament produit par un concurrent de GSK ? » Comme je n'ai malheureusement pas de réponse, j'éviterai toute spéculation, sauf pour dire que jusqu'à présent on n'a pas réussi à isoler un virus résistant au Relenza[163].

Des effets indésirables du Tamiflu

À la fin de 2005, la FDA s'est penchée sur des rapports faisant état de cas de mortalité et de comportements étranges chez des enfants à qui l'on avait administré du Tamiflu. Douze enfants japonais de 1 à 16 ans sont morts après en avoir absorbé. Par ailleurs, 32 personnes ont été victimes de graves problèmes de nature neuropsychiatrique, dont 31 au Japon. Deux garçons ont sauté du deuxième étage de leur maison après avoir reçu deux doses de Tamiflu et deux autres se seraient probablement suicidés. Certains, dont des adultes, ont été victimes d'hallucinations ou ont développé des allergies graves. Cette situation s'expliquerait en partie parce que le Tamiflu est beaucoup plus largement utilisé au Japon qu'ailleurs. Des 13 millions d'ordonnances prescrites pour les enfants à l'échelle mondiale, 11,6 millions l'ont été au Japon, selon Roche. La société suisse soutient que le taux de mortalité chez les enfants traités au Tamiflu serait de un sur un million, un taux qui n'est pas plus élevé que chez les enfants qui ont la grippe et n'ont pas utilisé le médicament[164].

En huit mois, jusqu'en juin 2000, le Programme canadien de surveillance des effets indésirables des médicaments a reçu 16 notifications d'effets indésirables soupçonnés du Relenza, dont six cas graves et inusités. Le document du *Bulletin canadien des effets indésirables*, mis à jour en mai 2006, relate le décès d'un homme de 52 ans atteint de problèmes cardiaques. Par ailleurs, en l'espace de six mois, Santé Canada recevait neuf notifications reliées au Tamiflu. De son côté, la FDA soulignait que l'innocuité et l'efficacité du Relenza n'ont pas été démontrées chez les patients souffrant de problèmes respiratoires tels que l'asthme[165]. Je comprends difficilement que nous ne disposions pas d'informations plus pertinentes et il serait urgent que Santé Canada fasse une véritable mise à jour de ces cas.

Un vaccin contre la grippe aviaire

La mise au point d'un vaccin est un processus long et complexe, ne serait-ce que parce que les virus ont la capacité de déjouer les calculs des scientifiques en se transformant. La course pour trouver un vaccin contre la grippe aviaire est donc en marche et les autorités médicales américaines investissent pour le développement de 30 vaccins potentiels. L'Agence canadienne de santé publique a un contrat de 21,5 millions de dollars canadiens avec GSK pour trouver un vaccin contre la grippe aviaire.

Un essai clinique s'est déroulé en 2006 pour tester un vaccin produit à partir d'un virus A (H5N1) isolé sur une victime vietnamienne. L'effet de ce vaccin, qui semble bien toléré, est au mieux d'une efficacité « faible ou modérée », selon un article du *NEJM*[166] et il requiert des doses 12 fois plus importantes que les vaccins contre la grippe saisonnière. On soutient que le vaccin serait efficace chez 55 % des patients. Cependant, cette efficacité n'est que théorique puisqu'elle est établie à partir de tests en éprouvette[167].

Compte tenu des capacités de production actuelles, l'industrie pourrait fournir un vaccin contre la grippe aviaire à 75 millions d'humains. Il serait nécessaire de produire plus d'un vaccin en raison des différences observées dans les virus. En outre, l'immunité qui serait conférée par ces vaccins devrait tenir compte de tout un ensemble de facteurs tels que l'âge, le sexe, l'origine ethnique, etc. Ceux qui ont succombé à la grippe aviaire sont surtout des enfants, des adolescents et de jeunes adultes.

La course pour fabriquer un vaccin efficace contre un H5N1 transmissible à l'être humain se heurte à un obstacle de taille : il faudrait que ce virus existe déjà. Ce qui n'est pas le cas. En effet, un vaccin n'est efficace que lorsqu'il est spécifique.

Un projet de loi pour déresponsabiliser les sociétés pharmaceutiques

L'industrie pharmaceutique profite de la panique engendrée par l'idée d'une éventuelle pandémie de grippe. En 2005, Bill Frist, leader de la majorité au Sénat américain, a introduit en douce un projet de loi soustrayant l'industrie pharmaceutique à toute poursuite survenant à la suite de l'utilisation de produits médicaux en cas d'urgence, notamment lors d'une pandémie de grippe. Le projet de loi prévoit que les fautifs ne seront pas poursuivis, même s'ils ont fait preuve de grossière négligence. Il empêcherait tout recours suite à l'utilisation d'un médicament, d'un vaccin ou d'un dispositif médical dans le contexte d'un état d'urgence sanitaire décrété par le gouvernement. Les compagnies, les responsables des États, les travailleurs de la santé et tous ceux qui seraient impliqués dans la lutte contre une pandémie seraient exemptés de poursuites. De plus, cette loi protégerait les sociétés pharmaceutiques contre toute poursuite mettant en cause des médicaments existant depuis longtemps s'ils étaient utilisés dans le contexte d'une urgence sanitaire.

Des courriels et des documents internes de Biotechnology Industry Organisation, un imposant regroupement de sociétés pharmaceutiques et de biotechnologie, démontrent que Frist a répondu aux demandes de l'industrie pour faire passer cette loi camouflée à l'intérieur d'un projet de loi élaboré par un comité sur la défense. Plusieurs membres de ce comité n'étaient même pas au courant de l'existence de ce « passager clandestin ».

Outre Frist, deux autres membres républicains du Congrès font partie du *top* dix des bénéficiaires de l'industrie. Depuis l'année 2000, ils ont reçu des contributions totalisant 1,2 million de dollars[168]. En 2005, le groupe Citizens for Responsibility and Ethics in Washington identifiait Frist, médecin de formation, comme l'un des 13 membres les plus corrompus du Congrès[169].

La pandémie serait-elle en perte de vitesse ?

En mai 2006, le docteur Nabarro, coordonnateur de l'OMS, qui est responsable de surveiller le développement de la pandémie de grippe aviaire, annonçait que si elle s'est étendue à l'Afrique et à certains coins de l'Europe, en « Thaïlande et au Vietnam nous avons obtenu des succès fabuleux[170] ». Ces succès ont été remportés grâce à un vaste programme d'abattage et d'immunisation des poulets dans les régions où la grippe aviaire a fait le plus de victimes. Des indices montreraient que la pandémie a reculé en Chine, où elle a commencé. Le gouvernement chinois a rapporté 10 nouveaux cas cette année. Cependant, les autorités sanitaires se méfient des rapports provenant de cette source, puisque les autorités chinoises avaient dissimulé l'existence de l'épidémie du Syndrome respiratoire aigu sévère (SRAS). En mai 2006, les autorités sanitaires ont découvert un autre foyer de grippe aviaire en Indonésie qui a fait craindre le pire, mais elles n'ont toujours trouvé aucune preuve de transmission entre humains.

Je ne crois pas que la menace d'une pandémie de grippe soit inventée de toutes pièces. Il est certain qu'une telle pandémie est une possibilité, voire qu'elle est inévitable. Cependant, il n'est pas du tout évident que ce sera la grippe aviaire, ne serait-ce que parce que le virus a été identifié il y a déjà *un demi-siècle et qu'il n'est pas facilement transmissible de la volaille à l'humain.* Ce qui est également évident, c'est que des intérêts puissants entretiennent la peur et surfent allégrement sur cette vague. Récemment, une équipe multinationale a publié les résultats d'une recherche dans les pages des *Proceedings of the National Academy of Sciences* qui révisait à la baisse le risque d'une pandémie due au virus du H5N1[171].

Homéopathie

Le triomphe du granule

DEVANT L'INCAPACITÉ À TOLÉRER LES EFFETS indésirables des médicaments et les erreurs de la médecine traditionnelle, de plus en plus de gens se tournent vers les médecines alternatives. L'homéopathie est populaire dans plusieurs pays d'Europe, notamment en Allemagne et en France, où ces médicaments sont prescrits par 30 000 généralistes. Ils sont remboursés à 35 % par la Sécurité sociale (équivalent de notre assurance maladie), ce qui correspond à 0,1 % du total des remboursements[172]. Ce n'est pas de ce côté qu'il faut chercher les causes du déficit de la Sécurité sociale.

Dix millions de Français consomment ces petits granules. Une étude française réalisée en 1994 dévoilait que 56 % des travailleurs des professions libérales y ont recours, contre 43 % des employés et 29 % des ouvriers[173]. De nombreuses personnalités ont défendu ce type de traitement, notamment Mark Twain, John D. Rockefeller, Henry David Thoreau et la famille royale d'Angleterre[174]. Un sondage réalisé en 2003 indiquait que 4 % des Canadiennes et 2 % des Canadiens utilisaient des médicaments homéopathiques[175].

Pour évaluer si les produits homéopathiques sont efficaces, on ne peut s'en remettre aux anecdotes. Les médicaments homéopathiques doivent être soumis aux mêmes règles que les médicaments de la médecine classique. Premièrement, les preuves cliniques n'ont pas démontré que les médicaments homéopathiques étaient plus efficaces qu'un placebo, dont il ne faut pas sous-estimer les effets comme nous l'avons déjà constaté avec les antidépresseurs. Deuxièmement, les substances potentiellement actives qui les composent (plantes, venin, arsenic, produits chimiques, etc.) sont tellement diluées qu'il ne reste plus une seule molécule de la substance mère. Troisièmement, comme on ne peut expliquer le mode d'action des médicaments homéopathiques, on fait appel à des concepts tels que la « mémoire de l'eau », les « hyperprotons », les « trous blancs » et autres entités métaphysiques. Nous frisons le délire.

Les semblables guérissent les semblables

Déçu par la médecine de son époque, qui employait des produits extrêmement toxiques et avait recours à des pratiques inutiles et dangereuses, le médecin allemand Samuel Hahnemann (1755-1843), créait l'homéopathie dans les années 1790. À cette époque toute la science bio-médicale tenait en quelques pages. Il a fondé sa discipline sur le *principe des semblables*, développé par Hippocrate, médecin grec de l'Antiquité et auteur du dicton *D'abord ne pas nuire*. D'après ce principe, une substance qui rend malade un sujet sain, peut guérir un sujet malade. C'est ainsi qu'on utilise une plante répondant au nom de *nux vomica* comme calmant chez un sujet malade, alors qu'elle agit comme excitant chez un sujet sain[176]. D'où le nom « homéopathie » qui vient d'un terme grec signifiant « semblable ». La médecine traditionnelle a recours aux médicaments allopathiques, c'est-à-dire « contraires ». On tente de trouver la substance qui s'oppose à la cause de la maladie ; par exemple, un antibiotique qui détruit les bactéries. L'homéopathie n'agit pas sur les causes, mais sur les symptômes.

Le laboratoire français Boiron, leader du secteur, dont le chiffre d'affaires s'élevait à 305,3 millions d'euros en 2003, dispose de 3300 substances pour fabriquer les médicaments homéopathiques, dont 50 % végétales, 40 % chimiques, 10 % animales[177].

Un produit hyper dilué

Quelle est la recette de fabrication d'un médicament homéopathique ? La procédure commence en diluant une des substances dont nous venons de parler dans de l'eau ou plus rarement de l'alcool. C'est la substance mère qui, par la suite, est diluée plusieurs fois. À la première dilution, une goutte de la substance mère est mélangée dans un tube à 99 gouttes d'eau. Puis, le tube est secoué vigoureusement. À cette étape, nous en sommes à la centième décimale ou pour reprendre le jargon homéopathique, à 1 CH. À la deuxième étape, on prend une goutte de la première solution qu'on dilue à nouveau dans 99 gouttes de solvant et le tout est de nouveau secoué vigoureusement, comme il le sera après chaque nouvelle dilution. À cette étape, nous obtenons un produit où il ne reste que 1/10 000e de la concentration initiale ou 2 CH. À la troisième dilution nous sommes rendus au millionième de la substance mère ou 3 CH ; à la quatrième, il ne reste qu'une goutte de l'ingrédient originel dans 500 litres d'eau ou 4 CH ; à la cinquième, il ne reste qu'une goutte de la substance mère pour 500 000 litres d'eau, ce qui est considéré comme faible. À la neuvième dilution, 9 CH, on est rendus à 18 zéros, c'est-à-dire que *nous avons l'équivalent d'une goutte de la substance mère perdue dans un lac de 50 kilomètres de long par 10 kilomètres de largeur et 100 mètres de profondeur, ce qui représente l'équivalent de 50 milliards de mètres cubes d'eau.* Et, ainsi de suite jusqu'à 30 CH. Or, 9 CH est la posologie recommandée pour la moitié des médicaments homéopathiques[178].

D'après l'homéopathe Dana Ullman, plus une « substance est potentialisée (par le processus de dilution et de secouage vigoureux) plus le médicament est puissant, plus longue est son action et plus petites seront les doses à administrer[179] ». C'est l'agitation qui permettrait à la substance active de transmettre ses propriétés à la solution. Par la suite, la solution est incorporée dans les granules.

Tentez l'expérience. Prenez l'équivalent d'une tête d'épingle d'aspirine que vous diluez, secouez, re-diluez, re-secouez, re-diluez à plusieurs reprises. Il ne vous reste plus qu'à tester le résultat sur votre mal de tête[180].

Un mode d'action aussi mystérieux que les voies de Dieu

Comme il ne reste rien de la solution originale, comment les défenseurs de l'homéopathie expliquent-ils son mode d'action ? La substance active diluée dans l'eau y laisserait son *empreinte. C'est « la mémoire de l'eau ».* Selon cette théorie, l'eau acquiert et transmet les propriétés de la substance active, même s'il n'en reste aucune trace.

En 1988, un chercheur français croyait avoir démontré la capacité de l'eau à retenir en mémoire la substance mère (des anticorps du système immunitaire) en appliquant une solution qui n'en contenait plus aucune trace. Il prétendait qu'elle était toujours active. En bon scientifique, il a accepté que la revue *Nature* envoie trois experts dans son laboratoire pour refaire l'expérience en aveugle. Ce fut l'échec. Mais le chercheur a réussi à retourner l'opinion publique en apprenant que l'un des experts était l'illusionniste James Randi qui avait démasqué l'un de ses confrères qui prétendait tordre des cuillers par la seule force de sa volonté. C'est alors que le magazine *Science et Vie* a offert un million de francs (environ 200 000 $ canadiens) au biologiste pour refaire l'expérience. Il ne s'est jamais manifesté[181].

Plus tard, Boiron, le fabricant de médicaments homéopathiques, a tenté de prouver leur mécanisme d'action en réalisant une expérience sur la façon dont les globules blancs sont bloqués par de fortes dilutions d'histamine, une substance impliquée dans les allergies. Boiron a fait réaliser son expérience par quatre laboratoires indépendants pour mesurer l'effet des hautes dilutions. Un pharmacologue français note que le protocole de l'étude était rigoureux, mais que les mesures du nombre de globules blancs étaient incompatibles entre elles. D'autres techniques, comme la thermoluminescence, ont été mises à contribution pour démontrer le mécanisme d'action de l'homéopathie, mais les résultats de ces études n'ont pu être reproduits[182].

À la fin des années 1990, quatre chercheurs ont tenté d'expliquer la « mémoire de l'eau » en inventant une nouvelle physique qui fait appel à des entités dont aucun physicien n'a entendu parler. Ce sont les « trous blancs » et les « hyperprotons ». Bien sûr, ce n'est pas parce personne n'a jamais entendu parler d'hyperprotons que ceux-ci n'existent pas. Après tout, il y a 100 ans personne n'avait entendu parler des protons. Mais les protons ne sont pas tombés du ciel et leurs effets ont pu être démontrés au cours de nombreuses expériences. On ne peut en dire autant des hyperprotons. L'ouvrage des chercheurs contient des affirmations qui laisseraient désemparé le croyant le plus convaincu. On apprend que le blé pousse mieux en été qu'en hiver parce que le Soleil est alors plus éloigné de la Terre. C'est aussi ce qui expliquerait la plus forte mortalité des souris et la plus grande fréquence des accidents vasculaires en cette saison[183]. D'après ces chercheurs, les maladies virales, bactériennes, cardiaques, etc., n'existent pas ; il y a uniquement des pathologies déterminées par les « hyperprotons », qu'ils sont seuls à connaître. Pour l'explication tout aussi fumeuse qu'ils donnent des « trous blancs », je réfère le lecteur à l'article de *Science & Vie* d'avril 1997.

En désespoir de cause, certains homéopathes comparent l'action de leurs médicaments aux vaccins. Mais l'analogie est boiteuse. L'homéopathie provoquerait les symptômes de la maladie, alors que le vaccin donne la maladie sous forme très atténuée. Par ailleurs, la quantité d'ingrédients actifs dans les vaccins est beaucoup plus grande. On peut mesurer les anticorps produits par les vaccins alors qu'il est impossible de mesurer ce qui reste des substances actives dans les médicaments homéopathiques[184].

Les preuves cliniques

Depuis une quinzaine d'années, le nombre d'essais cliniques et de méta-analyses tentant de prouver l'efficacité de l'homéopathie a connu une véritable explosion. Il en ressort un portrait d'ensemble aussi flou que confus, notamment en raison des résultats contradic-toires des essais cliniques. Aux yeux de certains observateurs, les résultats positifs s'expliqueraient par les vices méthodologiques qui entachent ces études. Pour d'autres, ces expériences sont la preuve que l'homéopathie fonctionne, même si son mode d'action n'a pas encore été élucidé[185].

La dernière méta-analyse a été publiée dans les pages du prestigieux journal médical *The Lancet* en 2005. Les chercheurs ont passé au crible 110 essais cliniques comparant le médicament homéopa-thique au placebo. Pour chacun de ces essais, ils ont trouvé une étude équivalente en médecine classique. Le nombre médian de participants était de 65 (l'éventail allant de 10 à 1573). Seulement 21 essais homéopathiques et *neuf* essais effectués sur les médicaments traditionnels présentaient une qualité méthodologique supérieure. Pour les deux groupes, les essais affichant les résultats les plus positifs étaient de faible envergure et de faible qualité méthodologique.

Si l'éditorial du *Lancet* concluait que l'homéopathie n'était pas mieux qu'un placebo et que le dossier était clos, les auteurs de l'étude arrivaient à une conclusion légèrement plus nuancée. Compte tenu des vices méthodologiques entachant les études, les preuves que les médicaments homéopathiques « avaient un effet spécifique étaient faibles », contrairement aux médicaments allopathiques. Ils jugent que leurs découvertes sont « compatibles avec la notion que les effets cliniques de l'homéopathie sont des effets placebo[186]. » Le principal chercheur de l'étude, Matthias Egger, du département de médecine sociale de l'Université de Berne en Suisse, avait été mandaté et financé par l'État suisse pour faire cette méta-analyse. Cette étude n'était pas commanditée par l'industrie pharmaceutique. Egger fut aussi l'un des auteurs d'une étude montrant les liens entre le Vioxx et les maladies cardiovasculaires.

Le principal auteur d'une autre méta-analyse publiée en 1997 dans *The Lancet*, Klaus Linde, qu'on peut difficilement soupçonner d'avoir un parti pris contre l'homéopathie et dont les recherches sont souvent citées en preuve par les partisans de cette forme de thérapie, arrive à des conclusions que revendiquent les adeptes de l'homéopathie. Mais ces conclusions sont pour le moins ambiguës. Les chercheurs de son groupe ont retenu 89 études sur les 186 qu'ils ont passées en revue. En ne considérant que les meilleures études, le groupe de Linde conclut que les sujets ayant reçu un médicament homéopathique étaient 1,86 fois plus susceptibles de réagir positivement au produit que ceux qui prenaient un placebo[187]. Les seuils de signification statistique seraient ainsi largement dépassés. D'après Linde, ces résultats seraient « incompatibles avec l'hypothèse selon laquelle les effets cliniques de l'homéopathie sont exclusivement dus à un effet placebo ».

Les partisans de l'homéopathie qui citent cette méta-analyse se contentent généralement de cette partie de la conclusion de Linde. Cependant, les auteurs nuancent drôlement leur jugement. Ils affirment avoir trouvé dans les études analysées « des preuves insuffisantes pour que l'homéopathie soit considérée comme clairement efficace dans une indication donnée[188]. » Une méta-analyse ne vaut pas mieux que les études qu'elle résume.

Des résultats souvent dus au hasard

Pour juger de l'efficacité de l'homéopathie, Dana Ullman met en preuve quatre études écossaises. Les patients ayant expérimenté cette forme de traitement pour des affections respiratoires étaient plus susceptibles de connaître une amélioration que ceux qui étaient sous placebo. Comme Ullman l'indique, la probabilité que les résultats agrégés des quatre études soient dus au hasard est de 7 chances sur 10 000. Dans le jargon des essais cliniques, c'est la valeur $p = 0,0007$. Autrement dit, dans cette expérience, le taux de *confiance* dans l'efficacité des traitements était de 99,93 %. Que demander de plus ? En effet, rappelons qu'en matière d'essais cliniques (voir **essais**), le dogme prétend qu'un résultat est fiable à partir de 5 chances sur 100 ($p=$ 0,05). Ces chiffres sont aussi impressionnants que mystifiants. L'interprétation statistique n'est qu'une des nombreuses mesures de contrôle d'un essai clinique. Il faut que les groupes comparés soient comparables au départ (par la randomisation), comparables en fin d'étude, exposés au même environnement, à des mesures comparables et à une observance comparable.

Le professeur Schwartz, spécialiste responsable de l'introduction de la statistique dans la médecine française, souligne que le seuil du 0,05 est choisi pour juger les cas où les traitements sont *vraisemblables*. Mais peut-on raisonnablement croire que les médicaments homéopathiques, qui ne contiennent aucune molécule active, constituent une forme de traitement *vraisemblable* ? D'après Schwartz, cela prend des valeurs p beaucoup plus élevées que 0,05. Pour être convaincu que l'homéopathie peut être efficace, cela prend des valeurs nettement inférieures à 0,0001. On pourrait donc croire en l'efficacité des médicaments homéopathiques s'il n'y avait qu'une chance sur 10 000 que les résultats soient dus au hasard[189].

Une étude de l'homéopathe écossais David Reily sur l'asthme faisait partie des quatre essais cités par Ullman. Elle est souvent mise en preuve dans l'efficacité de l'homéopathie. Elle présente un degré de signification p de 0,003 ; autrement dit, il y aurait trois chances sur 1000 que les résultats soient dus au hasard. Nous serions tentés de nous laisser convaincre par la magie de ce seul chiffre, mais nous sommes loin du seuil de 1 pour 10 000 fixé par Schwartz.

Au-delà de la statistique et plus significativement, l'étude de Reily est truffée de vices méthodologiques. Il a sélectionné 28 sujets traités avec un médicament homéopathique et 15 à qui il a administré un placebo. Pourquoi un nombre de patients aussi faible ? Son explication fait valoir qu'il était difficile de recruter des asthmatiques en dehors de la saison de pollinisation ! En outre, deux sujets dans chacun de ces groupes ont abandonné l'expérience et les patients étaient peu malades. Sur une échelle de 100, ceux qui prenaient le médicament homéopathique se situaient au degré 33 et les autres au degré 27. *Moins les sujets sont atteints plus les chances sont grandes de trouver une différence liée au hasard plutôt qu'à l'efficacité du médicament.* Les patients du premier groupe se sont améliorés en passant de 33 à 23 ; ceux du deuxième groupe se sont détériorés en passant de 27 à 30. Le résultat étonne. Un spécialiste des essais cliniques avoue que c'est la première fois qu'il voit « une aggravation due à l'effet placebo dans l'asthme[190] ». Ce n'est pas tout. L'analyse fine des résultats montre qu'*un seul* patient traité par homéopathie a éprouvé une amélioration, pendant que trois patients sous placebo ont vu leur état s'aggraver de manière incompréhensible. C'est à partir de l'écart entre ces deux résultats qu'on a conclu à l'efficacité de l'homéopathie ! Ces résultats sont d'autant plus critiquables que tous les patients ont continué leur traitement conventionnel. En outre, l'étude a duré quatre semaines et les résultats n'on été compilés que pour les deux dernières semaines sous prétexte que l'homéopathie aggrave l'état des patients au début du traitement et l'améliore à la fin.

Pour juger de la validité d'une étude, que ce soit un essai sur un médicament conventionnel ou un produit homéopathique, il est impossible de se fier uniquement aux valeurs *p*, surtout si les études sont de faible envergure, de durée limitée et qu'elles sont truffées de vices méthodologiques.

Pourquoi l'homéopathie semble-t-elle marcher ?

Et, pourtant, d'aucuns disent que « ça marche » et ils ne seront pas convaincus par ces arguments. Si l'homéopathie semble donner des résultats, c'est notamment à cause de la relation particulière qui s'établit entre l'homéopathe et le patient. Il se produit une rencontre, on se parle. En Europe, les consultations homéopathiques durent en moyenne une heure contre 10,7 minutes en médecine tradition-nelle[191]. L'homéopathe s'intéresse au patient, à l'ensemble de sa condition et non seulement à ses symptômes. Ici, la médecine classique a des leçons à tirer. Le patient a aussi le sentiment d'être actif dans sa maladie, ne serait-ce qu'en raison du rituel de prise des médicaments qui doivent être absorbés à telle heure, à telle dose. Mais surtout, et pour les raisons que je viens d'évoquer, l'homéopathie semble *maximiser l'effet placebo*. Il y aurait un « effet prise en charge » pouvant expliquer la réaction de nombreux patients suite à la prise de médicaments homéopathiques. Par ailleurs, ils sont sou-vent prescrits pour des conditions qui ont tendance à se résorber d'elles-mêmes, comme la grippe. Finalement, il ne faut pas négliger les capacités d'autoguérison de l'organisme.

L'effet placebo

On admet généralement que la réponse au placebo est en moyenne de 30 %. Ce chiffre n'est pas significatif dans la mesure où cette réponse peut varier grandement selon les affections. Cet effet serait nul dans les septicémies (infections du sang menant à une pneumonie et à une défaillance cardio-vasculaire et rénale, etc.) ; il varierait de 46 % à 73 % pour les maux de tête, de 3 % à 60 % pour certains hypertendus et 14 % à 84 % pour les rhumatisants.

Selon Jean-Jacques Aulas, psychiatre et psychopharmacologue, le médecin joue un rôle de premier plan dans l'effet placebo. « À placebo égal, un médecin sympathique et convaincu est beaucoup plus efficace qu'un autre, indifférent et sceptique. »

Les comprimés, outils, concoctions, ne sont pas indispensables à l'effet placebo. Un médecin anglais a choisi 200 de ses patients qui se plaignaient de vagues douleurs abdominales, de maux de tête, de maux de gorge, de toux et de fatigue pour lesquels il lui était impossible de poser un diagnostic précis. Il divisa sa clientèle en deux groupes. Le premier groupe bénéficia d'une consultation « positive ». Le médecin posa un diagnostic ferme et il certifia à ses patients qu'ils se rétabliraient vite. Il dit aux patients du second groupe qu'il n'était pas certain de savoir ce dont ils souffraient et leur demanda de revenir le consulter s'ils n'allaient pas mieux dans quelques jours. Au bout de deux semaines, 64 % des patients du premier groupe allaient mieux contre 39 % de l'autre groupe.

Une autre expérience cherchait à évaluer l'incidence de la visite d'un anesthésiste sur les patients. Ceux du premier groupe recevaient un examen impersonnel et subissaient un interrogatoire succinct. L'autre groupe était informé de façon détaillée des caractéristiques de la douleur post-opératoire, du rôle que les contractions musculaires pouvaient y jouer et des moyens de l'éviter, notamment par la relaxation. Les patients qui avaient reçu des explications détaillées consommèrent moitié moins d'anti-douleurs et quittèrent l'hôpital en moyenne deux jours plus tôt que les autres.

L'effet placebo serait également déterminé par le degré d'acquiescement du patient. Si les études n'ont pas trouvé de lien entre l'effet placebo et différents types de personnalités, une expérience révèle que les béni-oui-oui, ceux qui acquiescent facilement à l'autorité, répondraient le mieux. Des essais cliniques montrent également que l'aspect du médicament, notamment sa couleur, produirait un effet particulier. Aucun antidépresseur n'est de couleur noire.

La puissance de l'effet placebo est illustrée par l'expérience d'un chirurgien américain réalisée à la fin des années 1950. Sur 18 sujets souffrant d'angine de poitrine rebelle, 13 subirent la ligature d'une artère et cinq furent endormis sans être opérés, le chirurgien se contentant d'une incision pour leur faire croire à l'intervention. Ces derniers se portèrent aussi bien que les autres. L'expérience fut répétée par un autre chirurgien avec un protocole beaucoup plus rigoureux et donna des résultats similaires.

Plusieurs hypothèses sont invoquées pour expliquer l'effet placebo. Il y a l'hypothèse du conditionnement. Bykov, assistant de Pavlov, le maître du conditionnement, a réussi à inverser les réactions physiologiques au chaud et au froid et à produire par conditionnement une vasoconstriction à la chaleur alors que cette réaction est normalement induite par le froid. Le pouvoir de la suggestion est une deuxième hypothèse. L'esprit du sujet focaliserait entièrement sur la suggestion et des mécanismes inconnus la transformeraient en action. Finalement, des expériences ont montré que le placebo libère de la dopamine et des endorphines qui jouent un rôle pour calmer la douleur.

Source: Jean-Jacques Aulas, « L'effet placebo et ses paradoxes », Science et pseudo-sciences, n° 252, mai 2002, p. 8-23.

La perte de confiance en la médecine classique

Il faut attribuer le regain de popularité des médecines alternatives à la perte de confiance à l'égard de la médecine traditionnelle. Lorsqu'un patient doit composer avec une erreur de diagnostic, un médicament intolérable, une chirurgie bâclée, un médecin peu sympathique qui vous traite comme un numéro, il n'y a pas lieu de s'étonner. Et cela sans compter les confrontations avec les compagnies d'assurances qui ne veulent pas payer, les résultats conflictuels des essais cliniques, les rapports au sujet des fabricants de médicaments qui dissimulent les effets indésirables de leurs produits et les prix fabuleux qu'ils commandent. Les médicaments homéopathiques, contrairement aux produits conventionnels, sont sans danger. À condition, bien sûr, de ne *pas priver le malade d'un traitement efficace* ou de ne pas retarder l'emploi d'un tel traitement à cause de la confiance qu'on peut avoir en l'homéopathie. Je ne dirai pas comme le Pape à Galilée : « Je ne regarderai pas dans votre télescope, Jupiter n'a pas de lunes. » Mais j'ai besoin d'être convaincu et, malheureusement, je ne le suis pas. Il en est des esprits comme des portes. Elles sont inutiles quand elles ne s'ouvrent pas. Je garde donc l'esprit ouvert et je rêve du super essai clinique qui un jour nous donnera la réponse définitive. Si cela se trouve. Mais il ne faut pas trop y compter et le débat se poursuivra.

Hypertension
Une controverse traversée par les conflits d'intérêts

Si quelqu'un accepte 100 000 $ par année [de l'industrie],
je ne crois pas un mot de ce qu'il dit.

DOCTEUR CURT FURBERG

L'AMERICAN SOCIETY OF HYPERTENSION (ASH) est déchirée par un débat entourant l'influence de l'argent de l'industrie sur la pratique médicale. L'an dernier, Merck, Novartis et Sankyo ont versé 700 000 $ à cette société pour organiser des dîners-conférences à l'intention des médecins, pour les mettre au courant des dernières nouvelles au sujet de l'hypertension. Une autre subvention de 75 000 $ allait à un comité pour définir une nouvelle condition appelée « pré-hypertension ».

Un nouveau bassin de patients
D'après la définition courante, 65 millions d'Américains font de l'hypertension. Rien qu'aux États-Unis, la nouvelle définition pourrait transformer *59 millions de cas limites en futurs consommateurs de médicaments.* L'enjeu est immense : la planète compterait des centaines de millions de pré-hypertendus.

Cette nouvelle définition de l'hypertension a été formulée pour la première fois en 2003 par les NIH. Une personne dont la pression systolique oscillerait entre 120 et 139 et dont la pression diastolique flotterait entre 80 à 89 ferait partie des pré-hypertendus. Ces nouveaux seuils sont très bas par comparaison aux anciens. Les NIH émettaient de nouvelles directives recommandant aux pré-hypertendus d'apporter des changements à leur style de vie en plus de suggérer le dépistage de masse chez les enfants à partir de *l'âge de trois ans.* De nombreux spécialistes sont d'avis que le résultat net ne fera qu'augmenter l'utilisation de médicaments contre l'hypertension chez les pré-hypertendus.

« C'est la monétarisation de la médecine », affirme le docteur Alderman, ancien président de l'ASH. Le cardiologue Steve Nissen, un des premiers à sonner l'alarme au sujet du Vioxx et plus récemment des dangers potentiels des psychostimulants (voir **Ritalin**), affirme que la profession médicale est devenue accro à l'argent de l'industrie, comme les États-Unis le sont au pétrole étranger[192]. Alderman s'est retiré du groupe de travail devant redéfinir la pression sanguine. Il soutient que la nouvelle définition est dérivée d'un méli-mélo d'opinions qui n'ont rien de scientifique. Le débat a déclenché ce commentaire de la part de la docteure Sealy, pressentie pour occuper la présidence de l'ASH, mais qui a retiré sa candidature à la dernière minute : « La vérité, c'est que plusieurs membres qui sont des leaders d'opinion se font des revenus dans les six chiffres grâce aux activités soutenues par l'industrie pharmaceutique ».

Ouverture d'un marché fabuleux
Le marché mondial des anti-hypertenseurs, dont il existe une variété fabuleuse, franchira bientôt la barre des 40 milliards de dollars annuellement. En 2003, les ventes mondiales d'un anti-hypertenseur populaire, le Norvasc, atteignaient la somme de cinq milliards de dollars. En 2001, le Canada enregistrait 17 millions de consultations dans les cabinets des médecins pour l'hypertension, ce qui représentait une augmentation de 30 % en quatre ans. En 2005, l'hypertension était la principale raison pour laquelle les Canadiens rendaient visite à leur médecin[193] et la Fondation des maladies du cœur suggérait récemment que les Canadiens ne prennent pas assez au sérieux leur tension artérielle et que tous les chiffres dépassant 120/80 « requièrent une attention immédiate ».

Depuis quelques années, la profession est traversée par des polémiques concernant l'hypertension. Comme d'autres conditions, le seuil de la pression sanguine méritant médication est régulièrement révisé à la baisse. En 2003, c'était la deuxième fois en quatre ans que de nouvelles cibles étaient fixées pour l'hypertension. Même la religion entre dans le jeu : afin d'encourager les gens à se faire dépister, les églises américaines organisent le premier dimanche de mai le « Church High Blood Pressure Sunday[194] ».

Les directives de 2003 ont été rédigées par un comité de 11 personnes. Neuf d'entre elles détiennent des actions dans les compagnies pharmaceutiques, ou bien ont reçu des honoraires de consultants et de conférenciers ou des fonds de recherche de l'industrie. Une d'elles est liée à 21 compagnies. Parmi les sept médecins qui ont rédigé la nouvelle définition de l'ASH, six ont servi comme consultants et conférenciers pour des fabricants d'anti-hypertenseurs. Le septième est consultant et actionnaire d'une société qui commercialise des instruments pour mesurer les dommages causés aux vaisseaux sanguins[195].

Le professeur Curt Furberg, éminent spécialiste du cœur, chercheur principal d'une vaste étude des NIH sur les traitements de l'hypertension, qui s'est également retiré du comité de l'ASH devant définir la « pré-hypertension », est d'avis qu'on « est allé trop loin[196] ». Il ne croit pas que cela soit impératif de traiter une personne dont la tension est de 160 si elle est jeune, en santé et présente peu de risques. Il faut tenir compte de toute une série de facteurs comme le diabète, l'obésité, l'angine de poitrine, la consommation de tabac, la sédentarité, le taux de cholestérol, les maladies du rein et ainsi de suite avant de prescrire un traitement. On focalise beaucoup trop sur les chiffres sans tenir compte de l'ensemble de la personne. La prévention se doit d'être holistique et non pas compartimentée. Elle doit se concentrer sur l'activité physique et l'alimentation.

Le docteur Furberg, qui agit à l'occasion comme consultant, ne croit pas que ce soit un problème si un chercheur accepte 1500 $ de certaines compagnies. Cependant, quand « quelqu'un accepte 100 000 $ par année, je ne crois pas un mot de ce qu'il dit. »

Les commentaires du docteur Alderman abondent dans le même sens. Le seuil de 120 a été fixé « arbitrairement ». « Il n'existe aucune preuve pour démontrer que les gens dont la tension oscille entre 120 et 139 et qui n'ont pas d'autres facteurs de risque bénéficieront [d'un traitement médicamenteux][197]. » En revanche, une personne dont la pression est assez basse mais qui présente de nombreux autres facteurs de risque aurait intérêt à la faire baisser.

Une étude du docteur Dagenais de l'Institut de cardiologie de Québec avance que les hommes âgés entre 35 et 64 ans et dont la tension systolique se situe entre 133 et 140, ce qui est considéré comme la limite « normale élevée », sont plus à risque de subir une crise cardiaque ou un arrêt cardiaque que ceux dont la tension était inférieure à 125. Il affirme néanmoins qu'une telle tension artérielle peut être contrôlée sans recours aux médicaments : « Bien que des recherches plus approfondies soient encore nécessaires pour confirmer l'utilité de réduire la tension artérielle « normale élevée » à un niveau optimal, on peut entre temps réduire sa tension artérielle sans avoir recours à des médicaments, mais simplement en modifiant ses habitudes de vie[198] ».

Les seuils étaient déjà abaissés en 1999

Ce n'était pas la première fois que le sujet provoquait une polémique. En 1999, le groupe de défense des consommateurs Health Action International ainsi que 800 médecins expédiaient une lettre de critiques acerbes à la directrice générale de l'Organisation mondiale de la santé (OMS). Ils soutenaient que les nouvelles cibles établies par l'OMS étaient beaucoup trop basses et n'étaient pas fondées scientifiquement. Pour établir ces nouvelles cibles, l'OMS s'appuyait sur une seule étude commanditée par une société pharmaceutique. Les signataires de la lettre soulignaient que les nouvelles cibles encourageaient la consommation de médicaments anti-hypertenseurs dont le coût était élevé pour un bénéfice insignifiant.

Si les nouveaux médicaments contre l'hypertension s'avèrent utiles dans les cas résistants aux anciens produits moins chers ou qui impliquent des conditions particulières, l'étude ALLHAT dirigée par Curt Furberg révélait que les diurétiques constituent le traitement le plus efficace pour l'hypertension simple, sans complications et sans indications contraires (une intolérance, par exemple). Depuis 2002, le gouvernement américain les recommande comme traitement *initial* contre la haute pression. En se basant sur les données de cette étude, des chercheurs de l'Université du Texas à Houston ont récemment identifié 33 000 patients souffrant d'hypertension et présentant au moins un autre facteur de risque de maladies cardiovasculaires. Ceux qui étaient traités avec des inhibiteurs de l'enzyme de conversion ou des inhibiteurs calciques étaient 40 % plus à risque d'être hospitalisés ou de succomber à une insuffisance cardiaque que ceux qui prenaient des diurétiques. Toutefois, avec le temps, les différences s'amenuisaient et baissaient jusqu'à 22 %[199]. Le chercheur principal croit que les deux autres classes de médicaments *pourraient* avoir un effet protecteur plus important à long terme.

Des porte-parole de l'industrie ont critiqué l'étude ALLHAT parce que les Afro-américains qui réagissent bien aux diurétiques y étaient surreprésentés. Ils formaient 35 % des 42 000 sujets de l'étude qui s'est étendue sur huit ans. Elle comptait néanmoins 65 % de

Caucasiens et ses conclusions peuvent être généralisées à l'ensemble des hypertendus[200]. Pour le docteur Alderman, les diurétiques sont indiqués pour 70 % des hypertendus.

Certains diurétiques coûtent aussi peu qu'un sou et ils sont remboursés au taux de 0,04 $ l'unité par la Régie de l'assurance maladie, alors que le comprimé de 10 mg de Norvasc, un bloqueur calcique est remboursé au taux de 1,75 $, une *somme 44 fois plus importante*[201]. Le docteur Furberg évaluait les coûts supplémentaires reliés à l'emploi des nouveaux anti-hypertenseurs à 8 ou 10 milliards de dollars par année.

Avant de faire prendre votre tension, prenez quelques minutes de repos. C'est le conseil émanant d'une étude des infirmières de l'Université de Virginie rapportée par Passeport Santé. La tension mesurée immédiatement après être entré dans le bureau du médecin assis sur la table d'examen peut être jusqu'à 14 points plus élevée que si vous la faites prendre cinq minutes plus tard en étant confortablement assis sur une chaise, les deux pieds au sol. Cette différence est loin d'être minime[202]. À surveiller également : la consommation quotidienne d'ibuprofène (Motrin, Advil) et autres anti-inflammatoires qui peuvent faire monter considérablement la tension artérielle[203].

Infections nosocomiales

LES INFECTIONS NOSOCOMIALES sont les infections contractées à l'hôpital. Pour une bonne part, elles peuvent être classées dans la catégorie des erreurs médicales.

Le docteur Dick Zoutman évalue qu'en 2003, environ 220 000 Canadiens ont contracté une infection nosocomiale et qu'entre 8000 et 12 000 en sont morts (voir tableau). Cette évaluation est contestée par l'Association des hôpitaux du Québec, car il s'agit de la transposition d'une vieille étude américaine — elle date de 1985 — à partir d'un récent sondage canadien. Le représentant de l'Association des hôpitaux admet néanmoins qu'il s'agit d'un problème sérieux[204].

Nombre de décès attribuables annuellement aux infections nosocomiales		
	Minimum	Maximum
Canada	8 000	12 000
Québec	800	9 000

Jusqu'à 90 000 personnes infectées dans les hôpitaux québécois
Le Québec n'a jamais fait d'étude détaillée sur la question, mais le
Rapport du comité d'examen sur la prévention et le contrôle des
infections nosocomiales dresse un portrait encore plus sombre que le
docteur Zoutman. Ce rapport, intitulé *D'abord ne pas nuire*, a été
soumis au ministère de la Santé en 2005 et s'appuie sur les mêmes
données américaines. Il évalue que de 5 % à 10 % des patients
contractent une infection nosocomiale, ce dernier chiffre étant le plus
« réaliste ». Cela signifie que 80 000 à 90 000 personnes sont infectées
chaque année lors de leur séjour à l'hôpital. Les auteurs de l'étude
estiment que de 1 % à 10 % des patients infectés en meurent, soit de
800 à 9000 personnes par année[205]. À titre de comparaison, le cancer
du sein provoque 1450 décès annuellement[206].

D'abord ne pas nuire attribue cette situation à la méconnaissance
et à l'indifférence des fonctionnaires par rapport aux infections nosocomiales et à la passivité du ministère de la Santé jusqu'à l'éclosion
de l'épidémie de la bactérie *Clostridium difficle* (*C. difficile*). Le rapport souligne que depuis quelques années la situation se serait
aggravée, comme c'est le cas aux États-Unis où les infections nosocomiales ont progressé de 36 % entre 1975 et 1995. Les auteurs
attribuent cette évolution à l'augmentation du nombre de patients
âgés et immunodéprimés, l'apparition de souches de bactéries plus
virulentes comme la *C. difficile*, la promiscuité dans les salles d'urgence, les toilettes communes dans les salles à plusieurs lits, l'abus
d'antibiotiques, la diminution du personnel, les carences en matière
d'hygiène et la réutilisation du matériel à usage unique[207]. Dans les
hôpitaux, les carences en matière d'hygiène étaient particulièrement
déplorables. Selon une étude australienne, les médecins disaient qu'ils
se lavaient les mains dans une proportion de 73 % du temps. Après
qu'on les ait observés, on s'est aperçu qu'ils le faisaient réellement
dans une proportion de 9 % du temps. Sur certains bateaux de
croisière le personnel distribue un désinfectant à base d'alcool aux
passagers avant qu'ils passent au buffet. C'est après avoir observé ce
qui se faisait sur les bateaux de croisière qu'un médecin de Los
Angeles a mené une campagne vigoureuse dans son hôpital pour
changer les vieilles pratiques[208].

L'utilisation abusive des antibiotiques (voir **surconsommation**) et
les coupes sombres dans les budgets des hôpitaux, notamment dans
le personnel de soutien, sont en partie responsables de ces décès. Les

politiciens qui ont coupé allégrement dans les budgets de la santé sont largement coupables à cet égard. Rappelons au passage que les nouveautés coûteuses sans avantage thérapeutique grugent dans ces budgets.

Les auteurs du rapport soulignent qu'avec des mesures relativement simples — lavage des mains, utilisation plus judicieuse des antibiotiques, désinfection appropriée des instruments chirurgicaux, dépistage et isolement des patients à risque — il aurait été possible d'éviter 10 000 cas d'infections, dont 400 décès. Ces mesures de prévention équivaudraient à 8,5 % des coûts pour traiter les infections nosocomiales. En supposant un taux de 10 % d'infections, l'économie annuelle serait de 44 millions de dollars canadiens. De surcroît, 962 lits seraient ainsi libérés[209]. «Aux Pays-Bas, où ces mesures sont appliquées depuis plus de 10 ans, le taux de staphylocoque doré résistant est de 1 %, alors qu'il atteint les 27 % au Québec[210].»

Au moment où Québec s'apprête à investir des milliards de dollars dans deux nouveaux centres hospitaliers universitaires, en bonne partie en partenariat privé public (PPP), et en bonne partie pour des raisons politiques menant à deux centres au lieu d'un, un centre anglophone et un francophone, il y aurait sans doute lieu de s'interroger sur certains aspects de ce projet et de réviser les priorités.

L'épidémie de SRAS (syndrome respiratoire aigu sévère) à Toronto a mobilisé les autorités médicales et l'opinion publique pendant des mois. Elle a fait 44 morts. Mais la *C. difficile* a fauché un nombre incomparablement plus élevé de vies.

Le docteur Jacques Pépin et ses collègues de l'Université de Sherbrooke évaluent que la bactérie serait à l'origine de 2000 décès au Québec durant l'année fiscale 2003-2004. Leur étude de 5619 patients ayant développé une diarrhée associée à la *C. difficile* révèle que 23 % d'entre eux sont morts dans les 30 jours, par comparaison à 7 % des patients du groupe témoin. Ces résultats sont contestés par le ministre de la Santé et le directeur de la santé publique. Ce dernier affirmait que le nombre de victimes variait entre 500 et 2000, mais que «Ce n'est sûrement pas 2000[211].» Un mois plus tard, le ministère de la Santé établissait son propre bilan officiel: 409 morts!

Journaux médicaux

*Heureusement pour les compagnies qui financent les essais,
malheureusement pour la crédibilité des journaux qui les publient
— ils présentent rarement des résultats qui sont défavorables
aux produits des fabricants.*

RICHARD SMITH, ex-rédacteur en chef du
British Medical Journal

LES JOURNAUX MÉDICAUX publient du bon matériel. Mais leur survie dépend de la publicité de l'industrie pharmaceutique. Celui qui fut pendant 13 ans le rédacteur en chef du *British Medical Journal* jetait un pavé dans la marre en affirmant que les revues savantes médicales étaient devenues l'extension des départements de marketing des firmes pharmaceutiques.

Les éditeurs de journaux sont pris entre deux feux : publier un essai clinique qui leur rapportera 100 000 $ de profit, ou boucler le budget à la fin de l'année en congédiant un rédacteur.

Selon Richard Smith, la publication d'essais cliniques financés par l'industrie pose un problème plus important. De 66 à 75 % des essais sont financés par l'industrie alors qu'ils devraient l'être par les fonds publics. Ces critiques sont rejetées par des représentants de l'industrie qui jurent qu'ils ne mettent aucune pression sur les journaux médicaux, d'autant plus que les articles sont vérifiés par les pairs. Argument insuffisant s'il en est pour assurer l'objectivité et l'impartialité du contenu des articles, dans la mesure où un grand nombre de pairs, sinon la majorité, sont liés financièrement à l'industrie[212]. D'ailleurs, trois journaux de premier plan avertissaient récemment leurs lecteurs que les données contenues dans des articles publiés « étaient certainement ou peut-être incomplètes » (article sur le Vioxx dans le *New England Journal of Medicine* où une rétractation a été demandée sans succès pour l'instant), « falsifiées » (article sur les cellules souches dans *Science*) ou « fabriquées » (article sur les anti-inflammatoires dans le *Lancet*[213]).

Congédié pour avoir voulu maintenir l'indépendance du *JAMC*

La lutte des éditeurs de journaux médicaux pour conserver leur indépendance a trouvé sa conclusion dramatique quand l'Association médicale canadienne, propriétaire du *Journal de l'Association médicale canadienne*, a congédié deux de ses membres les plus influents en février 2006. John Hoey a tenu la barre du journal pendant 10 ans, durant lesquelles cette publication s'est hissée au rang des meilleures de sa classe, selon ceux-là même qui l'ont congédié. Le rédacteur en chef adjoint a été désigné pour prendre la relève. Il acceptait à la condition que le *Journal* adopte les 10 principes sur l'indépendance éditoriale qu'il soumettait à l'Association médicale canadienne. Celle-ci a refusé et il a donné sa démission. Cinq autres personnes ont suivi son exemple, ainsi que la majorité des membres du comité éditorial[214].

L'Association médicale canadienne soutient que le *Journal* avait besoin de sang neuf. Le docteur Philip J. Devereaux, membre du conseil d'administration du *Journal*, n'accorde aucune crédibilité à cet argument. Selon Hoey, ce congédiement est lié à un article publié à la fin de 2005 sur la pilule du lendemain, que l'Association médicale canadienne a censuré. La direction du *Journal* avait demandé à 13 femmes d'acheter le médicament dans différentes pharmacies canadiennes. Toutes ces femmes ont dû répondre à des questions touchant leur intimité, notamment leur profil de vie sexuelle. Des directives venant de l'Association canadienne des pharmaciens firent en sorte que ces informations soient supprimées de l'article.

Les journaux médicaux doivent favoriser l'expression des opinions « sans être entravés par les intérêts économiques et politiques de leurs propriétaires ». Dans un monde où règne la rectitude politique et où les discussions d'intérêt public sont gérées par des firmes de relations publiques et des experts, nous avons besoin d'un discours ouvert et compréhensible pour tous en médecine, écrit Hoey.

Les anciens membres du comité éditorial et ceux qui les ont appuyés ont annoncé récemment qu'ils lanceraient peut-être leur propre journal médical.

Un nouveau journal médical indépendant

Octobre 2004 a vu la naissance d'un nouveau journal médical, une première depuis des décennies. Il s'agit du *Public Library of Science Medicine* (*PLoS Medicine*). Ce journal à but non lucratif dont les articles sont révisés par les pairs n'accepte aucune publicité des industries pharmaceutique et des fabricants de fournitures médicales. C'est un mensuel disponible en version papier et sur Internet à l'adresse suivante: www.plosmedicine.org.

Contrairement à la plupart des journaux médicaux sur Internet dont les tarifs varient entre 10 $ et 30 $ pour consulter un article, *PLoS Medicine* se met gratuitement à la disposition du public tout comme le *Journal de l'Association médicale canadienne*. Le journal à vocation multidisciplinaire recrute ses collaborateurs partout dans le monde. Les articles sont disponibles en ligne et le comité de rédaction encourage les lecteurs à les consulter, les inclure dans leurs bases de données et à les faire circuler, en autant que la source est mentionnée.

Knock ou le triomphe de la médecine

Le précurseur des inventeurs de maladies

La médecine a fait tant de progrès que plus personne n'est en santé.

ALDOUS HUXLEY

KNOCK, ce personnage absurde d'une comédie de Jules Romains créée en 1923 et incarné à l'écran par Louis Jouvet en 1951, est le véritable précurseur des inventeurs de maladies et digne prédécesseur de Henry Gadsden, ex-PDG de Merck (voir **surconsommation**)[215]. Le docteur Knock vient s'établir dans une bourgade paisible et prend la relève du docteur Parpalaid qui veut terminer sa carrière en ville. Ce dernier se plaint de ne pouvoir occuper son temps parce que les habitants de Saint-Maurice sont désespérément en santé et qu'ils ne le consultent pas. Le docteur Knock entreprendra de convaincre les habitants de son petit village qu'ils sont tous des malades qui s'ignorent. « Pour ma part je ne connais que des gens plus ou moins atteints de nombreuses maladies, plus ou moins nombreuses, à évolution plus ou moins rapide ».

Il saura déployer ses talents et sa ruse pour transformer les bien-portants en malades chroniques. Pour se construire une clientèle, il a recours aux moyens les plus modernes : des consultations gratuites. Lors d'une visite à son bureau, une fermière prospère de la région se plaint de fatigue, de constipation et de mal de dos. Après s'être enquis du prix des cochons et des veaux — car les tarifs du bon docteur varient en fonction de la grosseur du portefeuille du client — il réussit à la convaincre que ses maux sont causés par la chute qu'elle aurait faite quand elle est tombée d'une échelle durant son enfance. Comme elle traîne cette maladie depuis 40 ans, elle ne peut espérer guérir du jour au lendemain. Il déploie toute sa science en lui expliquant que sa chute a provoqué le glissement en sens inverse de son faisceau de Turk et de sa colonne de Clarke.

Quand la pièce a été mise en scène, tout le monde se moquait du docteur Knock. Mais ce qui paraissait absurde il y a plus de 80 ans est maintenant devenu la norme et ce dont on se moquait à l'époque, nous avons maintenant les deux pieds dedans. La pièce souligne l'infinie crédulité humaine et la soumission volontaire à l'autorité, qui atteignent des sommets lorsqu'il s'agit de notre souffrance et de celle de nos proches.

Le marché mondial

Une industrie profitable qui traverse une mauvaise passe

LE PLUS GRAND FOURNISSEUR D'INFORMATIONS à l'industrie pharmaceutique, IMS Health, prévoit pour 2005 des ventes globales de 602 milliards de dollars de produits pharmaceutiques (médicaments sur ordonnance et en vente libre, différents articles disponibles en pharmacie : pansements, condoms, couches pour incontinence, etc.). À eux seuls les États-Unis absorbent 43 % de ce marché fabuleux sur lequel règnent une dizaine d'entreprises. À l'opposé, tout le continent africain ne consomme que 1 % des médicaments produits à l'échelle mondiale, de sorte que les ratios de consommation sont de 1 par habitant en Afrique contre 80 en Amérique du Nord. Un accord bilatéral signé récemment entre l'administration Bush et le Maroc portait à 30 ans la protection accordée aux brevets, ce qui n'arrangera pas les choses[216]. Deux firmes américaines se placent parmi les cinq premières en importance, par comparaison à trois en 2004.

Le *top* dix de l'industrie (2005)

Nom de la société	Part du marché mondial (en %)	Pays d'origine
Pfizer	8,8	États-Unis
GlaxoSmithKline	6,2	Grande-Bretagne
Sanofi-Aventis	5,4	France
Novartis	5,0	Suisse
Johnson & Johnson	4,6	États-Unis
AstraZeneca	4,3	Grande-Bretagne/Suède
Merck	4,2	États-Unis
Roche	3,4	Suisse
Abbott	2,8	États-Unis
Bristol-Myers Squibb	2,7	États-Unis

Source: IMS Health, cité dans *Le Devoir*, 23 avril 2006.

En 2004, 40 % de la croissance totale du marché a été générée par l'introduction des « nouveaux » produits, ce qui montre à quel point l'industrie dépend des brevets pour maintenir sa croissance.

Le tableau suivant présente le classement des cinq principaux fabricants de médicaments au Canada.

Le *top* cinq au Canada (2005)

Nom du fabricant	Ventes aux pharmacies et aux hôpitaux (en millions $)	Variation de 2004 à 2005 (%)
Pfizer	2248	3,8
AstraZeneca	1121	0,6
Johnson&Johnson	1047	10,4
GlaxoSmithKline	963	2,3
Apotex	948	20,7

Source: IMS Health, *Les pharmacies et hôpitaux canadiens ont dépensé 16,57 milliards de dollars en médicaments en 2005*, http://www.imshealthcanada.com/htmfr/1_0_26.htm, 26 avril 2006.

Parmi les cinq plus grands, Apotex, le seul fabricant de produits génériques à figurer sur cette liste, a connu la plus forte croissance. Il est suivi de près par Sanofi-Aventis et Novartis. Merck, dont les ventes ont diminué de 15,6 % entre 2004 et 2005, a dégringolé au classement pour se retrouver en huitième position. Le médicament le plus vendu est un réducteur de cholestérol, le Lipitor (Tahor en France), avec 11,2 millions d'ordonnances. L'anti-hypertenseur Norvasc se situe au quatrième rang et l'antidépresseur Effexor arrive en cinquième position avec cinq millions d'ordonnances. Le Celebrex et le Vioxx ont été éjectés de la liste des 20 médicaments la plus prescrits en 2004.

Un revers de fortune ? Une conjoncture difficile
En 2002, les dix plus grandes sociétés pharmaceutiques faisant partie de la liste des 500 plus grandes entreprises du magazine *Fortune* ont réalisé des *profits supérieurs aux 490 autres réunies*. Cela n'avait rien d'exceptionnel puisqu'au cours des 35 années précédant 2004, l'industrie pharmaceutique s'est maintenue au premier ou au deuxième rangs des industries les plus rentables. Cependant en 2004, personne ne s'en étonnera, le pétrole et les banques, actionnaires des grandes pharmaceutiques, ont délogé l'industrie pharmaceutique, tombée au troisième rang des industries les plus profitables. Les profits restent dans la famille.

En 2005, pour la première fois, Pfizer voyait ses ventes décroître de 2 % et ses profits de 7 %. L'entreprise n'est pas pour autant à la rue avec des ventes de 51,3 milliards de dollars et des profits de 15 milliards dont la moitié grâce à Lipitor[217]. Merck, Johnson & Johnson et Bristol-Myers Squibb ont tous affiché des croissances négatives. En revanche, les géants européens s'en sont beaucoup mieux tirés. Novartis a enregistré une augmentation de revenu net de 10 % en 2005. Comme il fallait s'y attendre, les ventes de Roche, le fabricant de Tamiflu, grimpaient de 15 % au premier trimestre de 2006[218].

Suite à la catastrophe du Vioxx et aux problèmes posés par les médicaments de cette classe (voir **Vioxx**), aux mises en garde sur les effets néfastes que peuvent causer les antidépresseurs, aux révélations de l'étude WHI sur les dangers des hormones prescrites aux femmes ménopausées, la demande pour l'ensemble de ces produits a diminué un peu partout dans le monde, notamment au Canada, où ces médicaments populaires ont enregistré une baisse de 8 % en 2005[219].

C'est ainsi que les ventes mondiales de Celebrex sont passées de 3,3 milliards de dollars en 2004 à 1,7 milliard en 2005[220]. Pendant ce temps, le nombre d'usagères d'hormones connaissait une chute vertigineuse, passant de 91 millions en 2001 à 57 millions en 2003[221]. Ces développements ont eu des répercussions positives sur les dépenses de la Régie de l'Assurance médicaments du Québec (RAMQ). Les ventes de Vioxx et de Celebrex sont passées de 46,5 millions de dollars canadiens en 2004 à 19,7 millions en 2005. Les fabricants ont perdu près de 27 millions de dollars canadiens, uniquement avec les participants au régime public de la RAMQ. Le recours aux hormones qui a continué de diminuer a fait économiser 1,3 million et les ventes de médicaments pour soulager les problèmes gastriques ont diminué de 5,6 millions[222].

Au Canada, la progression des ventes de médicaments d'ordonnance (brevetés et génériques confondus) connaît un ralentissement important depuis deux ans, comme le révèle le tableau suivant.

Valeur des ordonnances dans les pharmacies de détail au Canada

Année	Valeur monétaire (en milliards $)	Variation (%)
2005	18,2	5,0
2004	17,3	8,9
2003	15,9	12,9
2002	14,1	13,0
2001	12,5	13,6
2000	11,0	14,0
1999	9,6	14,8

Source : IMS Health, *Quoi de neuf ? Les pharmaciens et hôpitaux canadiens ont dépensé…* *op. cit.*, 15 mars 2006, p. 1.

Au-delà des raisons énumérées plus haut, le ralentissement dans la croissance de la valeur des produits sur ordonnance est attribuable à plusieurs facteurs :

• De nombreux brevets sont tombés ou tomberont dans le domaine public. Entre 2003 et 2008, les géants de la pharmacie qui fabriquent les 28 produits les plus populaires perdront des revenus évalués à 50 milliards de dollars à cause de l'expiration des brevets. Quand le brevet de Claritin est tombé dans le domaine public, les ventes de Schering-Plough ont chuté de 18 %. Les profits de 1,97 milliard en 2002 se sont transformés en pertes de 92 millions de dollars l'année suivante[223]. En 2005, l'expiration des brevets a privé Merck de 25 % de ses revenus et Bristoll-Myers Squibb a enregistré des pertes de 21 %[224]. La valeur en bourse des dix plus grandes pharmaceutiques américaines a chuté de 130 milliards de dollars en deux ans[225].

• La concurrence des génériques qui se vendent moins cher ralentit le volume monétaire des ventes. Pour contrer cette tendance, les marchands de produits brevetés paient les fabricants de génériques pour les empêcher de commercialiser leurs produits. Depuis septembre 2004, la Federal Trade Commission américaine (FTC) a relevé neuf ententes semblables. La FTC citait en exemple le Plavix de Sanofi-Aventis, un médicament pour éclaircir le sang distribué par Bristol-Myers Squibb. Les ventes de Plavix, dont l'efficacité est marginale par rapport à l'aspirine, atteignent la somme de 3,8 milliards de dollars. Ces deux sociétés avaient signé une entente avec Apotex qui avait l'intention de commercialiser son propre produit, entente qui aurait coûté des centaines de millions aux consommateurs selon le commissaire de la FTC. Mais cet accord a été invalidé en août 2006 à la suite de plaintes des professionnels de la santé et les autorités judiciaires se sont saisies du dossier[226]. Ces ententes qui avaient pratiquement cessé depuis la fin des années 1990 ont repris de plus belle. La FTC entend expédier des citations à comparaître à 200 sociétés pharmaceutiques pour ces pratiques qui contreviennent à la loi sur la concurrence[227]. Collusion quand tu nous tiens !

• Le coût toujours plus élevé des médicaments qui grève les budgets des États amène les autorités publiques à réagir. En France, plus de 650 produits ont été enlevés de la liste des produits remboursés[228] et les provinces canadiennes ne sont plus aussi pressées d'inscrire les nouveautés aux formulaires. Le temps pour inscrire un nouveau produit aux formulaires était de 27 mois en 2005 contre 19 mois en 2000.

De 1985 à 2004, la croissance des ventes de produits pharmaceutiques dans les principaux marchés s'est maintenue dans les deux chiffres. Mais la croissance enregistrée sur les dix marchés les plus importants en 2005 ne s'élevait qu'à 5,7 %. En revanche, la demande dans les pays émergents (Chine, Inde, etc.) et de l'ancien bloc de l'Est a jusqu'à un certain point pris le relais.

Croissance du marché des produits pharmaceutiques dans certaines régions du monde (2005)

	(en pourcentage)	(en milliards de $)
Amérique du Nord	5,2	265,7
Amérique latine	18,5	24,0
Asie Pacifique et Afrique (hormis le Japon)	11,0	46,4
Chine	20,4	1,7

Source : IMS, Health, *IMS annonce une croissance du marché des produits pharmaceutiques de 7 pour cent en 2005, pour atteindre la barre des 602 milliards de dollars, http://home. businesswire.com/portal/site/google/index.jsp?ndmViewId=news_view&newsI*, 23 mars 2006.

Le facteur fondamental : le ralentissement des découvertes

Cependant, la «crise» de l'industrie n'est pas que conjoncturelle. L'élément fondamental est l'épuisement des filons actuels et le ralentissement des découvertes. La majorité des grandes découvertes, c'est-à-dire des *médicaments qui guérissent et soulagent plus de la moitié des malades traités, remontent aux années 1950-1975*. Ce sont notamment les antibiotiques, les antituberculeux, les anti-inflammatoires et les diurétiques. Depuis ce temps, les grandes percées se font rares : notons les médicaments anti-HIV, les réducteurs de cholestérol, les antiacides comme l'oméprazole (nom générique de Losec) et certains médicaments pour contrôler la pression. «Beaucoup de nouveaux médicaments ne permettent de guérir ou protéger qu'un malade sur 50 ou 100 traités, statines, Plavix, etc., et les autres sont ciblés sur des "niches écologiques" étroites, des micromarchés, qui ne rapportent pas comme avant[229] ». Il s'agit d'anticancéreux comme le Taxol et le Glivec, ou d'anticorps monoclonaux comme le Remicade, vendus à des prix astronomiques.

Le tarissement des sources d'innovation est sans doute le facteur fondamental qui explique pourquoi l'industrie a tout mis en œuvre pour maintenir sa position au sommet des industries les plus rentables. De l'influence indue auprès des médecins à la mise en marché de produits dangereux et jusqu'à la corruption pure et simple (voir complicité). Pour compenser, plusieurs d'entre elles ont fait subir des augmentations foudroyantes aux prix de certains produits, particulièrement les anticancéreux (voir prix). Les fusions et les accords de commercialisation entre les géants de l'industrie se multiplient. Il serait fastidieux d'énumérer toutes les fusions des dernières années tant elles sont nombreuses. Elles touchent aussi bien les grandes que les petites ou moyennes entreprises. Rappelons les plus importantes qui ont eu lieu dans la période récente. En 2004, nous assistions à la fusion entre Sanofi et Aventis, devenues le numéro trois mondial. En avril 2006, Bayer, 18e laboratoire mondial, obtenait l'autorisation de fusionner avec Schering, 22e rang mondial. Bayer envisage de supprimer 6000 postes et le nouveau groupe deviendra l'un des 12 plus gros au monde avec un chiffre d'affaires qui oscillera autour de 21 milliards de dollars canadiens[230].

$\mathcal{M}$arketing

Ajout de 30 % aux prix

LA COMPTABILITÉ DES GRANDES SOCIÉTÉS PHARMACEUTIQUES illustre la culture du secret qu'affectionne l'industrie. Les sommes consacrées au marketing sous toutes ses formes sont beaucoup plus imposantes que je ne l'affirmais dans *L'envers de la pilule* et que celles qu'elles annoncent dans leurs bilans. Les fabricants de produits brevetés, membres du groupe de pression PhRMA aux États-Unis et de son équivalent Rx&D au Canada, amalgament le marketing et l'administration sous une seule et même rubrique, réussissant ainsi à camoufler les dépenses réelles de marketing.

D'après la Securities and Exchange Commission des États-Unis, les géants de l'industrie dépensent en moyenne 35 % de leurs revenus en marketing et administration. À ce chapitre, les dépenses des dix plus grandes sociétés américaines décroissaient légèrement pour s'établir à 31 % en 2002. Dans ces 31 %, quelles sont les parts respectives de l'administration et du marketing ? Marcia Angell, anciennement rédactrice en chef du *New England Journal of Medicine*, nous permet d'y voir plus clair[231].

La version officielle

Pour les sociétés membres de PhRMA, le poste « administration » comprend les salaires des cadres, les frais généraux et les frais légaux. Quant au poste « marketing » il comporte *officiellement* quatre items :

Dépenses en marketing des sociétés membres de PhRMA
2001

(en milliards de dollars)

Échantillons gratuits aux médecins	10,5
Salaires des représentants	5,5
Publicité directe au consommateur	2,7
Publicité dans les journaux médicaux	0,38
Total :	19,1

En 2001, les revenus des sociétés membres de PhRMA totalisaient 174 milliards de dollars, de sorte que les dépenses officielles en marketing (19 milliards de dollars) représentent environ 9,4 % des revenus, ou 28 000 $ par médecin. C'est déjà un investissement énorme pour convaincre les médecins de prescrire les produits des fabricants. Mais, ce n'est pas la fin de l'histoire.

Une comptabilité plus transparente

Le géant suisse Novartis est la seule société relativement transparente. À ce chapitre, elle est d'une aide précieuse pour répondre à notre question.

Comptabilité de Novartis,
2001

(en pourcentage des revenus)

Marketing et distribution	Administration et frais généraux
36%	5%

Rien ne permet de croire que la situation des géants américains et de leurs filiales canadiennes soit radicalement différente de celle de Novartis. L'examen de la répartition de leurs employés donne déjà une idée de l'importance du marketing : en 2000, les sociétés membres de PhRMA affectaient 35 % de leur personnel au marketing contre 12 % à l'administration. Compte tenu de ce qui précède, il est raisonnable de faire l'hypothèse que les compagnies de produits brevetés consacrent autour de 30 % de leurs revenus au marketing, ce qui équivaut à 54 milliards de dollars. Où va donc la différence entre les 19 milliards de dollars déclarés officiellement comme dépenses de marketing et le montant de 54 milliards de dollars ?

L'éducation médicale continue : une forme de promotion déguisée
Pour conserver leur droit de pratique, les médecins doivent participer à des séances d'éducation médicale continue afin de mettre leurs connaissances à jour. En tant que patients, nous ne désirons pas moins. En 2000 aux États-Unis, 314 000 événements du genre ont été commandités par l'industrie[232]. L'année précédente, plus de 60 % des coûts de l'éducation médicale ont été défrayés par l'industrie.

Par exemple, le *Boston Globe* révélait que les sociétés pharmaceutiques ont dépensé entre 200 000 et 400 000 $ pour organiser chacun des 50 symposiums et plus organisés par l'American Psychiatric Association (APA). En outre, l'APA recevait 60 000 $ pour chacun de ces événements. L'industrie est parfaitement consciente que l'éducation médicale continue est un levier pour faire la promotion des médicaments. Une société pharmaceutique écrivait dans un journal médical que l'éducation médicale continue est « ...une arme puissante à utiliser pour soutenir les activités de promotion[233] ».

Dans *L'envers de la pilule*, je montrais comment l'industrie consacre des sommes importantes au financement d'organisations professionnelles afin de les mettre dans ses bonnes grâces. Les organisations de défense de patients sont également ciblées par l'industrie qui tente de les utiliser pour faire la promotion de ses médicaments. L'Association canadienne du cancer colorectal jouit d'un budget de 500 000 $ canadiens dont 70 % proviennent des sociétés pharmaceutiques ; la Société d'arthrite du Canada reçoit 1,8 million de dollars des sociétés pharmaceutiques sur un budget de 30 millions de dollars canadiens. Le Réseau canadien du cancer du sein, l'Association canadienne du diabète, l'Association canadienne pour la santé mentale, la Fondation des maladies du cœur du Canada, la Société canadienne de la sclérose en plaques, la Société canadienne du cancer et la Société Parkinson du Canada ont bénéficié du soutien de l'industrie[234]. Souvent ces groupements se font les défenseurs de nouveaux médicaments qu'on leur a présenté comme potentiellement miraculeux ou presque.

L'industrie utilise également des organisations politiques pour promouvoir ses intérêts. L'un de ces groupes, le Citizens for Better Medicare, a dépensé 65 millions de dollars lors de l'élection 1999-2000 aux États-Unis dans la lutte contre le contrôle des prix des médicaments. Le directeur de cette organisation avait été le responsable de la promotion chez PhRMA[235]. Il serait étonnant de voir une authentique organisation de citoyens militer en faveur du prix élevé des médicaments.

Des meneuses de claques pour mousser les ventes

La dernière trouvaille en matière de marketing consiste à enrôler, comme représentantes de l'industrie, des meneuses de claques, mieux connues sous le nom de *cheerleaders*. Les cadeaux, les repas somptueux, les parties de golf, les honoraires pour prononcer des conférences ne suffisent plus? Rien qu'au Kentucky, deux douzaines de véritables *cheerleaders* ont été embauchés au cours des dernières années pour devenir représentants (il y avait aussi quelques hommes dans le lot)[236].

Le vice-président de PhRMA s'est objecté à l'article du *New York Times* qui a rapporté la nouvelle, parce qu'il renforçait des « stéréotypes honteux ». Il précisait que les *cheerleaders* ne forment qu'une petite portion de l'armée des 90 000 à 100 000 RIP qui travaillent pour l'industrie. Les meneuses de claques ont sans doute plus à offrir que leur beauté et leur enthousiasme contagieux. Mais observons également que les RIP masculins sont athlétiques, beaux et bien sapés.

Nouvelle-Zélande

Comment couper la facture des médicaments en deux et plus...

LA POLITIQUE DES MÉDICAMENTS DE LA NOUVELLE-ZÉLANDE réalise ce que d'aucuns qualifieraient de miracle en matière de prix. *Le système néo-zélandais qui offre des médicaments à des taux qui sont de 50 à 90% inférieurs à ce que nous payons,* fonctionne par appels d'offres et élimine le marketing excessif des sociétés pharmaceutiques grâce à une institution publique, Pharmac, fondée en 1993. Ce sont des scientifiques indépendants et des groupes de patients qui déterminent la politique de Pharmac.

En 2003, les dépenses en médicaments de l'assurance maladie néo-zélandaise étaient *quatre fois* moins élevées que les charges assumées par la Belgique[237]. L'exemple belge est pertinent dans la mesure où la structure des prix ressemble à celle du Québec.

En Nouvelle-Zélande, la croissance annuelle du prix des médicaments est restée inférieure à 3 %, bien que le volume de la consommation ait augmenté substantiellement. Par comparaison, l'augmentation de la valeur des ordonnances au Canada s'est maintenue pendant plusieurs années dans les deux chiffres (voir **le marché mondial**).

Des économies énormes

Le prochain tableau compare les prix belges et néo-zélandais pour quelques médicaments populaires, respectivement un antiulcéreux, un antidépresseur, un anti-inflammatoire et un analgésique.

Comparaison de prix entre la Belgique et la Nouvelle-Zélande, (équivalent pour 30 comprimés en euros)

Produit breveté	Belgique	Générique Belgique	Nouvelle-Zélande
Zantac	19,11	9,48	1,33
Prozac	32,00	10,45	1,26
Voltaren	16,15	10,44	1,82
Paracétamol	7,41	3,20	2,61

Source : Dirk Van Duppen, *op. cit.*, p. 221. En 2006, il faut débourser autour de 1,45 $ canadien pour acheter un euro.

Au Québec, en 2006, la Régie de l'assurance maladie rembourse 12,12 $ canadiens les 30 comprimés de 150 mg de ranitidine (nom générique du Zantac), qui se vend sensiblement au même prix en Belgique, soit environ 13,00 $ canadiens[238]. *En Nouvelle-Zélande la boîte de 30 comprimés de ranitidine se vend à un prix inférieur à 2 $ canadiens.* En Nouvelle-Zélande, Astra Zeneca propose le Losec, un autre anti-ulcéreux, à un prix de 70 % inférieur à ce qu'il est en Belgique. Et gageons qu'à ces prix les marges de profit des fabricants sont confortables. En 2003, les dépenses en médicaments se sont élevées à 212 millions de dollars néo-zélandais, alors qu'avec le système d'avant 1993, ces dépenses auraient atteint la barre des 1,13 milliard de dollars néo-zélandais.

Le fonctionnement du système

Pharmac choisit ce qu'elle considère être le meilleur médicament qui constitue le produit de référence. Elle sélectionne un certain nombre d'alternatives qui sont remboursées au prix du produit de référence le meilleur marché, à moins que le médecin puisse le justifier pour des raisons médicales (intolérance, contre-indications, etc.). C'est ainsi qu'on trouve deux réducteurs de cholestérol, plutôt que cinq en Belgique et six au Québec. La décision de diminuer le nombre de réducteurs de cholestérol se justifie dans la mesure où une recherche de Zhou et coll., montrait qu'en matière de prévention secondaire, c'est-à-dire après un premier infarctus, toutes les statines se valent, à l'exception du Crestor, qui ne faisait pas partie de l'étude[239]. Et il en ainsi pour les anti-hypertenseurs, les anti-inflammatoires, etc. De sorte que la liste de médicaments de Pharmac comporte *2600 produits contre 5000 au Québec*. Quant aux produits qui sont chers et qui n'ont pas prouvé leur supériorité sur les médicaments qui ont fait leurs preuves, ils ne sont pas remboursés. C'est le cas du Celebrex.

Les critères pour choisir un médicament sont par ordre d'importance : l'efficacité et la sécurité scientifiquement prouvées, le besoin clinique, l'évaluation par rapport aux thérapies alternatives, la définition des priorités, le rapport coût-efficacité et le budget global. En plus de gérer la liste des médicaments, Pharmac organise des campagnes d'information destinées aux médecins et aux patients.

Avant 1993, les ministres de la Santé et des Affaires sociales décidaient des prix qui étaient établis en fonction de la capacité de lobbying des entreprises. Les produits n'étaient pas évalués ni comparés entre eux. Dans ces années, les prix étaient entre deux et cinq fois plus élevés qu'en Angleterre et le budget connaissait une croissance annuelle de plus de 14 %.

Au début, Pharmac mit les fabricants de produits identiques ou similaires en concurrence les uns avec les autres et établit une liste des meilleurs médicaments à partir de critères scientifiques : c'est la liste de référence. Par la suite, des accords nommés « *cross deals* » furent conclus avec les fabricants. En vertu de ces accords un produit innovateur efficace et sécuritaire trouvait sa place sur la liste des médicaments à condition que l'entreprise qui le commercialisait fasse baisser le prix de ses autres produits. C'est ainsi qu'en 1998 un nouveau réducteur de cholestérol, le Lipitor, s'est retrouvé sur la liste des médicaments à condition que le fabricant réduise de 90 % le prix d'un anti-hypertenseur. Parallèlement, on introduisit le système des dépenses maximales. Un contrat est conclu avec un fabricant en vue de la vente et du remboursement d'une certaine quantité de médicaments en fonction d'une analyse des besoins. Si les dépenses dépassent ce maximum, la firme rembourse la différence à Pharmac. De la sorte, un fabricant sait qu'il n'y a aucun sens à organiser de vastes campagnes de marketing pour encourager la consommation d'un produit.

À partir de 2002, Pharmac a commencé à gérer les médicaments des hôpitaux et rembourse l'abonnement sportif des patients qui reçoivent des médicaments prescrits.

Obsédés par la santé

*Plus grande est l'offre de santé, plus les gens répondent qu'ils
ont des problèmes, des besoins, des maladies, et demandent
à être garantis contre les risques.*

Ivan Illich

Nous sommes à l'écoute du moindre petit gargouillement, à l'affût
du plus petit changement d'humeur, nous angoissons à propos de
tout ce que nous mangeons, nous transformons en maladie la plus
petite contrariété, nous sommes des maniaques de l'hygiène, nous
vivons dans la peur maladive d'attraper je ne sais quel virus, nous
craignons le cancer comme la peste et la première ride ou le premier
cheveu blanc nous plonge dans le désespoir. Nous avons peur de
vieillir, de mourir, de souffrir. Nous allons, comme le font nos voisins
du Sud, jusqu'à établir le palmarès des hôpitaux qui prodiguent les
meilleurs soins. Nous sommes obsédés par la santé et nous refusons
notre condition d'êtres mortels.

Cette quête forcenée de la santé crée la maladie, comme le souligne
Ivan Illich. Vous avez oublié votre rendez-vous chez le dentiste ?
Attention ! Vous pourriez souffrir de la maladie d'Alzheimer. Vous êtes
triste ? C'est peut-être une dépression.

Par la publicité et le marketing, la plupart du temps sous des
dehors insignifiants, l'industrie de la santé créée une demande
artificielle de soins. Une annonce pour l'antidépresseur Zoloft pose
la question :

- « Perdez-vous des journées à cause de ce que vous pensez être le syndrome prémenstruel ? Si c'est le cas, vous pourriez souffrir du trouble dysphorique prémenstruel », une forme grave de syndrome prémenstruel (voir **trouble dysphorique prémenstruel**).

Une publicité de Novartis demande :

- « Inconfort ou douleur abdominale ? Ballonnement ? Constipation ? Il est temps de parler à votre médecin du syndrome du côlon irritable. »

Dans *Feminine Forever*, le docteur Wilson écrit :

- « la ménopause est une maladie à base de déficience hormonale, guérissable et totalement évitable[240]. »

Notre obsession pour la santé nous pousse à nous trouver toutes sortes de bobos et à consommer en quantité des produits qui non seulement coûtent cher, mais qui, dans bien des cas, mettent notre santé en danger, que ce soit en déséquilibrant nos mécanismes naturels, en raison des interactions médicamenteuses ou entre médicaments et produits naturels, ou simplement parce que les médicaments que nous consommons sont puissants et s'accompagnent souvent d'effets indésirables plus ou moins sérieux.

C'est ainsi qu'on a tenté de convaincre les femmes que la ménopause était une maladie grave et que *toutes* les femmes devaient s'abonner aux hormones pour le reste de leurs jours. L'étude de la Women's Health Initiative, réalisée par les Instituts nationaux de la santé aux États-Unis, a montré que les hormones peuvent accroître les risques de problèmes coronariens, d'embolies, d'attaques cérébrales et de cancer du sein chez un petit nombre de femmes. Depuis, leur consommation est en chute libre et les médecins, même les plus convaincus des bienfaits de la thérapie, préconisent une approche au cas par cas et limitée dans le temps.

Pour traiter le syndrome du côlon irritable, qui d'après de nombreux spécialistes est une condition vague et mal définie, Novartis propose le Zelnorm. Le Health Research Group qui a fait une analyse approfondie du produit pense que les bienfaits du médicament sont hautement discutables et que son usage s'accompagne de risques sérieux. Douze mois après l'approbation du Zelnorm, la FDA

expédiait une lettre au fabricant l'accusant d'exagérer dans sa publicité les bienfaits modestes du produit et d'élargir la clientèle cible
susceptible d'en bénéficier. En outre, la publicité omettait de l'information vitale sur les effets indésirables du produit. La lettre de blâme
de la FDA soulignait que le Zelnorm « présente des problèmes importants et comporte des risques pour la sécurité et la santé publique[241] ».
C'est une chose de se préoccuper de sa santé et de son alimentation, c'en est une autre d'en faire une maladie. La dernière étude,
réalisée généralement dans des conditions qui sont loin d'être opti-
males, nous incite à changer nos modes de vie et à adopter la dernière
panacée. Comme le souligne Raymond Massé de l'Université Laval,
cité dans l'excellent article de Danielle Stanton, nous tentons de vivre
selon les préceptes et les conseils qui nous sont prodigués de toutes
parts, préceptes qui nous dictent de ne pas manger trop de gras ni trop
de viande, d'avaler du brocoli et de faire de l'activité physique. Si
tous ces préceptes sont excellents, ils ont un effet pervers : ils nous
plongent dans la culpabilité constante parce que nous ne faisons pas
ce qu'il faut pour rester en santé.

L'industrie pharmaceutique, l'industrie des produits naturels et
des suppléments, ainsi que l'industrie du régime alimentaire entretiennent ce nouveau type d'hypochondrie en jouant habilement sur
ces peurs et ces angoisses. Le psychiatre français Michel Lejoyeux
décrit cette nouvelle obsession comme étant celle « du soin permanent,
cette folie courante de se soucier non-stop de sa santé, d'être à la
merci de la nouvelle étude, de la dernière vitamine ou de la thérapie
déstressante infaillible. » La santé est devenue notre raison d'être.
Comme le demande Danielle Stanton, serions-nous à l'ère du « Je
suis malade donc je suis[242] ? » Pourtant notre espérance de vie en
bonne santé n'a jamais été aussi longue.

Cette obsession est profitable pour les gourous de la santé. Comme
l'écrit François Avard, co-auteur des *Bougon*, « Les *chips* sont pleines
de fer, les friandises sont sans cholestérol et la liqueur brune contien-
dra bientôt des Oméga 3. [...]. Pour déchiffrer les emballages, entre
le vrai et le faux, on devra offrir une option "bouffe" au cégep ».
Bref, « On ne mourra plus jamais[243]. »

Échapper à la condition humaine
Cet engouement pour la santé (et pour tous les produits qui nous
promettent de rester en forme, nous font miroiter la jeunesse éternelle

et la conservation de nos pouvoirs de séduction) constitue pour Raymond Lemieux, professeur de théologie et de sciences religieuses à l'Université Laval, une tentative de refoulement des limites propres à la condition humaine, chacune de ces limites étant un rappel de notre condition d'êtres mortels. Paradoxalement, il arrive que « ce refoulement devient alors le plus court chemin vers la mort[244] ». Sans le savoir nous sommes devenus des disciples de Descartes. Celui qui est considéré comme le père de la philosophie moderne pensait que nous avons un corps uniquement parce que « nous concevons le corps par la faculté d'entendre », c'est-à-dire parce que nous avons la capacité de le penser, et non parce que nous en avons une expérience vivante à travers la joie, la douleur et toute la gamme des émotions que nous vivons. Autrement dit, Descartes transforme le corps en *objet* de pensée. Cette transformation est visible et essentielle pour Descartes en raison de l'intérêt qu'il porte à la médecine. Il se livre à de nombreuses dissections et forme le projet d'une médecine et d'une physique qui permettraient à l'être humain de vivre 500 ans. Il conçoit la relation qu'il entretient avec son corps comme celle qu'il entretient avec la table du salon. Or, si je peux bazarder ma table, je ne peux me séparer de mon corps. Il est faux de croire que *j'ai* un corps, car *je suis mon corps*. Il voyait le corps comme une machine qu'on peut rapiécer, arranger, améliorer, pour la rendre plus performante. Le corps est un ensemble de ressorts, un objet qu'il faut maîtriser.

Cette volonté de maîtrise du corps a des racines lointaines. La lutte contre le corps *réel* caractérise la civilisation occidentale depuis la Bible et Platon. Le corps est de trop. C'est un embarras, une entrave, un obstacle. Pour saint Paul, « demeurer dans ce corps, c'est vivre en exil loin du Seigneur, nous préférons quitter ce corps pour demeurer auprès du Seigneur[245] ». C'est rien moins qu'un appel à la mort, l'aspiration à être délivré du fardeau de la vie terrestre. Pour Platon, le corps est une prison et un tombeau : nous « sommes contaminés par ce mal qui nous tient en esclavage ». C'est le corps qu'il tient responsable des guerres, dissensions, batailles. Aujourd'hui, certains adeptes des technosciences, comme Marvin Minsky, rêvent de télécharger leur identité dans leur ordinateur afin de se passer de leur corps.

Cette volonté de maîtrise du corps, ce dégoût affiché pour ce que nous sommes, sont gros de dérives de toutes sortes. Les nouvelles techniques de procréation médicalement assistée permettent de choisir un embryon exempt de certaines maladies comme la fibrose kystique. Ces nouvelles possibilités font rêver à l'enfant sur mesure, l'enfant parfait. La société hypertechnologiste est en train de ressusciter le vieux fantasme eugéniste d'une race parfaite qu'on retrouve chez Platon. Après les expériences criminelles des nazis — volonté d'éliminer les prétendues « races » inférieures (juifs, tziganes, slaves, malades mentaux), pour créer la race pure –, on aurait cru ce vieux fantasme mortifère bel et bien enterré.

Hier, notre corps appartenait au Seigneur. Aujourd'hui, il appartient aux industries de la santé, du sexe, de la mode et du sport. Nous l'avons abandonné. Pour reprendre les propos de Lucien Sfez, notre rapport avec l'industrie de la santé « n'est plus intermittent, mais permanent. "Total. Totalitaire." Voilà ce qui a changé. Mais ce qui n'a pas changé, c'est que le corps demeure un embarras et nous restons coupés d'une partie essentielle de nous même. Nous sommes aliénés et mal dans notre peau. Nous croyons acheter le bonheur en ayant recours au botox, au lissage, aux régimes amaigrissants, aux implants mammaires, aux pilules pour maigrir, aux stimulants, aux somnifères, aux produits pour accentuer la mémoire, à la liposuccion. Un article de *Clinics of Plastic Surgery* montrait que cette dernière procédure n'est pas sans danger : le taux de mortalité est de un sur 5000 en matière de liposuccion[246]. Les modèles de beauté inaccessibles qu'on donne aux jeunes filles, les athlètes hyperperformants, gonflés aux stéroïdes, ne font que renforcer l'idée que le corps est inadéquat, méprisable et vulnérable. Nous dénigrons le corps, nous en faisons constamment le procès à « travers le constat de la précarité de la chair, de son manque d'endurance, de son imperfection[247] ». Et, cette quête du corps parfait n'est jamais satisfaite. La vie, qui se termine par la mort inéluctable, nous rattrape toujours.

La poursuite du corps parfait, répondant à tous les défis, est ce que Raymond Lemieux appelle la fuite en avant technologique. On produit toujours plus de médicaments « performants », une génération d'antidépresseurs n'attend pas l'autre, et la recherche s'oriente déjà vers de nouveaux produits qu'on voudra encore plus efficaces, le dernier en date étant la kétamine, un anesthésiant puissant utilisé pour traiter la dépression grave et chronique[248]. Ce produit peut causer des hallucinations, de la confusion et des réactions dangereuses. Le culte de l'«innovation», la confiance aveugle en la technologie et ses nouveautés, l'obsession de la pilule qui guérit tout, nous font oublier les causes effectives du développement des pathologies qui sont souvent socioculturelles.

Notre quête de santé et notre croyance en les possibilités infinies de la technique ont fait naître le rêve d'une existence sans inconvénients, passée dans le confort ininterrompu, voire la béatitude. Après avoir tué Dieu et le rêve d'immortalité qu'il symbolisait, nous avons, à la mesure de nos moyens d'êtres mortels, ressuscité le vieux fantasme de l'immortalité sous forme de médicaments. Auparavant, le salut provenait de l'au-delà. On se tournait vers Dieu pour apaiser ses angoisses, la peur de vieillir et de mourir. Avec l'effritement de cette notion, le salut doit venir avant la mort; nous l'attendons de l'industrie de la santé et nous revendiquons le droit au dopage (voir **antidépresseurs**).

Il ne s'agit pas de faire l'éloge de la souffrance et de revenir au bon vieux temps où il fallait endurer, souffrir, pour mériter son ciel. Mais en refusant certains désagréments inévitables de la vie, en comptant sur les pilules et les produits en tous genres, nous mettons souvent notre santé en danger, nous risquons de devenir dépendants des drogues et nous émoussons notre capacité naturelle à rebondir. La conscience aiguë que nous avons de la précarité de l'existence nous obnubile.

Tout cela parce que le vieux rêve de l'immortalité nous taraude toujours. La vie après la mort, pour pasticher le philosophe français Althusser, c'est long longtemps…, surtout vers la fin. Et comme le disait un humoriste, qu'offrirez-vous à votre grand-mère à l'occasion de son 1500e anniversaire? Elle a déjà tout!

À force de vouloir échapper à la condition humaine, de prendre nos distances avec ce que nous sommes, à force de refuser notre condition d'êtres mortels, dans ses grandeurs et misères, nous risquons d'oublier notre «humanitude».

rix

Saut abrupt de 1000 % pour le prix d'un anticancéreux
Une nouvelle offensive de l'industrie ?

En fait cela signifie pour les médicaments que le prix d'un produit est déterminé par le prix le plus élevé que l'assurance maladie ou les pouvoirs publics peuvent supporter.
ORGANISATION MONDIALE DE LA SANTÉ

AU PRINTEMPS 2006, nous assistions à des annonces d'augmentations fulgurantes pour le prix de certains médicaments d'ordonnance, particulièrement les médicaments contre le cancer et le VIH. En outre, le Conseil d'examen du prix des médicaments brevetés révélait qu'en 2004, le prix de 35 % des médicaments d'origine a augmenté, ce qui représente un pourcentage anormalement élevé, qui fait réfléchir sur les pouvoirs réels de l'organisme en matière de contrôle des prix[249]. Par ailleurs, en mai 2006, le département américain de la Justice décidait de poursuivre Abbott Laboratories qui aurait gonflé artificiellement le prix des médicaments vendus aux programmes gouvernementaux d'assurance maladie. Cette pratique durait depuis janvier 1991 et les médicaments étaient vendus à des prix jusqu'à *dix fois plus élevés que les prix courants.* Une porte-parole de la *compagnie notait que cette poursuite ne concernait pas des pratiques différentes de celles qui ont cours chez les autres fabricants* et qu'Abbott se défendrait vigoureusement contre ces allégations[250]. Si ces propos visaient à nous rassurer, c'est manqué, d'autant plus que les autorités américaines sont de connivence avec l'industrie au sujet des prix des médicaments.

Assistons-nous à une offensive de l'industrie pour éponger ses pertes, d'ailleurs toutes relatives (voir **le marché mondial**) ? Après avoir battu le contrôle des prix aux États-Unis, l'industrie, avec la complicité du gouvernement Bush, tente d'imposer cette politique à l'étranger. D'après le ministre australien du Commerce, l'Australie a dû diluer sa politique de contrôle des prix à cause des pressions de l'administration américaine qui sont aussi faites sur de nombreux pays dans le cadre de négociations bilatérales avec les États-Unis[251].

Otages des prix

Le prix du Mustargen, figurant sur la liste des médicaments remboursés par la Régie de l'assurance maladie du Québec, un des plus vieux traitements pour la maladie de Hodgkin et une forme de cancer de la peau, a fait un bond prodigieux. Du jour au lendemain, une patiente américaine — nous subirons le même sort, si ce n'est déjà fait — a vu grimper le prix de son traitement mensuel de 155 $ à 1096 $. De son côté, Genentech indiquait qu'elle doublera le prix de son produit contre le cancer du côlon, l'Avastin, qui passera à 100 000 $ pour un traitement annuel. Cette décision a soulevé la désapprobation générale ; six mois plus tard, l'entreprise annonçait qu'elle imposera un plafond de 55 000$ aux usagers dont le revenu se situe en-dessous d'un certains seuil. Un porte-parole de la compagnie confiait un *New York Times* du 12 octobre 2006 que cela n'affecterait pas les profits, car peu de patients utiliseraient le médicament assez longtemps – lire vivraient assez longtemps – pour atteindre le plafond de 55 000 $.

En 2006, Merck vendait les droits du Mustargen et du Cosmegen, un autre anticancéreux, à une société américaine, Ovation. Ces deux médicaments représentaient des ventes combinées d'environ 1 million de dollars en 2004, ce qui constitue un marché inintéressant pour Merck. La transaction entre les deux sociétés s'est soldée par une augmentation du prix de gros du Mustargen de *1000 %*, pendant que celui du Cosmegen subissait une majoration encore plus importante. Ovation se justifie en invoquant la nécessité de transformer sa chaîne de production pour fabriquer le médicament. Toutefois, le vice-président de la société admet que Merck continuera de fabriquer ces deux médicaments et il ignore quand Ovation se mettra à la production du Mustargen. Un porte-parole de Merck annonçait que la multinationale continuera de fournir ces produits à Ovation aussi longtemps que nécessaire[252]. Ce n'est pas la première fois que les médicaments d'Ovation subissent des majorations aussi importantes. En 2003, elle faisait passer le prix d'un traitement pour la porphyrie (un ensemble de maladies héréditaires rares) de 230 $ la dose à 1900 $. Cette majoration abrupte du prix est en contradiction flagrante avec l'argumentation de l'industrie prétendant que les prix sont tributaires des coûts de la recherche. En effet, le Mustargen est *commercialisé depuis plus de 60 ans*. À l'origine, son principe actif a fait l'objet de tests comme arme chimique. Dans *L'envers de la pilule*, je citais une analyse du Health Research Group, fondée sur la méthodologie du Congrès américain, montrant sans l'ombre d'un doute qu'il n'en coûtait pas 802 millions de dollars en 2001 pour mettre au point un nouveau médicament, comme le prétend l'industrie, mais bien de 71 à 150 millions de dollars. D'autre part, quand un médicament n'est plus assez rentable pour un géant pharmaceutique, il en vend les droits. La santé publique et l'intérêt des patients passent après l'intérêt des actionnaires.

L'Avastin : doublement du prix et effets indésirables potentiellement mortels

Les exemples de ce qui paraît à première vue totalement arbitraire en matière de prix pratiqués par l'industrie pharmaceutique sont abondants. L'Avastin, développé à l'origine pour traiter le cancer du côlon, récolte des ventes d'un milliard de dollars par année aux États-Unis et les analystes prédisent qu'elles atteindront la barre des sept milliards de dollars en 2009[253]. Ce médicament est produit par le fabricant de l'Herceptin, utilisé dans le traitement du cancer du sein. Aux États-Unis, le prix d'un traitement annuel à l'Herceptin (Herceptine en France) est de 40 000 $ en 2006 et de 50 000 $ canadiens au Québec. En moyenne, si les prix américains sont 78 % plus élevés qu'au Canada[254], il commence à y avoir de plus en plus de médicaments qui s'y vendent aussi cher qu'aux États-Unis, surtout les produits contre le cancer et le VIH.

Pour justifier le doublement du prix de son produit, Genentech invoque l'élargissement des indications de l'Avastin au cancer du sein et du poumon. La FDA souligne que lorsque l'Avastin est combiné à d'autres traitements, il procure *cinq mois de vie supplémentaires* aux patients atteints d'un cancer du côlon. Le tableau qui suit résume certains des effets qui peuvent accompagner le médicament :

Effets indésirables potentiellement sérieux de l'Avastin

- perforation du côlon
- saignements pouvant aller jusqu'à l'accident vasculaire cérébral
- mort (surtout chez les patients atteints d'un cancer du poumon)
- défaillance cardiaque
- problèmes rénaux

Source : FDA, Center for Drug Evaluation and Research, «Questions and Answers on Avastin, (bevacizumab)», http://www.fda.gov/cder/drug/infopage/Avastin/avastinQ&A.htm.

Parmi les effets indésirables plus communs signalons les suivants : haute pression, fatigue, thrombophlébite, diarrhée, maux de tête, perte d'appétit, etc.

Non contente de doubler le prix de l'Avastin, Genentech a fait passer celui du Tarceva, un médicament pour traiter le cancer du poumon, à 32 000 $ pour un traitement annuel, ce qui représente une augmentation de 30 %. Pour expliquer cette augmentation, une vice-présidente de la compagnie affirmait que ce produit « marchait mieux que Genentech le croyait[255] ». Au Québec, un traitement annuel au Tarceva coûte 33 600 dollars canadiens[256]. À ce prix, il se vend presque aussi cher qu'aux États-Unis. Lors des essais cliniques, le taux de survie médian des patients sur Tarceva était de 6,7 mois par comparaison à 4,7 mois dans le groupe sur placebo. Autrement dit, il donne un deux mois de survie supplémentaire[257]. Mais dans quel état ?

L'actionnaire majoritaire de Genentech est la société Roche, le fabricant de Tamiflu.

Des médicaments miracle ?

L'Avastin est l'un des premiers médicaments d'une nouvelle génération dont l'action consiste à priver la tumeur cancéreuse du sang dont elle a besoin pour croître. C'est ce qu'on appelle l'antiangiogenèse. Un oncologue ayant participé à des essais cliniques sur ces nouveaux anticancéreux déclarait : « Nous entrons dans une nouvelle ère dans le traitement du cancer avec la venue de traitements anticancéreux novateurs[258]». La même dépêche annonce sur un ton emphatique : «la moitié des oncologues croient même que l'antiangiogenèse pourrait faire du cancer une maladie soignable dont les gens ne mourront plus[259]».

Ces déclarations triomphales sont tirées d'un sondage organisé par Roche, révélant que les patients connaissent peu les nouveaux traitements anticancéreux. Roche souligne que 60 % d'entre eux croient que les percées en matière de traitement transformeront le cancer de maladie aiguë en maladie chronique. La nouvelle laisse miroiter que ces traitements sont pratiquement rendus à l'étape où les gens ne mourront plus du cancer. Au risque de passer pour un éteignoir, il faut bien admettre que si l'antiangiogenèse est un traitement prometteur, nous en sommes aux premiers balbutiements dans ce domaine.

Bien que la fin de l'article affirme correctement que l'Avastin ajoute cinq mois supplémentaires à la vie des patients, il n'est aucunement question des effets indésirables sérieux du médicament et la dépêche ressemble davantage à une publicité destinée à créer une demande pour les produits de la société suisse qu'à une information objective.

Quelle logique derrière les prix ?

La politique de prix annoncée par deux géants pharmaceutiques au sujet d'une nouvelle génération de vaccins contre la diarrhée induite par le rotavirus renforce la conviction que le prix des médicaments ne correspond à aucune logique.

Le rotavirus tue de 500 000 à 600 000 enfants par année dans le tiers-monde et est responsable de l'hospitalisation de 55 000 enfants aux États-Unis. De nouveaux traitements ont été développés séparément par Merck et GlaxoSmithKline (GSK). Un vaccin du même type était retiré du marché en 1999, à cause des effets secondaires sérieux qu'il engendrait chez un enfant sur 10 000. Le nouveau vaccin a donc été testé sur 120 000 sujets. Un pédiatre de l'Université Duke, interviewé par le *New York Times*, considère que les résultats des essais sont prometteurs, mais que c'est dans la vraie vie qu'on verra si le vaccin est sûr et efficace.

Merck, dont le vaccin sera approuvé au printemps 2006, a l'intention de le vendre au prix de 187,50 $ les trois doses, ce qui en fera l'un des vaccins les plus chers sur le marché. À ce prix, il est inaccessible pour la quasi totalité des citoyens du tiers-monde. Le vaccin de GSK sera vendu à 15 $ pour deux doses au gouvernement brésilien qui le rend disponible gratuitement, à 100 $ au secteur privé mexicain, et à plus de 100 $ en Europe[260]. Le président de la division des vaccins chez GlaxoSmithKline explique ainsi la politique de prix à géométrie variable de sa société. Les prix « sont fonction du Produit intérieur brut des différents pays[261]. »

Les raisons invoquées pour motiver l'augmentation des prix de certains médicaments font penser à celles qui sont fournies par l'industrie pétrolière : elles sont parfois saugrenues et totalement fantaisistes. Prétexter du fait qu'un médicament marche mieux qu'on le croyait ne justifie en rien les majorations de prix dont il est l'objet. On peut en dire autant des autres explications de Genentech, soutenant que les prix sont fonction des coûts de l'innovation, de la nouveauté du produit ou de l'élargissement des indications. Dans le cas des nouvelles indications de l'Avastin dans le traitement du cancer du sein et du poumon, il sera vendu en fonction du poids du patient. D'après Hank McKinnel, PDG de Pfizer, les prix dépendent d'un ensemble de facteurs : les coûts, la concurrence, les brevets, le volume anticipé, et « le plus important, notre évaluation des revenus générés par les ventes[262] ».

Les justifications des représentants de l'industrie laissent penser que le prix des médicaments est livré à l'arbitraire le plus complet. Un médicament que l'Ontario rembourse 1,90 $ est vendu au prix de 0,45 $ au ministère de la Défense[263]. La différence est du simple au quadruple. Mais, les prix obéissent tout de même à une logique et les commentaires du PDG de Pfizer sont ceux qui se rapprochent le plus de la réalité : ils sont fonction des revenus que peuvent engendrer les médicaments et des capacités de payer des consommateurs. Autrement dit, la logique derrière l'« arbitraire » des prix est la maximisation du profit et l'industrie écrème tout ce qui peut l'être. Pour le dire dans les mots de l'Organisation mondiale de la santé, « …il est clair que dans de nombreux cas, l'entreprise mettra tout en œuvre pour obtenir ce que, dans les milieux d'affaires, on appelle "le prix le plus élevé que peut supporter le marché". En fait cela signifie pour les médicaments que le prix d'un produit est déterminé par le prix le plus élevé que l'assurance maladie ou les pouvoirs publics peuvent supporter[264]. »

Québec dore la pilule aux fabricants de produits brevetés

Pour une politique du médicament au service du public

Montréal se vantait d'être la capitale de la recherche en bio-pharmaceutique avec 540 entreprises qui fournissent du travail à plus de 37 000 personnes. D'après Pavel Hamet, directeur de la recherche au Centre hospitalier de l'Université de Montréal, elle est en train de perdre son titre au profit de Toronto et dans une certaine mesure de Calgary et de Vancouver[265].

Comme l'industrie des produits génériques était concentrée en Ontario, Québec a fait le pari de développer l'industrie des produits brevetés qui crée des emplois de haut niveau, ce qui a le grand mérite de retenir nos scientifiques à la maison. Mais cette stratégie industrielle a un prix et il existe des solutions de rechange.

Une politique généreuse envers les fabricants de produits brevetés
Pour maintenir ces emplois de haut niveau, Québec a déroulé le tapis rouge devant l'industrie. Tout d'abord, la recherche est fortement subventionnée à même nos impôts, ce qui n'est pas sans ressembler à une forme de bien-être social pour milliardaires. Au Canada, l'industrie des produits brevetés jouit de conditions exceptionnelles, comme le reconnaissait une publication du gouvernement fédéral,

et ces conditions sont encore meilleures au Québec. Le journal *Les Affaires* soulignait que le *coût net après impôt* de la recherche pour les petites entreprises du domaine pharmaceutique passait de 27 % à 9 % et de 42 % à 34 % pour la grande entreprise en 1999[266]. Étant donné que les produits de la petite entreprise sont souvent commercialisés ou vendus sous licence par la grande entreprise, ces subventions bénéficient indirectement aux géants de la pharmacie. En outre, la règle des 15 ans, instaurée en 1994, augmente considérablement le coût des médicaments. Cette mesure, destinée à faire de l'œil à l'industrie des produits brevetés, les rembourse pendant 15 ans à partir du moment où ils sont inscrits au formulaire des médicaments, ce qui, en gros, ajoute cinq ans de vie aux brevets. C'est ainsi qu'en 2001, 46 médicaments étaient remboursés au plein prix par la Régie de l'Assurance maladie du Québec (RAMQ), même si le générique était déjà sur le marché. En remplaçant le Pravachol par un générique, nous aurions réalisé des économies de 10 millions de dollars canadiens en une seule année et pour un seul médicament. Sans la règle des 15 ans, le Québec aurait économisé plus de 200 millions de dollars en sept ans[267].

En fait, l'inscription des nouveautés sur la liste des médicaments remboursés représente souvent une dépense inutile. Ces nouveautés peuvent coûter des dizaines de fois plus cher (voir **Zyprexa**) et dans la majeure partie des cas ne représentent aucune avancée thérapeutique significative. Beaucoup de produits qui se retrouvent sur la liste des médicaments ne devraient pas y figurer. En imitant la Nouvelle-Zélande (voir ce terme) qui refuse de payer toutes sortes de produits dispendieux tels que le Celebrex, nous pourrions réaliser d'énormes économies.

La stratégie de Québec, misant sur les produits brevetés, si elle a eu le mérite de développer un bassin de chercheurs de haut niveau, a des effets désastreux sur les finances publiques. Le Québec est l'endroit au Canada où les dépenses en médicaments sont les plus élevées par rapport à l'ensemble des dépenses de santé (20,0 % par rapport à une moyenne canadienne de 17,5 %[268]) et c'est ici qu'il se consomme le plus de médicaments brevetés, comme l'indique le tableau suivant.

Utilisation de médicaments brevetés et génériques au Canada (2005) (en pourcentage)		
	Brevetés	Génériques
Canada	57	43
Colombie-Britannique	51	49
Québec	62	38

Source: IMS Health, *Quoi de neuf?* *Les pharmacies et hôpitaux canadiens ont dépensé 16,57 milliards de dollars en médicaments en 2005*, http://www.imshealthcanada.com/htmfr/1_0_26.htm, 15 mars 2006, p. 10.

La consommation québécoise de génériques est de 11 points de pourcentage inférieure à celle de la Colombie-Britannique. Au Canada, les produits brevetés coûtent en moyenne autour de 2,6 fois plus cher que les génériques, dont le prix est ici le plus élevé parmi tous les pays industrialisés. Selon l'Institut canadien d'information sur la santé, le Québec a dépensé 5,1 milliards de dollars canadiens en médicaments d'ordonnance en 2005[*]. En ramenant le taux québécois de consommation de génériques au même niveau que celui de la Colombie-britannique, les économies réalisées seraient de 215,7 millions de dollars canadiens en une seule année.

Avec des lois plus strictes sur les brevets, le Québec pourrait baisser sa consommation de médicaments brevetés à un niveau encore plus bas. Avant que la protection sur les brevets ne soit étendue en 1987, les produits de marque accaparaient 43 % du marché des médicaments. Une consommation de 25 % de produits brevetés — qui n'est pas une hypothèse irréaliste — réduirait la facture de moitié à 2,4 milliards de dollars.

Récapitulons. Nous payons nos médicaments beaucoup trop cher, nous subventionnons fortement la recherche et les profits s'en vont vers des climats plus propices. C'est le côté négatif du bilan. Du côté positif, nous retenons nos chercheurs ici. Cela dit, une autre politique du médicament serait-elle possible?

---

[*] Le chiffre de 2005 est une prévision (Institut canadien d'information sur la santé, *Dépenses en médicaments de 1985 à 2005*, Ottawa, 2006, p. 82).

Une autre politique du médicament est possible

Comme première solution, pour retenir nos chercheurs ici, il s'agirait d'arrêter de subventionner une industrie qui croule déjà sous l'or et de réorienter ces sommes vers la recherche universitaire. Nous bénéficierions d'un corps de chercheurs indépendants de l'industrie qui pourrait consacrer talent et ressources à la mise au point de médicaments véritablement utiles et nous n'aurions pas besoin de subventionner les profits de l'industrie. D'autant plus que la majorité des sommes consacrées à la recherche par les entreprises de produits brevetés ne vont pas à la recherche fondamentale, qui est la portion la plus risquée et la plus féconde du processus de R&D. Selon le Conseil d'examen du prix des produits brevetés, les dépenses en recherche fondamentale ne représentent que 2 % des ventes des sociétés de produits de marque en 2005, bien que l'industrie se soit engagée en 1992 à consacrer 10 % de ces sommes à la recherche fondamentale. Ces cibles n'ont jamais été atteintes et le lobby des fabricants de produits brevetés a fait pression pour inclure les essais cliniques dans les dépenses de R&D, ce qui est aujourd'hui la norme[269]. Autrement dit, la recherche des fabricants de produits de marque est loin d'être à la hauteur, le Canada s'est fait avoir par les promesses de l'industrie et nous en payons le prix.

La deuxième solution consisterait à créer un pôle de production des médicaments dont la tâche serait double : produire des génériques à bon marché et développer la recherche autour de nouveaux médicaments réellement efficaces et sécuritaires. Ce n'est pas impossible ; le Brésil le fait. Mais il ne faut pas y songer tant que la volonté politique fait défaut et tant que la population ne se mobilise pas pour obtenir une politique du médicament axée sur le bien-être et la santé publique.

La création d'un pôle de production des médicaments fait partie des mesures proposées par Québec solidaire, dans un mémoire présenté à la Commission des affaires sociales de l'Assemblée nationale du Québec en mars 2006*.

---

* Québec solidaire est un nouveau parti politique créé en 2006. Il «fait la promotion d'un projet social, politique, économique et culturel, fondé sur la recherche du bien commun». «La justice sociale, une vision écologiste du développement du Québec, l'égalité entre les femmes et les hommes, le pacifisme, l'altermondialisme et la lutte contre le racisme sont des valeurs portées par les membres de Québec solidaire» (*Mémoire...*, *op.cit.*, p. 2).

Ce Pharma-Québec serait une régie publique de production de médicaments génériques, de développement de nouveaux produits et d'achats groupés de médicaments génériques et brevetés[270]. Pharma-Québec combinerait les éléments les plus fertiles des modèles brésilien et néo-zélandais. Parmi les mesures proposées par Québec solidaire notons:

• l'institution d'un régime public et universel d'assurance médicaments;

• la création d'un système public d'information sur les médicaments et leurs effets indésirables;

• l'interdiction de toute forme de publicité directe ou indirecte aux consommateurs sur tous les médicaments;

• la confection d'un formulaire national pour les médicaments essentiels inspiré des principes de l'Organisation mondiale de la santé (qui reconnaît l'existence d'environ 400 médicaments essentiels, alors qu'il en existe plus de 5000 au Canada);

• le contrôle efficace des coûts des médicaments par le recours aux génériques;

• l'opposition aux pratiques commerciales douteuses de l'industrie;

• le ré-examen des lois sur la protection des brevets;

• l'implantation d'une véritable politique d'achat au plus bas prix. Les hôpitaux de Montréal négocient les prix avec l'industrie, ce que ne fait pas la RAMQ. D'après la Commission Romanow, mise en place par le gouvernement fédéral, elle se trouve à payer de *trois à six fois plus cher* pour des médicaments utilisés en grand volume par la population couverte par le régime d'assurance public.

Ritalin & Cie

Les psychostimulants:
crises cardiaques et hallucinations

EN 2005, SANTÉ CANADA SUSPENDAIT pour une période de six mois la commercialisation d'Adderall XR, un psychostimulant utilisé dans le traitement du trouble du déficit de l'attention avec ou sans hyperactivité (TDAH). On le soupçonne d'être associé à un risque accru de mort subite relié à des troubles cardiaques et des attaques cérébrales. Son principe actif? L'amphétamine!

Un comité de la FDA s'est penché sur les psychostimulants à la suite de rapports faisant état de plus de 300 décès de personnes qui utilisaient ces médicaments. L'agence concluait que 25 de ces décès semblaient fortement reliés à l'usage des psychostimulants[271]. Pour des raisons de sécurité, le comité de la FDA suggérait d'apposer l'avertissement le plus sévère sur ces produits, la fameuse *black box*, ou boîte noire. La FDA refuse pour l'instant d'agir en conformité avec cette recommandation.

De son côté, un comité de Santé Canada a conclu que «tous les médicaments pour traiter le TDAH ont le potentiel pharmacologique d'accroître le risque de mort subite [...] Bien que ce risque n'ait pas été prouvé». Le comité ne disposait pas de preuves suffisantes que l'Adderall causait plus de décès que les autres traitements. Santé

Canada a donc remis le médicament en circulation en ajoutant des mises en garde à la monographie du produit[272].

Pierre Biron, professeur honoraire au département de pharmacologie de l'Université de Montréal et deux de ses collègues canadiens (Barbara Mintzes et Joel Lexchin) questionnent la sagesse de cette décision dans une lettre au *Journal de l'Association médicale canadienne*. Santé Canada a approuvé le médicament bien après que des rapports de la FDA aient lié ce produit aux problèmes que nous venons d'évoquer. L'agence gouvernementale était-elle au courant de l'existence de ces rapports? Si oui, pourquoi a-t-elle approuvé l'Adderall? Sinon, comment expliquer que cela ait été si long avant d'obtenir l'information? Les auteurs de la lettre soulignent qu'une mise en garde plus sévère soulève d'autres questions. Une telle mesure prise à l'encontre d'un autre médicament pour traiter le TDAH aux États-Unis n'a donné aucun résultat[273].

La consommation double en cinq ans

Entre 1999 et 2004, la consommation de psychostimulants chez les enfants de quatre à 17 ans augmentait de 108,2 % au Québec, un taux plus que deux fois supérieur à la moyenne canadienne de 45,5 %[274]. Le TDAH affecterait de 1,7 % à 17 % des enfants canadiens (le chiffre variant selon l'enquêteur et ses intérêts: publics ou commerciaux). Aux États-Unis, la consommation de Ritalin chez les adultes, qui l'emploient comme drogue de performance, a monté en flèche (voir **antidépresseurs**).

Adderall, Ritalin et Concerta sont membres d'une famille de produits chimiques qui exercent des effets puissants sur les systèmes nerveux et cardiovasculaire. Un des plus vieux produits de cette famille, la méthamphétamine, mieux connue sous le nom de *speed*, a été utilisée la première fois sur une large échelle durant la Deuxième Guerre mondiale par les pilotes de la Luftwaffe pour se maintenir éveillés au cours de leurs longues missions. Lorsqu'elle est fumée ou injectée par intraveineuse, elle est associée aux crises cardiaques, aux attaques cérébrales, à l'hyperthermie, à la rhabdomyolyse (qui détruit les muscles puis les reins) et elle peut causer la mort[275].

Risques cardiovasculaires et hallucinations

Le cardiologue Steve Nissen, un des premiers à avoir attiré l'attention sur les dangers cardiovasculaires du Vioxx, souligne que les psychostimulants augmentent la pression sanguine et le rythme cardiaque. Le danger est d'autant plus grand quand ces produits sont consommés durant de nombreuses années. Le cardiologue, membre d'un comité de la FDA chargé d'évaluer les dangers cardiovasculaires des psychostimulants, déclarait : « Nous faisons face à une crise de santé publique potentielle[276]. » Il soulignait que l'éphédrine, un stimulant utilisé comme produit amaigrissant, avait été retiré du marché. Plusieurs athlètes en consomment pour se donner de l'énergie. Un lanceur des Orioles de Baltimore est décédé pendant qu'il en faisait usage. Malheureusement, le retrait de l'éphédrine a été contesté en cour fédérale de l'Utah et le produit a été remis sur le marché en 2005. Nissen souligne que plusieurs producteurs d'éphédrine ont pignon sur rue dans l'État de l'Utah. Un produit de la même famille, la phénylpropanolamine (PPA), utilisée contre la congestion nasale, se retrouve dans plusieurs médicaments en vente libre. Une étude de cas publiée dans les pages du *New England Journal of Medicine* rapporte que des femmes qui utilisaient ce médicament pour maigrir étaient 16 fois plus à risque de subir une attaque cérébrale[277].

D'après les évaluations du gouvernement américain, 10 % des garçons de 10 ans et 4 % des filles consomment ces médicaments. Nissen croit que des enfants ont besoin d'être traités aux psychostimulants, mais il conteste cette évaluation quant au nombre. Un autre membre du comité de la FDA suggérait que les risques cardiaques des psychostimulants pourraient se comparer à ceux des coxibs (voir **Vioxx**), particulièrement chez les adultes.

Quelques semaines plus tard, un comité différent de la FDA révélait que les psychostimulants peuvent provoquer des hallucinations chez 2 % à 5 % des enfants. Ils se plaignent d'être envahis par des insectes, des serpents et des vers. Une haute responsable de la FDA avouait qu'elle était « frappée » de constater que les utilisateurs souffraient d'hallucinations[278]. Il est tout de même bizarre qu'il ait fallu plus de 50 ans pour constater l'existence de ce problème.

En septembre 2005, un médicament d'une autre famille chimique, Strattera, qui est souvent prescrit comme solution de rechange aux psychostimulants, a fait l'objet d'un débat à la FDA. Une analyse de la base de données de Lilly, le fabricant de Strattera, indique que ce produit, qui aiderait un patient sur quatre, provoquerait des idées suicidaires chez une personne sur 270. Quelque 3,4 millions d'enfants ont consommé du Strattera. La FDA a ordonné que l'avertissement le plus sévère de l'agence, un encadré de boîte noire, soit apposé sur l'emballage du médicament[279].

Une méta-analyse présentée au congrès annuel du Pediatric Academic Societies confirme ce que l'on soupçonne depuis 35 ans, à savoir que les psychostimulants peuvent affecter la croissance en retranchant en moyenne trois quarts de pouces (près de deux centimètres) chez les utilisateurs. Une étude suggère qu'ils pourraient éventuellement rattraper ce retard de croissance[280].

Des alternatives

Les professeurs, souvent débordés par des classes surchargées, victimes d'un manque de ressources, sont parfois rapides sur la gâchette quand il s'agit de poser un diagnostic d'hyperactivité. Aux États-Unis, une étude révélait que 50 % des cas sont diagnostiqués par les enseignants, qui ont ainsi contribué à l'explosion de la consommation de psychostimulants[281].

Le diagnostic de TDAH est difficile à établir. Le docteur Paul Lépine, comme de nombreux médecins, pense qu'il y a beaucoup trop de « positifs » erronés. Il conseille aux parents d'exiger une évaluation médicale sérieuse et complète quand on suggère que leur enfant prenne du Ritalin. Plusieurs spécialistes pensent que le TDAH est une conséquence de la difficulté d'adaptation de l'enfant à l'école. Pour le docteur Lépine, ce serait plutôt le contraire[282]. L'école a besoin d'apprendre à mieux s'adapter aux enfants, à prévoir davantage de périodes d'activité physique et à disposer de ressources adéquates pour s'occuper de ces cas. Le premier ministre britannique Winston Churchill était un élève plutôt turbulent, manifestant peu d'intérêt pour l'école. À chaque heure, on lui faisait faire le tour de l'école au pas de course. C'est sûrement mieux que de gaver les enfants de pilules. Et pourquoi ne pas faire arrêter l'autobus scolaire, quand le temps le permet, à un kilomètre des écoles ?

Une petite étude de l'Université de Buffalo portant sur un groupe de 30 enfants a permis de constater qu'on peut diminuer la médication des deux tiers quand on la combine à une thérapie comportementale. Utilisés séparément, les médicaments et la thérapie obtenaient les mêmes résultats[283]. Cette étude mériterait d'être répétée pour en confirmer les conclusions.

Surconsommation

On vend des maladies

Nous avons laissé l'impression que tous les médicaments sont sécuritaires. En fait, aucun médicament n'est sécuritaire.

HANK MCKINNELL, PDG DE PFIZER

Vendre aux malades comme aux bien-portants
EN 1976, au moment où sonnait l'heure de la retraite, Henry Gadsden, PDG de Merck, confiait au magazine *Fortune* qu'il rêvait que sa société devienne comme le fabricant de gomme à mâcher Wrigley. Son rêve : vendre aux malades comme aux bien-portants[284]. Trente ans plus tard, disons « mission accomplie ! » Lorsque le magazine conservateur *Forbes* publie dans son édition du 8 mai 2006 un article intitulé « Pill Pushers : How the Drug Industry Abandoned Science for Salesmanship », il est temps non seulement de s'inquiéter mais de passer à l'action.

Prenons la mesure du contraste. Le prédécesseur de Gadsden, George Merck, le véritable fondateur de ce qui est devenu un empire, disait : « Les médicaments, c'est pas pour les profits, c'est pour les gens ». À l'aube de la Deuxième Guerre mondiale, il donnait le brevet de la streptomycine, un antibiotique qui a sauvé des millions de vies, à une fondation. Cette découverte capitale équivaudrait de nos jours à l'invention d'une cure pour le cancer. Aujourd'hui, les géants de la pharmacie multiplient les pressions sur les politiciens pour étendre la durée de vie des brevets de leurs médicaments (voir **créativité**) et mettent leurs immenses ressources et les énergies de leurs meilleurs scientifiques pour fabriquer des « c'est comme » dans le but de ravir des parts de marché à leurs concurrents. Le marketing a vraiment pris le dessus sur la science.

Cela est devenu un cliché, mais impossible de ne pas relever le paradoxe : pendant que les enfants meurent dans le tiers-monde faute de médicaments à prix abordables, la consommation de produits pharmaceutiques explose au Nord, notamment sous l'influence des chasseurs de maladies. Au Canada, la part du budget de la santé consacrée aux médicaments a augmenté deux fois plus rapidement que l'ensemble des dépenses en matière de santé, au cours du dernier quart du XXe siècle. Les médicaments sont devenus l'élément le plus inflationniste du système, dévorant une partie toujours plus considérable du budget de la santé, de sorte qu'il reste de moins en moins d'argent pour les médecins, les infirmières et les hôpitaux. Ce phénomène s'accompagne d'une banalisation de la consommation de médicaments, qui ont tous des effets indésirables : *aucun n'est sécuritaire*, c'est McKinnel qui le rappelle. Combien d'hommes et de femmes seraient encore en vie si ils et elles n'avaient pas écouté le chant des sirènes qui vantaient les mérites du Vioxx ?

L'encouragement à consommer des médicaments comme s'ils étaient des bonbons se nourrit d'une illusion laissant croire au public en l'équation + de médicaments = meilleure santé et longévité. Les soins médicaux et les médicaments ne sont pas les seuls facteurs de qualité et d'espérance de vie (voir **déterminants sociaux de la santé**). Loin s'en faut. En 2001, les Américains dépensaient plus de trois fois plus d'argent en produits pharmaceutiques que les Britanniques. Pourtant l'espérance de vie en Grande-Bretagne était de 78 ans contre 77 ans aux États-Unis[285]. En 2003, dernière année pour laquelle des données sont disponibles, les États-Unis dépensaient 910 dollars canadiens par habitant en produits pharmaceutiques contre 340 $ au Danemark. L'espérance de vie est presque identique dans les deux pays et à cinq pour 1000, la mortalité infantile au Danemark était inférieure au taux américain où cet indicateur révélateur de la qualité des soins frappait la barre des 6,7 pour 1000[286].

Les chasseurs de maladies

À l'instar du docteur Knock, les chasseurs de maladies profitent de nos vulnérabilités pour nous convaincre que nous sommes tous atteints d'un mal secret qui nous rongerait à notre insu. Ils redéfinissent les frontières entre la santé et la maladie en tentant de faire reculer les lignes de démarcation qui les séparent afin d'englober le plus de sujets sains dans la catégorie des malades. L'industrie conscrit des médecins dans cet effort (voir **hypertension**). Un système de santé qui permet aux sociétés pharmaceutiques de déterminer qui est malade n'est pas en bonne santé, comme le soulignent Moynihan et Cassels.

Il est vrai qu'il existe des médicaments pour les bien-portants dont l'utilisation est parfaitement légitime et qu'il subsiste souvent des zones grises entre la pathologie et la santé. Ces lignes de démarcation sont parfois arbitraires et fluides. Certaines personnes seront plus à risque ou souffriront davantage de certaines conditions et par conséquent bénéficieront d'un traitement qui serait superflu pour les autres. On pense à la ménopause, au syndrome prémenstruel, à la dépression, à l'hypertension et à bien d'autres conditions. En dépit ou en raison de ces zones grises, les efforts des trafiquants de maladies sont souvent couronnés de succès. Nonobstant les difficultés à tirer une ligne de partage claire entre les deux, il existe toute une série de conditions qu'il n'est pas justifié de faire basculer dans le domaine de la maladie.

C'est ainsi qu'on propose de traiter des états qui font partie intégrante de la condition humaine, des états qui résultent du processus normal du vieillissement ou qui font partie des événements courants de la vie d'un individu, comme la timidité, l'anxiété ou la peine d'amour. On transforme des problèmes sociaux ou psychologiques comme la tristesse en maladie. On propose des traitements, parfois puissants et dont les effets à long terme sont inconnus, à des gens qui veulent se sentir mieux ou augmenter leurs performances. Les médicaments de confort comme le Viagra et les agents anti-obésité ont la cote. Des problèmes mineurs sont gonflés hors de toute proportion et des facteurs de risque minimes sont considérés comme des pathologies potentiellement mortelles. Des « maladies » induites par les médicaments sont traitées en ajoutant un autre produit qui provoquera des effets en chaîne.

Les différentes figures de la surconsommation

Je reviens sur cette question que j'ai abordée dans *L'envers de la pilule* en raison de son importance et pour verser de nouvelles pièces au dossier.

- *Il arrive plus fréquemment qu'on le pense qu'une « maladie » résulte de l'effet indésirable d'un médicament.* Le Health Research Group a identifié près de 800 produits qui causent des effets indésirables importants. Par exemple, 166 médicaments peuvent causer la dépression, 129 des dysfonctions sexuelles, 35 de l'insomnie et 40 peuvent induire des symptômes qui ressemblent à la maladie de Parkinson[287]. Devant ces problèmes, la réaction consiste souvent à prescrire un autre médicament pour défaire l'œuvre du premier, plutôt que de s'interroger sur la médication du patient et sur son histoire afin d'ajuster la dose, changer de médicament, même cesser de le prendre s'il n'est pas essentiel. C'est ainsi qu'une série d'affections qu'on attribue à la vieillesse ou aux troubles nerveux peuvent être l'effet d'un autre médicament, ce qui n'a rien d'étonnant considérant la quantité astronomique de médicaments consommés par certaines personnes âgées. Devant ce phénomène, la réaction en est souvent une d'incrédulité, suivie d'un « qu'y pouvons-nous ? », pendant que d'autres accueillent la nouvelle avec un sourire gêné. Vous avez les bleus ? Pourquoi pas un antidépresseur ? Celui-ci affecte votre libido ? Et hop un petit Viagra. Vous vous levez le lendemain avec un mal de tête carabiné ? Vous avalez quelques aspirines. L'estomac irrité ? Vous optez pour un antiacide, le meilleur et le plus cher. Le Viagra a fait monter votre pression ? Un petit anti-hypertenseur. C'est de l'ironie, bien sûr. Mais, un homme qui a consommé du Propecia et qui a dû par la suite être traité aux antidépresseurs pendant quatre ans, l'a sûrement trouvé moins drôle (voir **antidépresseurs**)[288].

- *Depuis quelques années, on constate une tendance lourde consistant à médicaliser les événements normaux de la vie d'un individu.* S'il existe des maladies qui ne sont pas guérissables et qu'il faut traiter pour la vie, le diabète par exemple, il en est autrement de toute une série de conditions. Dans une publicité, un fabricant d'anxiolytiques montre une jeune fille faisant son entrée à l'université et affiche le message suivant : « Tout un nouveau monde d'anxiété… s'ouvre à vous[289]. » Le message est clair, on ne peut plus tolérer la moindre contrariété et chaque problème, aussi passager et naturel soit-il, doit trouver sa solution dans les pilules. Dans la même veine, un cadre d'une société pharmaceutique a proposé de rebaptiser la timidité « phobie sociale » la faisant entrer dans la sphère des maladies mentales. Sauf exception, ce phénomène est plutôt courant et normal, particulièrement chez les jeunes et on conseille de le traiter au moyen d'antidépresseurs[290]. C'est ainsi que la consommation d'antidépresseurs chez les 6-12 ans au Canada a bondi de 142 % entre 1998 et 2002[291]. La régurgitation des enfants est un phénomène naturel; dans les unités néonatales de soins intensifs aux États-Unis, 20 % des bébés étaient soignés au Prepulsid et une proportion encore plus importante des enfants recevaient le même traitement dans les garderies françaises. Le Prepulsid a été retiré des tablettes et n'a jamais été approuvé pour les enfants[292]. Les documents d'une poursuite intentée contre le fabricant allèguent qu'il serait à l'origine de 300 morts et qu'il aurait causé des torts à 16 000 personnes, dont de nombreuses crises cardiaques. Le fabricant a versé 90 millions de dollars aux plaignants pour régler ces poursuites.

• *De simples risques sont transformés en véritables maladies.* On abaisse régulièrement le seuil de la haute pression et du cholestérol qui méritent médication, métamorphosant ainsi des millions de cas limites en patients (voir **Hypertension**). Être étiqueté « à risque » n'est pas sans conséquence et peut causer de l'anxiété et des soucis inutiles. Les campagnes sur l'ostéoporose tentent de persuader les femmes qu'elles sont toutes à risque de subir des fractures et cherchent à les convaincre de s'abonner aux pilules dès l'âge de 50 ans.

• *Des problèmes personnels et sociaux sont présentés comme des problèmes médicaux.* Depuis la Deuxième Guerre mondiale, le nombre de maladies mentales répertoriées dans le *DSM*, utilisé par 400 000 travailleurs de la santé et par les compagnies d'assurance pour décider du remboursement des médicaments aux États-Unis, est passé de 26 à 395[293]. Cinquante-six pour cent des 170 experts ayant travaillé à la quatrième édition du manuel étaient liés financièrement à l'industrie. Les spécialistes en matière de schizophrénie ont tous reçu des fonds de l'industrie[294] (voir **Zyprexa**).

• *Des problèmes plus ou moins courants et qui n'ont pas néces-*
sairement une origine médicale sont présentés comme de
véritables épidémies. Le site Internet du fabricant de Viagra
annonce *qu'un homme sur deux entre 40 et 70 ans souffrirait*
de dysfonction érectile. Décidément, nous n'avons plus les
hommes qu'on avait! Le site Internet ne dévoile pas la provenance de ces données, mais ce n'est un secret pour personne
que les enquêtes sur le sujet fournissent des résultats contradictoires. Une enquête hollandaise citée par Joel Lexchin révélait
que seulement 1 % des hommes de 50 à 65 ans étaient dans
l'incapacité totale d'obtenir une érection. En outre, il arrive
fréquemment que ces problèmes ne soient pas mécaniques,
mais psychologiques et sociaux. C'est ce qui explique que dans
50 à 60 % des cas, le médicament fait bien lever la chose, mais
pas suffisamment pour que l'utilisateur mène sa relation
jusqu'au bout[295]. Si vous avez le cœur solide, il existe des situations où la consommation de ces produits est justifiable
(diabète, dommages à la moelle épinière). Mais les hommes
qui figurent dans les publicités du Viagra sont de plus en plus
jeunes. Entre 1998 et 2002, la hausse la plus importante de la
consommation a été enregistrée chez les 18-45 ans. Dernière-
ment, la publicité met les femmes à contribution: on les voit
jeunes, épanouies, jubilantes. Le message: « Qu'attends-tu pour
aller chercher ton ordonnance? »

• *On trouve des appellations alambiquées pour des conditions*
plus ou moins vagues et plus ou moins normales afin de les
transformer en véritables maladies. Le « syndrome du côlon
irritable » est considéré par plusieurs médecins comme un
phénomène plus ou moins normal — douleurs abdominales,
diarrhées, ballonnements. Un spécialiste allemand pense que
de 60 % à 70 % de la population présente un ou plusieurs symptômes figurant au catalogue des critères de diagnostic du
« syndrome ». On pourrait presque considérer comme anormale
l'absence de maux dans ce domaine. Une vaste campagne d'une
durée de trois ans du fabricant de Lotronex visait à affranchir
le syndrome du domaine des maladies psychosomatiques et
à le présenter comme une « maladie crédible, fréquente et
réelle[296] ». Compte tenu des effets secondaires graves du

médicament, la campagne de publicité en faveur du Lotronex fut interrompue avant terme et il a été retiré des tablettes, mais réintroduit plus tard avec des restrictions. C'était la première fois que la FDA avait recours à une telle mesure et en mars 2006, on a fait de même pour le Tysabri, un produit utilisé dans le traitement de la sclérose en plaques qui provoquait une maladie du cerveau mortelle.

- *La naturelle sénescence est devenue « insuffisance de circulation cérébrale ».* Il faut irriguer le cerveau au moyen de pilules. Selon le ministère français de la Santé, le concept même d'« insuffisance de circulation cérébrale » n'a aucun sens[297]. Et le bouquet : en 1980, les plasticiens américains enjoignaient la FDA de considérer les petits seins comme une maladie[298].

- *Il arrive fréquemment qu'on prescrive une thérapie médicamenteuse alors que des alternatives non médicamenteuses sont souhaitables.* En premier lieu, un patient présentant une hypertension légère devrait être placé sur une diète et un programme d'activité physique appropriés. Plus du tiers des participants à une étude avaient ainsi réussi à contrôler leur pression[299]. Certains patients de 75-80 ans se voient prescrire des statines pour abaisser leur taux de cholestérol. Or, les complications dues à un taux élevé de cholestérol apparaissent après plusieurs années d'exposition, selon le docteur Robert Patenaude[300].

- *De nombreux médicaments sont utilisés alors que ce n'est pas nécessaire.* En 1991, une enquête de Santé et Bien-être Canada (le nom de Santé Canada à l'époque) révélait que c'était le cas de 40 % des antibiotiques utilisés dans les hôpitaux canadiens[301].

- *L'Américain moyen passe trois ans de sa vie devant des publicités télévisées.* Cette surexposition aux messages publicitaires n'est certes pas étrangère à l'augmentation de la consommation (voir **marketing**). Aux États-Unis, où l'on autorise la publicité directe au consommateur pour les produits d'ordonnance, les 50 médicaments les plus publicisés se sont vendus six fois plus que les autres médicaments d'ordonnance d'après le General Accountability Office du Congrès américain[302]. Le lancement de Nexium, frère jumeau de Losec, a coûté la somme fabuleuse de 500 millions de dollars sans que cela ne se traduise par quelque bénéfice appréciable pour les patients (voir **créativité**).

Pour convaincre le public qu'il a besoin de pilules, les pharmaceutiques embauchent des agences de publicité pour faire des campagnes de sensibilisation à telle maladie et des leaders d'opinion sont mis à contribution pour parler favorablement de leurs produits. Les coûts sont refilés aux payeurs.

• *Les outils de diagnostic peuvent contribuer à la surconsommation de médicaments* comme c'est le cas de la dépression (voir **antidépresseurs**) ou de l'ostéoporose. De nombreux chercheurs ont remis en question la capacité des mesures de densité osseuse à prédire l'ostéoporose et le danger de fractures.

Vieillissement, responsabilité et surconsommation

On accuse souvent le vieillissement de la population d'être responsable de l'explosion de la consommation. C'est aller un peu vite en affaires. Une enquête des autorités de la santé publique en Outaouais, qui présente un profil de consommation qui correspond à celui de l'ensemble du Québec, révèle qu'une personne sur trois a pris au moins un médicament prescrit sur la période de référence de deux jours, que les femmes consomment environ deux fois plus de médicaments que les hommes et que l'utilisation augmente avec l'âge.

C'est ainsi que la consommation des personnes de 65 ans et plus représente un peu plus du double de celle des 25-44 ans et elles absorbent 46,6 % plus de pilules que les 45-64 ans (voir tableau). Mais la question n'est pas de savoir si les personnes âgées consomment plus que les jeunes. Il *s'agit plutôt de savoir si elles sont responsables de l'augmentation fulgurante de la consommation* de médicaments qu'on observe depuis quelques années. L'*Enquête sociale et de santé 1998* réalisée en Outaouais nous rappelle que ce n'est pas le cas.

Au cours de cette période de 12 ans, allant de 1987 à 1998, la consommation des 0-14 ans et celle des 65 ans et plus est restée pratiquement stable, pendant que celle des autres catégories d'âge a augmenté dans des proportions substantielles (voir tableau). Or, pendant ces 12 années, la consommation de médicaments *prescrits* a connu une augmentation foudroyante de 178 % alors que la proportion des 65 ans et plus a à peine bougé au Québec[303].

Tableau
**Nombre de personnes ayant absorbé au moins un médicament
(prescrit et en vente libre) sur une période de deux jours**

| Âge | Outaouais | | Ensemble du Québec | Augmentation |
	1987 (%)	1998 (%)	1998 (%)	en % sur 12 ans
0-14	39,5	39,9	36,0	0,01
15-24	39,7	48,5	42,9	22,1
24-44	41,0	48,0	47,7	17,0
45-64	57,2	72,0	55,7	25,8
65 et plus	83,9	84,5	82,6	0,07

Source : Philippe Garvie et coll., *Enquête sociale et de santé*, Outaouais, 1998, Direction de la Santé publique de la Régie régionale de la Santé et des Services sociaux de l'Outaouais, avril 2002, fiche 22, p. 3.

Quant aux médicaments *prescrits*, qui représentent environ 80 % du total des produits pharmaceutiques, leur consommation chez les personnes âgées est passée de 73,0 % à 74,0 % au cours de la période de référence. Chez les 15-34 ans et les 25-44 ans, la consommation a à peine augmenté, alors qu'elle connaissait une croissance de près de 30 % chez les 45-64 ans. Faut-il voir dans ces développements la signature des chasseurs de maladies ?

Par ailleurs, la consommation élevée des personnes âgées est en partie injustifiée et gonflée artificiellement. À ce sujet je rappelle les conclusions de l'étude de la docteure Robyn Tamblyn qui constatait en 1990 que *45 % des personnes âgées utilisaient un médicament dangereux ou inadéquat*[304]. Selon Madame Tamblyn, les médicaments sont la sixième cause de mortalité au Canada.

Plusieurs observateurs soulignent la responsabilité des consommateurs dans cette boulimie pour les pilules. « Les gens ne veulent plus souffrir, ils ne tolèrent plus le mal et l'anxiété ». Certes, nous avons tous un examen de conscience à faire. Mais il est plus qu'abusif de distribuer les responsabilités de façon égale entre tous les acteurs de la chaîne du médicament. Il existe une hiérarchie des responsabilités.

Les géants de la pharmacie possèdent les connaissances scientifiques et des ressources matérielles quasi illimitées, ils influencent les gouvernements et le pouvoir politique à coups de centaines de millions, ils exagèrent souvent les bienfaits de leurs médicaments et minimisent leurs effets indésirables, ils mobilisent à grands frais les agences de publicité, les personnalités publiques et les spécialistes pour encourager la consommation de produits pharmaceutiques. À ce titre, ils sont les premiers responsables. Je ne vise pas ici les chercheurs qui consacrent leurs talents et leurs énergies à trouver des médicaments qui amélioreront le sort des populations et qui sont souvent les otages du marketing ni les cliniciens qui sont dévoués à l'intérêt de leurs patients.

Tant que le marketing aura le dessus sur la science, que l'intérêt des actionnaires prévaudra sur les impératifs de santé publique, que le culte de la performance et de la rentabilité aura préséance sur la vie, la justice sociale et l'égalité, les conditions seront propices à ces dérives consuméristes.

Je le répète, l'industrie fabrique des médicaments qui sauvent des vies et soulagent la souffrance. La mauvaise herbe côtoie les fleurs les plus jolies et les plus odorantes. Ce sont ces dernières qu'il faut arroser et nourrir et les autres qu'il faut arracher.

Trouble dysphorique prémenstruel
Une nouvelle maladie ou un moyen de vendre des pilules ?

DANS UNE PUBLICITÉ DE LILLY, une femme qui vient magasiner dans un centre commercial devient totalement exaspérée en se battant avec un chariot qu'elle tente de dégager d'une pile de chariots emmêlés. Ces incidents de la vie quotidienne, aussi frustrants soient-ils, sont souvent banals. Pas pour Lilly : « Vous pensez que c'est le syndrome prémenstruel ? Il se pourrait que ce soit le trouble dysphorique prémenstruel[305]. »

Une longue controverse
Le trouble dysphorique prémenstruel (TDPM) serait une forme exacerbée du syndrome prémenstruel et comme dans le cas de la « préhypertension », toute une controverse entoure cette nouvelle « maladie psychiatrique ». Pendant plusieurs années, on a assisté à une bataille épique pour déterminer s'il devait figurer dans le *DSM*, la bible des psychiatres. Malgré l'évaluation de centaines d'études sur le sujet et devant l'impossibilité d'en arriver à un consensus, les spécialistes l'ont consigné à l'annexe du *DSM*, signifiant que cette condition exige de plus amples recherches. Cependant, le débat a continué de plus belle et le syndrome dysphorique prémenstruel a fait son entrée

dans le *DSM* par la porte d'en arrière en étant considéré comme une forme de dépression. Ce qui suit est essentiellement tiré de *Selling Sickness*, de R. Moynihan et A. Cassels.

À la fin des années 1990, le brevet du populaire Prozac tirait à sa fin. À l'automne 1998, Lilly convoquait une conférence de spécialistes sur la question du trouble dysphorique prémenstruel. Douze mois plus tard, un journal médical publiait un article résumant les résultats de cette conférence : ce trouble constitue une « entité clinique distincte ». Après des enquêtes de marketing auprès des médecins et des futures patientes, Lilly changeait le nom et la couleur du Prozac, qui devenait Sarafem, et obtenait l'approbation de la FDA pour traiter le TDPM.

Vince Parry, spécialiste en marketing, a travaillé au lancement du Sarafem. Il affirme que cette décision constitue un excellent exemple de la « façon de *créer une nouvelle condition et de lui faire correspondre un produit*[306] » [je souligne].

Selon de nombreux spécialistes, comme la psychiatre Sally Severino qui a pris part aux débats entourant l'introduction de ce trouble dans le *DSM*, aucune nouvelle preuve n'était avancée pour considérer le TDPM comme une entité clinique distincte. À leur avis, c'est une maladie inventée qu'il est impossible de distinguer du syndrome prémenstruel, qui peut en effet devenir une condition débilitante pour certaines femmes. Mais cette condition est transformée en « maladie psychiatrique ».

Barbara Mintzes, de l'Université de Colombie-Britannique, spécialiste en matière de publicité pharmaceutique, pense que tout le battage autour du syndrome prémenstruel a pour but de convaincre les jeunes femmes que cette condition est anormale. Or, recommander des médicaments puissants à des femmes en santé réduit considérablement le bénéfice potentiel qu'elles pourraient en retirer.

La publicité pour le TDPM interdite en Europe

Cette nouvelle condition est tellement controversée que les autorités sanitaires européennes ont interdit la publicité du Prozac pour le trouble dysphorique prémenstruel. L'agence européenne d'évaluation des médicaments soulignait que des femmes éprouvant des symptômes moins graves pourraient se voir accoler l'étiquette de « malade mentale » dans le but de les abonner aux pilules pendant de nombreuses années. L'agence a sévèrement critiqué la qualité des essais cliniques prétendant établir l'efficacité du Sarafem dans le traitement du TDPM. Les essais étaient de courte durée, les participantes n'étaient pas représentatives de celles qui seraient susceptibles de se voir prescrire le médicament et ce que les essais tentaient de mesurer n'était pas du tout clair.

La publicité pour le Sarafem a engendré des réactions négatives aux États-Unis et la FDA, pourtant proche de l'industrie, a accusé Lilly de banaliser cette nouvelle « maladie mentale » en élargissant sa définition outre mesure.

Il ne faut pas sous-estimer les effets du syndrome prémenstruel. S'il faut aborder ce problème avec sérieux, on doit comprendre qu'il est tout aussi dangereux d'accoler des étiquettes de « malade mentale » à des personnes qui n'en sont pas et de prescrire des médicaments puissants n'ayant pas fait leurs preuves dans le traitement de cette condition, sans compter les effets indésirables importants des anti-dépresseurs (voir **antidépresseurs**).

Je l'écris sous toute réserve. Une étude dont les résultats apparaissent dans une brochure subventionnée par l'industrie comparant l'utilisation du Sarafem à la thérapie cognitivo-comportementale aurait montré que les symptômes cédaient plus rapidement avec le médicament, mais que les effets de la thérapie cognitivo-comportementale étaient plus durables au bout d'un an[307].

$\mathcal{U}$n métier dangereux : cobaye

20 personnes contaminées par la tuberculose à Montréal

La vaste majorité des essais se plient à des normes éthiques de la plus grande sévérité.

PhRMA, GROUPE DE PRESSION DES FABRICANTS
DE PRODUITS BREVETÉS

LORS D'UN ESSAI CLINIQUE qui a mal tourné à Montréal, 20 participants ont contracté la tuberculose dans le laboratoire bio-pharmaceutique d'Anapharm, filiale de l'entreprise SFBC International dont les quartiers-généraux étaient jusqu'à récemment situés à Miami. SFBC est une organisation de recherche contractuelle (ORC). Ces firmes sont embauchées par l'industrie pharmaceutique pour planifier, exécuter et présenter les résultats des essais cliniques en vue de l'homologation des médicaments. SFBC faisait l'objet d'une enquête du Sénat américain par suite d'allégations voulant que la société menait des tests sur des immigrants illégaux sans leur expliquer les risques auxquels ils s'exposaient. En mai 2006, les autorités de la Floride lui ordonnaient de fermer ses laboratoires de Miami et de Fort Myers. Le président de la société a alors annoncé qu'il transférait les tests à Montréal, Québec et Toronto[308].

L'épisode de tuberculose, rapporté par le réseau CTV en mars 2006, s'est déroulé à la fin d'août et au début de septembre 2005. Pourquoi l'avons-nous appris si tard et pourquoi les grands médias francophones de Montréal sont-ils pendant si longtemps restés muets sur la question ?

Le profit avant la vie et la sécurité. Qui Santé Canada protège-t-il ? Sous prétexte de confidentialité, le ministère de la Santé refuse de divulguer quelque information que ce soit à propos des événements qui se sont déroulés dans les laboratoires d'Anapharm, même une fois que l'enquête sera complétée. Pour éviter la répétition de tels désastres, le public n'a-t-il pas droit à toute l'information nécessaire, d'autant plus que la feuille de route de SFBC est inquiétante ?

Cet épisode reflète la culture du secret dont l'industrie pharmaceutique aime s'entourer avec la complicité des autorités sanitaires. Santé Canada est-il le gardien et fiduciaire de la santé des Canadiens ou sa vocation est-elle de protéger les intérêts des sociétés pharmaceutiques ? Le profit passe-t-il, encore une fois, avant la vie et la sécurité du public ? Trudo Lemmens, expert en éthique de l'Université de Toronto, déclarait au sujet de SFBC : « Si on a des doutes sur leurs activités au sud de la frontière, comment peut-on être certain qu'ils agiront correctement chez nous[309] » ?

Le public apprenait cette nouvelle après que six jeunes volontaires eurent frôlé la mort au cours d'un essai clinique au début d'avril 2006 dans un hôpital de Londres. Les participants, venant de milieux modestes, ont été alléchés par une offre de près de 5000 $ canadiens, pour tester encore un autre anti-inflammatoire. Ce nouveau médicament — un produit biologique — était administré pour la première fois à des humains. Tous les sujets ont reçu le médicament dans une seule demi-journée. Ils ont été transportés aux soins intensifs après avoir subi des dommages importants au foie et aux reins. La tête de l'un d'eux est devenue trois fois plus grosse que la normale. Certains d'entre eux pourraient conserver des séquelles toute leur vie[310]. La prudence la plus élémentaire aurait voulu qu'ils ne reçoivent pas tous le médicament le même jour.

Une jeune fille sans antécédents de dépression s'est pendue dans le centre de recherches d'Eli Lilly en avril 2004 après avoir testé le nouvel antidépresseur que la compagnie tentait de mettre au point. Trois personnes sont mortes au cours d'un essai clinique aux États-Unis en 2002[311] et, quelques années plus tôt, les NIH ont enregistré cinq morts durant un essai avec un médicament expérimental contre l'hépatite B[312].

Si les événements rapportés sont « relativement » rares, combien d'autres cas y a-t-il encore ? Après chacune de ces tragédies, les responsables et les autorités sanitaires nous assurent que c'est la dernière fois. Ces morts sont d'autant plus absurdes qu'elles surviennent la plupart du temps lors des essais cliniques de phase 1 où les médicaments sont expérimentés sur des volontaires en santé pour tester leurs effets indésirables. Ces volontaires, en général des immigrants et des personnes provenant de milieux modestes, ne peuvent s'attendre à en tirer quelque bénéfice thérapeutique que ce soit. Au Canada, 2000 essais cliniques sont en cours pour tester de nouveaux médicaments[313]. D'après l'agence de presse Bloomberg, les États-Unis comptent 15 000 centres privés où se déroulent les essais cliniques et 3,7 millions de cobayes sont rémunérés pour participer à ces études. C'est un marché évalué à 14 milliards de dollars. Par comparaison, la valeur de la production de l'industrie du bois d'œuvre au Canada oscille autour de 12 milliards de dollars. Entre 2001 et 2004, l'industrie pharmaceutique a commandité 36 839 essais cliniques aux États-Unis, soit six fois plus qu'au cours de la période 1981 à 1985[314].

Dans les laboratoires d'Anapharm

Revenons à la tragédie qui s'est déroulée dans les laboratoires d'Anapharm. Les participants à l'essai clinique ont contracté une tuberculose latente — non contagieuse — d'un homme atteint de tuberculose active[315]. Les volontaires testaient la sécurité cardiovasculaire d'un médicament mis au point par une société albertaine, Isotechnika. La multinationale Roche possède les droits sur ce médicament expérimental mis au point pour empêcher le rejet des organes transplantés.

L'essai clinique a débuté le 30 août 2005. Un des participants, un Torontois de 37 ans, a constaté que le volontaire « numéro 8 » qui partageait sa chambre toussait, tremblait et crachait du sang, symptômes de tuberculose. Dans un témoignage recueilli par les journalistes de l'agence Bloomberg, il affirme avoir décrit les symptômes à une infirmière qu'il a suppliée de le changer de chambre. Peine perdue. Les deux volontaires sont restés confinés à la même pièce de trois mètres par trois pendant huit jours. Le jeune torontois a affirmé qu'environ 15 des 20 volontaires étaient des immigrants en provenance d'Amérique latine, d'Afrique, du Moyen-Orient et d'Haïti, où l'incidence de la tuberculose est élevée.

D'après le jeune Torontois, le directeur médical du centre a examiné le « numéro 8 » atteint de tuberculose dès la troisième journée de l'expérience. L'avocat, porte-parole de SFBC, affirme que le volontaire « numéro 8 » était « surveillé régulièrement et qu'il ne présentait aucun signe de maladie ». Quand les participants sont revenus pour la deuxième phase de l'étude, ils ont été avertis que le « numéro 8 » était atteint de tuberculose et l'essai a été annulé. Les volontaires ont reçu le plein montant pour leur participation à l'étude, soit 6 800 $ canadiens.

Trudo Lemmens déclarait au réseau CTV que le métier de cobaye est dangereux en raison des pressions intenses que les ORC subissent de la part des sociétés pharmaceutiques qui veulent mettre leurs médicaments en marché le plus rapidement possible. Selon Lemmens, Santé Canada dispose de comités d'éthique qui ont pour mandat de protéger les sujets employés en recherche clinique, mais souvent ces comités (appelés Institutional Review Boards, IRB), sont des sociétés privées en concurrence féroce pour l'obtention de contrats. « Plusieurs de ces compagnies font du bon travail, mais compte tenu du système de réglementation dont nous disposons, il est possible de magasiner le comité le plus indulgent qui imposera le moins de restrictions[316]. »

Le PDG d'Isotechnika affirme qu'il a réclamé de SFBC le dépistage des volontaires pour la tuberculose. Le porte-parole de la SFBC soutient que les examens médicaux qui ont été exigés par Isotechnika ne comprenaient pas la tuberculose. SFBC a embauché Aurora, un comité d'éthique privé, pour veiller à la sécurité des volontaires. Aurora a considéré la possibilité de leur faire passer un test de dépistage. Mais d'un commun accord, les deux sociétés ont décidé qu'il suffirait de demander aux volontaires s'ils étaient atteints de tuberculose ou s'ils avaient voyagé dans un pays où la prévalence de la maladie est élevée. Le président d'Aurora a « décidé qu'un tel test n'était pas nécessaire car il y a une importante population d'Haïtiens à Montréal. Plusieurs candidats volontaires étaient susceptibles de tester positif et auraient été exclus de l'essai clinique ! "Il est clair que le test n'était d'aucune utilité[317]." »

Le formulaire de consentement que les participants ont signé faisait état d'effets indésirables possibles tels que vomissements, diarrhée et changements dans la fonction rénale. Le document ne mentionne rien au sujet d'effets indésirables possibles sur le plan cardiaque, ce que l'étude devait déceler, ni de la possibilité de contracter des maladies infectieuses. Le formulaire de consentement aurait dû inclure ce risque, puisque le médicament expérimental affaiblit le système immunitaire.

Qui est SFBC international ?

Derrière les lettres SFBC ne se trouvent pas le Science Fiction Book Club ni le San Francisco Boys Chorus, mais bien la plus grosse société de spécialistes en recherche clinique au service des sociétés pharmaceutiques. On lit sur le site Internet de la compagnie : « Derrière le nom SFBC International se trouve un visage très humain. Il y a en fait 2500 de ces visages[318]. » Ce genre d'entreprise se vante d'accélérer les essais cliniques de 30 %. Mais il arrive que la vitesse tue. SFBC a vu le jour à Miami en 1984. Elle est active sur les cinq continents. Son site Internet affirme que les organismes de réglementation « procèdent couramment à des audits de nos procédures et installations, ainsi que des études qui sont sous notre surveillance. Elles reconnaissent notre respect rigoureux de la réglementation ainsi que la qualité de notre travail ». Ceci en dit long sur la qualité du travail des organismes de réglementation.

Les inspecteurs de la santé du comté de Dade (Miami) ont ordonné la fermeture de 325 des 675 lits du centre parce qu'ils n'étaient pas conformes au code du bâtiment, avant d'exiger la fermeture complète de l'établissement[319].

Au cours de trois inspections aux installations de SFBC, la FDA a découvert des « conditions significativement choquantes » (« *significant objectionable conditions* »), qui existaient depuis 2000. La société a conduit des procédures invasives chez des volontaires sans obtenir leur consentement. En mars 2005, la FDA renouvelait le même type de reproches sans en dévoiler la teneur exacte[320].

Conflits d'intérêts et personnel non qualifié

L'épouse du vice-président des opérations cliniques de la SFBC était jusqu'à récemment propriétaire de Southern Institutional Review Board (SIRB), un « comité d'éthique » privé chargé de veiller à la sécurité des patients dans de nombreux essais menés à la SFBC. La SIRB se trouvait ainsi en conflit d'intérêts.

Un document de la SFBC destiné à la U.S. Securities and Exchange Commission fait référence en 26 occasions à la docteure Krinsky, directrice des essais cliniques à la SFBC. Si madame Krinsky possède un diplôme en médecine d'un collège d'une petite île des Caraïbes, elle ne possède pas de licence pour exercer la médecine aux États-Unis. Dans un autre centre, la directrice de la recherche clinique est identifiée comme médecin dans le domaine des soins de première ligne. Le département de la santé de l'État de Floride assure qu'elle est enregistrée comme infirmière[321].

D'après la FDA, certains centres spécialisés emploient du personnel non qualifié ou des cliniciens qui n'ont pas leur licence. Parfois, leurs dossiers sont incomplets et illisibles. En Californie et au Texas, des médecins ont testé des médicaments sur eux-mêmes, leurs employés ou des membres de leur famille. Pour la directrice de la division des enquêtes scientifiques de la FDA, « Il arrive souvent que des gens sans qualification aucune travaillent dans ces centres ; ils suivent un cours d'une journée et se présentent comme des coordonnateurs d'essais cliniques qualifiés. » Un pédiatre à l'emploi de la FDA de 1977 à 1982 souligne que la surveillance de l'agence s'est relâchée depuis quelques années. En une année, soit entre le début de 2002 et le début de 2003, le nombre d'inspections de la FDA passait de 327 à 175.

La Fabre Research Clinic de Houston a mené des essais cliniques pendant plus de deux décennies alors que la FDA était au courant que l'établissement employait du personnel non qualifié. En outre, et de façon répétée depuis 1980, la clinique a mis la vie de volontaires sains en danger. En 2002, l'agence faisait le lien entre les méthodes de la clinique et la mort d'un participant. Le comité d'éthique qui veillait à la sécurité des patients avait été établi par le médecin qui était propriétaire du Fabre Research Clinic.

Il arrive assez couramment que des volontaires trichent en participant à plus d'un essai clinique en même temps. Cette pratique, qui les expose à des risques supplémentaires, est susceptible de fausser les résultats des essais et n'est pas adéquatement encadrée.

Le plus ancien et le plus important « comité d'éthique » privé, le Western Institutional Review Board (WIRB), a été fondé en 1977. Cette société a supervisé des tests en Californie et en Géorgie dans les années 1990. Des médecins de la compagnie ont fait face à des accusations au pénal pour avoir mis en danger la vie de volontaires et ils ont été emprisonnés pour avoir menti à la FDA. WIRB n'a pas été importuné et sa propriétaire ne voyait pas en quoi la sécurité des participants avait été compromise.

Un article du *Journal of the American Medical Association* paru en 2005 souligne qu'il arrive couramment que les formulaires de consentement n'expliquent pas clairement les risques auxquels sont exposés les volontaires. Le WIRB a notamment été chargé de surveiller des essais à la SFBC et, de l'avis de sa propriétaire, le processus de consentement des volontaires est souvent défaillant : « C'est assez fréquent ». Elle ajoute : « Les sociétés pharmaceutiques seraient étonnées de constater les conditions déplorables dans lesquelles certains essais cliniques se déroulent.[322] »

Tout va pour le mieux dans le meilleur des mondes

PhRMA, le groupe de pression des fabricants de produits brevetés, déclare que « La vaste majorité des essais se plient à des normes éthiques de la plus grande sévérité. Le système de réglementation américain est incomparable au niveau mondial et la FDA a la meilleure feuille de route en ce qui a trait à la sécurité[323]. »

Vioxx

Des victimes plus nombreuses que celles du 11 septembre 2001

Les décès causés par le Vioxx ne sont pas de «vraies morts [...],
c'est un modèle mathématique[324].»

UNE HAUTE RESPONSABLE DE LA FDA

«SOIGNER SON ARTHROSE SANS BOUSILLER SON ESTOMAC», «Arthrose : la révolution coxib». Tels étaient les grands titres de la presse belge pour célébrer l'arrivée du Vioxx sur le marché. Un commentateur allait jusqu'à soutenir sur les ondes de la radio belge que ce médicament «ne présentait pratiquement pas d'effet secondaire», pendant que certaines sommités du monde médical ne tarissaient pas d'éloge à son endroit : il est fait «pour autoriser des traitements au long cours», annonçait-on. Pour tout dire, Vioxx, appartenant à une nouvelle famille d'anti-inflammatoires appelés coxibs, recevait en 1999 l'Oscar du meilleur médicament, le prix Galien[325]. Le marketing a fait un boulot remarquable pour convaincre les médecins et le public que nous étions en présence d'un produit révolutionnaire, efficace et sécuritaire. Le retrait du Vioxx en 2004 était suivi un an plus tard de celui du Bextra, un médicament de la même famille. Au Canada, en 2005, le nombre d'ordonnances pour les autres coxibs a été réduit de moitié[326].

Aujourd'hui, la question n'est plus de savoir si le Vioxx était un produit sécuritaire — nous verrons plus loin que certains experts songent à le remettre en marché — mais de savoir si la multinationale était au courant des dangers qu'il présentait avant sa mise sur le marché.

Merck ne pouvait ignorer les dangers du Vioxx

Le Vioxx a été mis au point dans les laboratoires montréalais de la firme. La multinationale soutient que c'est seulement en 2004, année du retrait de Vioxx, qu'elle a appris l'existence des dangers que son produit comportait pour le cœur. Or, les preuves du contraire ne cessent de s'accumuler (pour une chronologie des événements voir la fin de cette section).

Des courriels échangés entre les scientifiques de Merck et publiés par le *Wall Street Journal* suggèrent fortement qu'ils connaissaient déjà ces risques bien avant l'approbation du Vioxx en 1999. Une des scientifiques de Merck écrivait, dans un courriel daté de 1997 : « La possibilité d'un nombre accru d'événements cardiovasculaires est préoccupante[327]. » En 2000, le principal responsable de la recherche chez Merck affirmait dans un autre courriel que les risques cardio-vasculaires « sont clairement présents[328]. » Cette préoccupation est confirmée par d'autres courriels internes discutant de la nécessité de concevoir des études qui minimiseraient les désavantages cardiovasculaires du Vioxx. De nombreux spécialistes ont affirmé que Merck a conçu des essais biaisés pour que le Vioxx s'en tire mieux par comparaison aux anti-inflammatoires traditionnels.

Les révélations au procès entourant la mort de Robert C. Ernst, décédé après avoir consommé du Vioxx, confirment ces craintes. Durant le procès qui s'est déroulé au Texas à l'été 2005, l'avocat de la veuve de monsieur Ernst a déposé un document faisant état d'une proposition de 200 000 $ à des chercheurs de Harvard pour tester l'innocuité cardiovasculaire du Vioxx. Interrogé par l'avocat de la poursuite, le chercheur de Merck qui a dirigé le programme de développement du Vioxx a répondu que cette étude n'aurait pas respecté les critères éthiques de la société. Non seulement le document était-il signé de sa main, mais cette déclaration ressemblait à un aveu des dangers potentiels du produit[329].

Encore plus significatif, Merck a déposé une demande de brevet en 2001 pour un Vioxx moins toxique pour le cœur. Le document concernant cette demande a été fourni par erreur aux avocats des plaignants dans une autre cause contre Merck entendue dans l'État du New Jersey. Le juge a refusé de l'admettre en preuve sous prétexte qu'il s'agissait d'un document «privilégié». Un communiqué des avocats de Merck affirmait que la demande de brevet n'était aucunement liée aux problèmes du Vioxx. La compagnie est convaincue que son produit est «sécuritaire sur le plan cardiovasculaire[330]». Quand il a été commercialisé, la monographie de l'anti-inflammatoire ne contenait aucune indication qu'il pouvait présenter des dangers pour le cœur.

À l'issue du procès, la compagnie a été reconnue responsable de la mort de monsieur Ernst et condamnée à verser des dommages totalisant 253,5 millions de dollars. Cette somme sera réduite à 26,1 millions de dollars, conformément aux lois du Texas. Merck ira en appel.

Au cours d'un procès tenu à Atlantic City en avril 2006, Merck a été reconnue coupable d'avoir trompé la FDA au sujet des dangers de son anti-inflammatoire. Par un vote de sept contre un le jury a condamné la compagnie à verser des dommages punitifs de neuf millions de dollars à un homme qui a été victime d'une crise cardiaque après avoir ingurgité du Vioxx. Une semaine plus tôt, la victime avait obtenu 4,5 millions de dollars en dommages compensatoires. La compagnie ira en appel. Au 18 août 2006, Merck faisait face à 14 000 poursuites impliquant 30 000 plaignants aux États-Unis. Au moment d'écrire ces lignes, la compagnie a perdu quatre des huit poursuites engagées contre elle et un tribunal a annulé un jugement favorable à la multinationale[331].

Une promotion mensongère?

Au cours du procès de Robert C. Ernst, l'avocat de la veuve de la victime a déposé une vidéo destinée aux représentants de la compagnie qui faisaient la promotion de l'anti-inflammatoire. *Cette vidéo soulignait que le Vioxx n'accroissait pas les dangers pour le cœur.* Or la compagnie a prétendu que, dès la mise en marché de son anti-inflammatoire, elle a agi de façon responsable en révélant ces risques[332].

Les documents déposés au procès montraient que le principal responsable de la recherche chez Merck a eu la confirmation de ses craintes au sujet de la toxicité du Vioxx en 2000 en prenant connaissance du plus important essai clinique réalisé jusque là, l'étude VIGOR, d'une durée médiane de neuf mois[333].

Cette étude comparative divisait les 8076 patients recrutés en vue des essais cliniques en deux groupes sensiblement égaux. *Le groupe de patients qui testaient le Vioxx (50 mg), a enregistré 20 crises cardiaques par comparaison à 4 dans le groupe de référence prenant du naproxen (Anaprox), un anti-inflammatoire traditionnel. Le Vioxx était associé à 5 fois plus de crises cardiaques et un patient sur 200 en a été victime.* De plus, le groupe de patients sous Vioxx a subi 11 accidents cérébrovasculaires contre 9 pour l'autre groupe.

À la suite des résultats de l'étude VIGOR, Merck a prétendu que le Vioxx n'était aucunement en cause. Si cinq fois plus de patients avaient subi un infarctus, c'était parce que le naproxen avait des vertus protectrices pour le cœur et non parce que le Vioxx était toxique. Le cardiologue Eric J. Topol, un des premiers à tirer la sonnette d'alarme au sujet de Vioxx, remarque : l'«importance de l'effet cardio-protecteur attribué au naproxen ne pouvait pas excéder celui de l'aspirine qui réduit de 25 % les crises cardiaques. Dans l'étude VIGOR, on assistait à une augmentation de 500 % des infarctus[334].» Une conférence d'experts de Santé Canada sur la question cite une vaste étude de cohorte qui réfute «la théorie selon laquelle [...] le naproxen permettrait de prévenir les effets cardiovasculaires indésirables[335]».

Une étude qui dormait dans les banques de données de la FDA, la 090, non publiée et réalisée un an plus tôt que l'étude VIGOR, révélait que sur les 390 patients prenant une dose beaucoup plus faible de Vioxx (12,5 mg), *trois* personnes avaient été victimes de crise cardiaque, contre *aucune* dans deux groupes témoin constitués de 588 patients prenant un placebo ou du nabumetone (Relafen)[336]. Cette étude, *utilisant une dose beaucoup plus faible de Vioxx, n'a duré que six semaines.* Une analyse récente parue dans les pages du *Journal de l'Association médicale canadienne (JAMC)* suggère que ces risques se manifestent dans les *deux premières semaines d'usage du médicament* chez les personnes de 66 ans et plus n'ayant jamais souffert d'infarctus (voir encadré).

Des risques d'infarctus dès les premières semaines ?

Linda Lévesque et ses collègues ont scruté les bases de données du ministère de la Santé du Québec pour établir le risque d'infarctus et le délai d'apparition de ces risques chez les utilisateurs du Vioxx et du Celebrex. La plupart des patients qui n'avaient jamais subi un infarctus étaient traités avec des doses *faibles*. Les chercheurs ont examiné un échantillon de 125 000 résidents choisis au hasard et ayant reçu des anti-inflammatoires non stéroïdiens entre janvier 1999 et juin 2002. Les crises cardiaques chez les patients traités pour la première fois au Vioxx étaient les plus nombreuses durant les 6 à 13 premiers jours après le début de la thérapie. Pour l'instant, l'accroissement du risque chez les utilisateurs de Celebrex n'était pas statistiquement significatif. Il «pourrait être associé à une élévation significative du risque, mais en l'absence de confirmation statistique, d'autres études sont nécessaires pour l'évaluer». Mais c'est un signal à retenir, car des études ont révélé une augmentation de la probabilité de crise cardiaque pour cette classe de médicaments. L'une de ces études, publiée dans les *Archives of Internal Medicine*, révélait une probabilité deux fois plus élevée d'infarctus chez ceux qui utilisaient le Celebrex pour la première fois.

Source : Linda E. Lévesque, James M. Brophy, Bin Zhang, « Time variations in the risk of myocardial infarction among elderly users of COX-2 inhibitors », JAMC, 23 mai 2006.

Depuis le moment qui a marqué le retrait du Vioxx à l'automne 2004 jusqu'au printemps 2006, Merk a toujours soutenu que les effets potentiellement néfastes de son anti-inflammatoire se manifestaient seulement après 18 mois d'utilisation continue. Cette théorie des 18 mois est la défense que Merck a toujours présentée dans les procès l'opposant aux victimes du Vioxx. La multinationale prétend que c'est après avoir analysé les données de l'étude APPROVe, d'une durée de trois ans et dont les résultats ont été connus à l'automne 2004, qu'elle aurait appris les dangers posés par son produit. Des données que Merck n'avait jamais publiées et dont le *New York Times* faisait état dans son édition du 19 mai 2006 démontrent que les crises cardiaques survenaient dès les premiers mois[337]. Le 30 mai

2006, Merck reconnaissait avoir commis une erreur en faisant l'analyse statistique des résultats de l'étude APPROVe postulant que le Vioxx causait des crises cardiaques seulement après 18 mois d'utilisation continue. Le chef de la recherche chez Merck insiste néanmoins pour dire que ces risques n'étaient pas apparents et la compagnie aurait découvert cette erreur d'analyse à la fin de mai 2006. Des porte-parole de la firme soutiennent que cette découverte ne serait pas liée aux nouvelles données révélées au sujet des dangers cardiovasculaires du Vioxx. D'après le docteur Steve Nissen, cette annonce de Merck est un autre exemple de la façon dont la compagnie a éreinté les données pour que le Vioxx apparaisse plus sécuritaire[338].

Un éditorial du *JAMC* met en cause les failles du processus de surveillance post-approbation, fragmentaire et sous-financé. « Il aurait suffi d'une simple méta-analyse cumulative des études post-approbation en cours du rofecoxib pour mettre à jour, dès décembre 2000, soit quatre ans avant le retrait du médicament, le risque trop élevé et statistiquement significatif d'incidents cardiovasculaires associés à ce médicament[339]. »

Un cours dans l'art de dissimuler

Henry Waxman, membre du Congrès américain, remarquait à propos de l'étude VIGOR que ces résultats auraient dû servir de « signal d'alarme au sujet des problèmes potentiellement sérieux[340] » du Vioxx. Un comité de la Chambre des représentants, où siège Waxman, a convoqué des témoins pour expliquer comment il était possible qu'un tel médicament soit si populaire en dépit des problèmes qu'il présentait sur le plan de la sécurité. Sa réponse : les sommes fabuleuses consacrées au marketing dans le but d'influencer les médecins et la véritable armée de représentants dont l'industrie dispose pour faire la promotion des médicaments auprès des prescripteurs. Rappelons que les États-Unis comptent de 90 000 à 100 000 RIP.

Lors d'une rencontre entre Merck et la FDA en février 2001, un comité consultatif de l'agence expliquait à Merck que son hypothèse au sujet de l'effet protecteur de naproxen était problématique. Le comité recommandait à l'unanimité que les médecins soient mis au courant des résultats cardiovasculaires de Vioxx. *Le jour suivant*, Merck expédiait une note de service à ses 3000 RIP : « N'ENGAGEZ AUCUNE DISCUSSION AU SUJET DES RÉSULTATS DU COMITÉ

CONSULTATIF [...] OU DES RÉSULTATS DE [...] L'ÉTUDE VIGOR[341] [en majuscules dans le texte].»

Selon Waxman, Merck demandait à ses représentants de fournir aux médecins qui posaient des questions au sujet de la toxicité du Vioxx un document intitulé «The Cardiovascular Card». Ce pamphlet, préparé par le département du marketing, indiquait que le Vioxx était associé «à un taux de mortalité de causes cardiovasculaires de seulement le huitième de celui constaté avec les autres anti-inflammatoires»!!! Ce document était fondé sur l'analyse d'études ayant été menées avant les essais conduisant à l'approbation du Vioxx. Aucune de ces études, qui étaient de courte durée et utilisaient de faibles doses du médicament, n'avait pour but de déceler les effets cardiovasculaires de l'anti-inflammatoire. Les médecins qui insistaient pour obtenir cette information étaient référés au quartier-général.

Le laboratoire a exigé de ses représentants qu'ils fournissent aux médecins uniquement les résultats des études «approuvées scientifiquement». Les études «approuvées scientifiquement» étant celles «qui fournissaient des preuves solides donnant des raisons pour lesquelles [les médecins] devraient prescrire les produits appropriés de Merck à leurs patients».

En plus de ces consignes, Merck demandait à ses représentants d'identifier des leaders d'opinion qui pourraient donner à d'autres médecins un avis favorable sur des produits de la compagnie. Le géant pharmaceutique a également conseillé à ses représentants d'utiliser des techniques subliminales pour convaincre les médecins de prescrire ses produits. Ils ont suivi des cours pour leur apprendre à mimer les mots et le langage corporel des médecins, dans le but d'augmenter subconsciemment le niveau de confiance de leurs interlocuteurs en construisant des ponts entre médecins et représentants. Des bonis de 2000 $ étaient offerts aux représentants qui atteignaient leurs objectifs. Ils étaient encouragés à comparer leurs efforts aux luttes des grandes figures historiques comme Martin Luther King Jr.

Une porte-parole de Merck a soutenu, dans la foulée de l'enquête menée par Waxman, que les pratiques de marketing de la compagnie étaient «justes et équitables» et que les médecins avaient eu toutes les occasions de lire l'étude VIGOR[342].

En septembre 2001, six mois après la rencontre entre Merck et le comité consultatif de la FDA, l'agence émettait une lettre d'avertissement au fabricant: «Vous avez lancé une campagne de promotion

pour le Vioxx qui minimise les dangers cardiovasculaires potentiellement sérieux observés au cours de l'étude *Vioxx Gastrointestinal
Outcomes* (VIGOR)[343]». C'est finalement en avril 2002 que Merck
changeait timidement la monographie du Vioxx pour faire référence
à la sécurité cardiovasculaire de son anti-inflammatoire.

Combien de victimes?

L'évaluation du nombre de victimes du Vioxx est une opération déli-
cate et périlleuse. Les crises cardiaques sont des événements relativement communs, contrairement à d'autres effets indésirables qu'on
sait spécifiquement liés à certains médicaments. Par exemple, la
rhabdomyolyse, qui affecte les muscles et détruit les reins, est une
condition rare qui peut être causée par les réducteurs de cholestérol.
Dans ces circonstances, il est facile de faire le lien entre les deux.
Dans le cas de l'infarctus, le chemin qui mène de la crise cardiaque
au médicament est beaucoup moins bien balisé.

La FDA a été le théâtre d'un débat épique sur la question. Aux
États-Unis seulement, les évaluations des NIH, affichées sur le site
Internet de la FDA, portent à 28 000 le nombre de crises cardiaques
imputables au Vioxx entre 1999 et 2003, sur un total de 93 millions
d'ordonnances. On estime que 20 millions de patients ont consommé
du Vioxx aux États-Unis et 84 millions à l'échelle de la planète.

L'évaluation des NIH diffère substantiellement de celles fournies
par David Graham et Eric Topol. Dans son témoignage devant un
comité du Congrès en novembre 2004, le directeur adjoint de la
FDA, David Graham, spécialiste en neurologie, en épidémiologie et
en bio-statistiques, trouvait cette «estimation extrêmement conservatrice». En appliquant les niveaux de risques révélés dans deux des
grands essais cliniques organisés par Merck (VIGOR et APPROVe)
«vous obtenez des évaluations plus réalistes», soit de «88 000 à
139 000 Américains» victimes de crise cardiaque jusqu'en 2004.
«De ce nombre, 30 à 40 % sont probablement décédés[344].» De son
côté, Topol évalue le nombre combiné de crises cardiaques et
d'accidents vasculaires cérébraux à 160 000. Et, Graham d'enchaîner:
s'il y avait en moyenne «de 150 à 200 personnes par avion, cette
fourchette de 88 000 à 139 000 serait l'équivalent de 500 à 900 écra-
sements d'avions, au rythme de deux à quatre avions par semaine sur
une période de cinq ans[345]».

Autrement dit, si 30 à 40 % des crises cardiaques sont fatales, le Vioxx serait responsable de la mort de 26 400 à 55 600 personnes. C'est l'équivalent de 9 à 19 tragédies comme le 11 septembre 2001. Même en retenant l'hypothèse conservatrice des NIH, nous aurions près de trois à quatre fois plus de victimes que le 11 septembre. Vioxx a fait plus de victimes que les kamikazes du 11 septembre. En dernière instance, qu'il y ait eu 28 000 crises cardiaques sur cinq ans ou 88 000 à 139 000 sur six ans, trop, c'est trop. À ma connaissance, aucune étude n'a été publiée sur le sujet pour le Canada. Pendant 13 mois, le *Bulletin canadien des effets indésirables* de Santé Canada a reçu 151 déclarations au sujet du Vioxx, décrivant «417 effets indésirables soupçonnés du rofecoxib [nom générique du Vioxx]» chez des sujets dont l'âge variait de 32 à 94 ans. Près de la moitié des patients avaient 65 ans ou plus. En outre, cinq décès étaient associés à son utilisation.

Principaux effets cardiovasculaires présumés du Vioxx rapportés à Santé Canada du 25 octobre 1999 au 23 novembre 2000

Effet indésirable	Nombre
Infarctus	3
Arrêt cardiaque	2
Angine de poitrine	2
Palpitations	2
Arythmie	2
Hypertension aggravée	1
Hypertension	7
Accident vasculaire cérébral	2

Source: *Bulletin canadien des effets indésirables*, DPT, avril 2001.

Ces données peuvent sembler insignifiantes. Mais on pense que seulement *1 % à 10 % des effets indésirables* sont signalés aux autorités sanitaires. Dès lors, la conclusion s'impose: le Vioxx a provoqué des milliers de crises cardiaques au Canada durant les quelque

68 mois pendant lesquels il a été commercialisé. Si les modèles de consommation américain et canadien se ressemblent, en projetant l'hypothèse la plus conservatrice, celle des NIH, le nombre de victimes de crises cardiaques au Canada serait supérieur à 3000 et pourrait aller jusqu'au triple.

L'intimidation des chercheurs

Dans une lettre expédiée à Merck, James Fries, professeur de médecine de l'Université Stanford, a accusé la compagnie d'intimider les chercheurs qui remettaient en question la sécurité de son médicament[346]. Un de ses collègues s'est fait dire que sa carrière serait compromise, (*you will flame out*), s'il continuait à donner des conférences contre Merck. Selon Fries, les chercheurs principaux de plusieurs écoles de médecine auraient subi le même sort. Raymond Gilmartin, ex-PDG de Merck, s'est contenté de répondre que sa firme a toujours agi en fonction des « normes éthiques les plus exigeantes ».

Le docteur Topol a accusé Merck d'inconduite au cours d'un procès contre le fabricant. Dans son témoignage, il affirmait que Raymond Gilmartin avait téléphoné à la clinique de Cleveland où il pratique pour se plaindre de son travail. Deux jours après son témoignage, on lui retirait son siège au Conseil d'administration de la clinique et au comité des conflits d'intérêts. Il avait également remis en question les liens financiers entre le D.G. de la clinique et un fabricant de dispositifs médicaux[347]. La clinique a nié tout lien entre les deux affaires.

En 2002, un bulletin médical espagnol indépendant accusait Merck de fraude au sujet de l'étude VIGOR. La revue a été traînée en cour et la multinationale voulait qu'elle retire son article et qu'elle le remplace par un texte de son propre cru. La revue a été innocentée. Les auteurs de l'article affirmaient que les résultats de l'étude VIGOR soulevaient des doutes quant aux effets cardiovasculaires du Vioxx. L'article faisait référence à un commentaire publié dans la revue médicale britannique *The Lancet* qui évoquait la possibilité que Merck ait été au courant des effets potentiellement néfastes de son médicament. Le *Lancet* suggérait que la multinationale aurait pu choisir les patients faisant partie de l'étude de manière à sous-estimer la toxicité cardiovasculaire du Vioxx[348].

Le docteur Graham a travaillé durant près de trois ans avec le grand fournisseur de soins de santé à but non lucratif Kaiser

Permanente, pour établir le profil de toxicité du Vioxx. Il prévoyait présenter les résultats de son étude à la Conférence internationale de pharmacoépidémiologie à Bordeaux. Ses conclusions ont provoqué un tremblement de terre à l'Office of New Drugs (OND) de la FDA qui a donné le feu vert au Vioxx. Le personnel cadre de l'OND a fait pression pour qu'il change ses conclusions. Un des responsables a suggéré qu'on l'empêche de se rendre à Bordeaux et recommandé que Merck soit mis au courant des résultats de son étude avant qu'elle soit présentée[349].

La responsabilité de la FDA

Topol met la FDA en cause dans la catastrophe du Vioxx. Après l'étude VIGOR, dont les conclusions étaient révélatrices, il soutient que l'agence gouvernementale — et par extension Santé Canada qui disposait des mêmes données — aurait dû exiger de nouvelles études sur la toxicité de Vioxx. Merck aurait dû employer les 160 millions de dollars affectés à la promotion de son produit, l'année de son lancement, pour organiser de nouveaux essais cliniques. Ajoutons qu'une attitude réellement responsable aurait exigé que la compagnie suspende la vente du Vioxx en attendant les résultats d'une telle étude[350].

Topol s'objecte aux propos de la FDA, qui prétend qu'une « diminution de 50 % des perforations gastro-intestinales dans l'étude VIGOR contre-balançait les risques cardiovasculaires ». Topol affirme qu'il n'y avait aucune différence dans le taux de perforation entre le « rofecoxib (nom générique de Vioxx) et le naproxen ». Sur une période de 13 mois, entre le 25 octobre 1999 et le 23 novembre 2000, Santé Canada a reçu 62 déclarations portant sur les effets gastro-intestinaux du Vioxx, dont 14 hémorragies, six ulcères et 14 plaintes de douleurs abdominales[351]. Si le Vioxx était plus doux pour le système gastro-intestinal, il n'était pas sans effets indésirables sur ce plan.

À la mi-août 2004, quelques semaines avant le retrait du Vioxx et en dépit de tous les signaux d'alarme — l'étude épidémiologique de Graham et quantité d'articles scientifiques — la FDA annonçait qu'elle venait d'approuver l'utilisation du Vioxx chez les enfants souffrant d'arthrite. Le 22 septembre, une réunion regroupant les responsables de la division de la FDA qui avait approuvé le produit de Merck et des membres du bureau de la sécurité des médicaments concluaient qu'il n'y avait aucun problème de sécurité au sujet du Vioxx[352].

Le retour du Vioxx ?

Dans une lettre d'opinion publiée dans un hebdo de Montréal, un pharmacien lançait un vibrant plaidoyer en faveur du retour du Vioxx. Il m'arrive de croiser des gens qui disent : « Je connais une telle qui le trouvait bien bon ! Ça lui a fait beaucoup de bien ! » Nous sommes devant le cas classique de l'arbre qui cache la forêt. Ces opinions et anecdotes ne pèsent pas lourd devant les dizaines de milliers de décès causés par le Vioxx, sans compter les dizaines de milliers de personnes dont la vie a été transformée en véritable cauchemar à cause d'une crise cardiaque ou d'une attaque cérébrale.

On pourrait attribuer ces opinions à l'inconscience, à la naïveté ou à l'ignorance. Mais les comités d'experts qui se sont prononcés en faveur du retour de Vioxx n'ont pas cet alibi. Aux États-Unis, 17 membres d'un comité d'experts de la FDA sur 32 ont voté pour le retour du Vioxx. Le Center for Science in the Public Interest a dévoilé qu'au moins 10 des 32 experts étaient liés financièrement à Merck et à Pfizer, le fabricant de Celebrex. Parmi ces 10 experts, un seul a voté contre le retour du Vioxx[353].

Au Canada, en juin 2005, un groupe consultatif d'experts a voté 12 à 1 en faveur du retour de Vioxx. Sur les 13 experts consultés, 9 étaient liés financièrement aux fabricants de coxibs. Parmi eux, 6 ont reçu des sommes d'argent à des fins de recherche, dont un qui a obtenu plus de 300 000 $[354]. Le comité a examiné des données, dont une analyse de 138 études sur les coxibs. Le responsable de cette analyse a amalgamé des études disparates, à long et à court terme, ce qui permet de douter sérieusement de sa validité. Un haut responsable de Santé Canada a exprimé son scepticisme : l'inclusion de certaines études dans cette analyse et certains choix qui ont été faits « peuvent avoir été biaisés[355] ».

Des alternatives

Pour réclamer le retour du Vioxx, des spécialistes invoquent l'argument qu'ils veulent des choix et que certains patients répondent bien à la médication. L'arthrite est certes un problème sérieux et un Canadien sur 10 souffrirait d'arthrose[356]. Vivre dans la douleur n'est pas intéressant pour quiconque. Mais l'arthrite n'est pas une maladie

mortelle et il existe des solutions de rechange au Vioxx et aux coxibs.
Si le Celebrex est moins dangereux que le Vioxx pour le cœur, des études ont mis en relief les dangers cardiovasculaires qu'il pose lorsqu'il est pris en doses élevées[357]. Les données sont moins claires lorsqu'il s'agit de doses plus faibles.

Le docteur James M. Wright a publié une analyse détaillée de l'étude VIGOR et de l'étude CLASS concernant le Celebrex. Dans ces deux essais, les coxibs n'ont pas démontré qu'ils étaient « plus efficaces que les anti-inflammatoires traditionnels pour soulager les symptômes de l'arthrite[358]. » L'analyse de Wright révèle que les *coxibs causent un plus grand nombre d'effets indésirables sérieux que les anti-inflammatoires traditionnels* (mortalités, hospitalisations, risques vitaux pour la vie débouchant sur des handicaps sérieux).

Pour de nombreux spécialistes, il n'y aurait donc aucune raison de préférer les coxibs aux médicaments traditionnels pour soulager les douleurs de l'arthrite, sans oublier qu'ils coûtent quatre fois plus cher. Des experts recommandent de les utiliser pour de courtes périodes chez certains patients. Toutefois, d'après un Avis de Santé Canada, « il n'est pas possible d'identifier les patients chez qui le risque d'une crise cardiaque ou d'un accident vasculaire cérébral serait plus élevé[359] ». *Tous* les anti-inflammatoires causent des effets indésirables, pouvant aller jusqu'à la mort, et doivent être utilisés avec prudence. Une analyse récente des études d'observation (qui examinent la sécurité et l'efficacité des médicaments dans la vraie vie) au sujet des anti-inflammatoires, publiée dans l'édition en ligne du 12 septembre 2006 du *Journal of the American Medical Association* (*JAMA*), suggère que le naproxen serait neutre sur le plan cardiovasculaire. En revanche, un anti-inflammatoire comme le Voltaren s'accompagne de risques élevés alors que les données au sujet des dangers cardiovasculaires de l'ibuprofène ne sont pas confirmées[360]. Pour contrebalancer les risques que le naproxen pourrait poser sur le plan gastro-intestinal, un article de David Graham dans le même numéro du *JAMA* suggère de le prendre avec un inhibiteur de la pompe à protons, un médicament contre le reflux gastrique. Graham suggère de nouvelles études pour valider ces orientations[361].

Récemment, une étude des NIH d'une durée de six mois, portant sur 1600 patients souffrant d'arthrose du genou, comparait l'efficacité de la glucosamine, de la combinaison glucosamine/chondroïtine au placebo et au Celebrex. Le chercheur principal est associé à Pfizer, le fabricant du Celebrex. Les résultats, publiés en décembre 2005, sont paradoxaux. La combinaison glucosamine (1500 mg)/sulfate de chondroïtine (1200 mg) ne s'est pas révélée plus efficace que le placebo chez l'ensemble des patients. En revanche, elle s'est avérée efficace chez ceux qui souffraient de douleurs modérées à intenses[362]. Le Health Research Group considère que ce résultat est bizarre, puisque le Celebrex a démontré une efficacité supérieure au placebo pour tous les patients de l'étude. Normalement, la combinaison glucosamine/chondroïtine aurait dû obtenir des résultats similaires. En outre, le produit utilisé par les NIH est différent de la plupart des préparations commerciales et cette partie de l'analyse semble avoir été faite après coup — ce que les chercheurs appellent une analyse *post hoc* — c'est-à-dire qu'elle n'était pas planifiée avant sa réalisation[363].

Les grandes cliniques de gestion de la douleur (notamment Stanford en Californie et Wasser à Toronto), explorent de nouvelles thérapies pour faire face à ce problème. Les exercices de respiration et de relaxation, les techniques d'imagerie fondées sur le biofeedback, les consultations avec un psychologue, comptent parmi les méthodes permettant à certains patients de diminuer leurs doses d'anti-douleur. Des médecins prescrivent des opiacés à faible dose à leurs patients âgés incapables de tolérer les anti-inflammatoires[364]. Passeport Santé recommande des onguents à base de capsicine, le composé actif du cayenne, approuvés par la FDA pour soulager la douleur.

Il y a certaines précautions à prendre pour échapper aux affres de l'arthrose : éviter les gestes répétitifs causant des lésions aux articulations, maintenir un poids santé car un surplus de poids exerce une pression indue sur le cartilage, éviter de rester immobile trop longtemps, porter des chaussures qui amortissent les chocs[365]. Et surtout rester physiquement actif.

Les coxibs illustrent parfaitement un des travers de l'industrie devenue virtuose dans l'art de mettre des nouveautés sur le marché à grands coups de millions et de mystifications pour convaincre les prescripteurs qu'ils sont à la fois plus efficaces et sécuritaires que les anciens médicaments. Ces nouveautés se vendent généralement beaucoup plus cher que les médicaments traditionnels qui ont fait leurs preuves et dont les effets indésirables sont bien connus et maîtrisés des médecins. Le bénéfice qu'elles apportent est souvent nul ou tout à fait marginal. *Lorsqu'une nouveauté ne constitue pas une*

percée significative par rapport aux anciens traitements et lorsqu'il
existe des alternatives, le Health Research Group conseille d'attendre
avant de les utiliser puisqu'il arrive couramment que leurs effets
indésirables soient connus des années plus tard. Tout au long du
débat qui a entouré et qui continue d'entourer les coxibs, l'attitude
générale a consisté à dissimuler et/ou sous-estimer leurs effets indésirables potentiellement mortels. L'éditorialiste d'un grand quotidien
montréalais, défenseur des profits des géants pharmaceutiques, a
déjà soutenu que le taux de 1,5 incident cardiovasculaire sur 100
est « petit ». Il faudrait croire qu'une crise cardiaque sur 200, c'est
trois fois moins important. En revanche, lorsqu'il s'agit de convaincre
les patients de prendre des médicaments pour prévenir les risques de
crise cardiaque ou de contracter l'hépatite, c'est une tout autre
histoire. La directrice médicale d'une clinique montréalaise soulignait,
dans le même journal, que de trois à cinq personnes sur 1000 contractent l'hépatite A ou B. Que 0,3 personne sur 100 soit à risque de
contracter l'hépatite est une chose grave et les cliniques médicales
placardent leurs murs de publicités pour enjoindre leurs patients de
se faire vacciner avant de partir en voyage. Mais qu'une personne sur
200 soit victime de crise cardiaque est dans l'ordre des choses.

Sous prétexte que les patients pourraient refuser leur traitement,
la tendance paternaliste à penser que les médecins et les patients ne
doivent pas en savoir trop long sur les effets indésirables des médicaments est déplorable. Lors d'un débat auquel je participais à la
Faculté de médecine de l'Université de Montréal, un médecin disait
que les meilleurs patients sont ceux qui connaissent les tenants et
aboutissants de leur maladie, des remèdes et des traitements qu'on
leur propose. Dans le cas du Vioxx, de les avoir laissés dans un trou
noir est d'autant plus incompréhensible que ce produit n'a jamais
sauvé de vies et qu'il existe d'autres solutions pour traiter l'arthrite
et la douleur aiguë.

Chronologie des événements

1986   <Mise au point du Vioxx dans les laboratoires montréalais de la firme.

1997   <Des courriels internes montrent que les scientifiques de Merck sont préoccupés par la sécurité cardiovasculaire du Vioxx.

1998-1999   <Lors de l'étude 090 d'une durée de six semaines, trois personnes traitées au Vioxx subissent une crise cardiaque contre aucune dans les groupes témoin.

1999   <En mai, le Vioxx obtient le feu vert de la FDA. Il reçoit le prix Galien la même année.

2000   <En avril, Merck confirme l'innocuité cardiovasculaire du Vioxx.

              <Des documents internes révèlent que Merck voulait faire tester la sécurité de son remède par des chercheurs. En mai, un cadre supérieur en décide autrement.

              <Production d'une vidéo à l'intention des RIP. Le message? Le Vioxx n'accroît pas le risque de crise cardiaque.

              <L'étude VIGOR, conduite de 1999 à 2000, est publiée en novembre. Les patients testant le Vioxx sont victimes de cinq fois plus de crises cardiaques que ceux qui prenaient un médicament de référence.

2001   <Merck demande à ses RIP d'éviter toute discussion au sujet de l'étude VIGOR.

              <En mai, Merck re-confirme la sécurité de son produit.

              <Dépôt d'une demande de brevet pour un Vioxx moins toxique pour le cœur.

<En septembre, la FDA blâme Merck d'avoir trompé le public au sujet de la sécurité du Vioxx.

<Premières poursuites contre Merck.

2002   <En avril 2002, la FDA ordonne à la compagnie d'inclure des précisions sur la sécurité cardiovasculaire de son produit.

2004   <En septembre, la multinationale procède au retrait volontaire du Vioxx après analyse des données de l'étude APPROVe d'une durée de trois ans.

2005   <Des experts recommandent le retour du Vioxx.

<En août, Merck perd son premier procès. La compagnie ira en appel.

2006   <Au cours d'un procès tenu en avril, Merck est reconnue coupable d'avoir trompé la FDA au sujet de l'innocuité de son médicament.

<En mai, la compagnie affirme qu'elle a commis une erreur d'analyse statistique en postulant que le Vioxx causait des crises cardiaques seulement après 18 mois de consommation continue.

Worst Pills Best Pills

Un guide qui pourrait vous sauver la vie

WORST PILLS BEST PILLS (*WPBP*) est un guide publié par l'organisation de défense des consommateurs Public Citizen de Washington. L'une des branches de Public Citizen est le Health Research Group (HRG), dirigé par le docteur Sidney Wolfe. Le HRG publie également un bulletin mensuel qui renseigne les consommateurs sur les derniers développements en matière de médicaments et de dispositifs médicaux. Public Citizen ne reçoit aucun financement du gouvernement, des entreprises ou de l'industrie pharmaceutique et vit des contributions de ses 100 000 membres. Cette organisation a été fondée en 1971 par l'infatigable avocat des consommateurs Ralph Nader, deux fois candidat à la présidence des États-Unis.

WPBP, un guide volumineux de 813 pages, s'est vendu à 2 225 000 exemplaires pour la modique somme de 19,95 $ l'unité. C'est peu pour un guide qui pourrait vous sauver la vie ou vous éviter des souffrances inutiles. La dernière version du guide analyse 538 médicaments dont *181 que les patients ne devraient pas utiliser à cause de leur potentiel de toxicité*; il propose aussi des solutions alternatives plus sécuritaires. Il comprend une analyse des 200 produits les plus prescrits aux États-Unis — ce sont sensiblement les mêmes qu'on retrouve au Canada — ainsi que des 13 des suppléments alimentaires les plus populaires.

Les recommandations des auteurs du guide sont rédigées dans un langage simple, fondées sur des analyses rigoureuses et sur les meilleures preuves que la science est en mesure de produire. Le HRG est l'une des organisations à l'origine du retrait de nombreux médicaments dangereux, comme les anti-inflammatoires Vioxx et Bextra, le Rezulin utilisé dans le traitement du diabète et le réducteur de cholestérol Baycol .

En 1997, 18% des 39 nouveaux médicaments approuvés par la FDA furent retirés de la circulation ou forcés d'apposer l'avertissement le plus fort de l'agence, le « black box warning ». Un article du *Journal of the American Medical Association* auquel a collaboré le docteur Sidney Wolfe, *a montré que sur une période de 25 ans 10,2 % des nouvelles entités moléculaires* (contenant un ingrédient actif qui n'a jamais été commercialisé auparavant) *font l'objet d'un « black box warning » ou sont retirés de la circulation*[366]. Aux États-Unis, près de 20 millions de patients ont été exposés à au moins l'un des cinq médicaments qui ont été retirés du marché entre septembre 1997 et septembre 1998. Des médicaments d'ordonnance que le HRG suggérait de retirer du marché, les *deux tiers l'ont été*. Dans certains cas, ces avertissements sont venus jusqu'à trois ans avant leur retrait. Trois ans de trop.

Dix règles pour l'utilisation sécuritaire des médicaments

Le HRG propose 10 règles à suivre pour une utilisation sécuritaire des médicaments :

• Faites une liste de tous les médicaments et des suppléments alimentaires que vous prenez et soumettez-la à votre médecin. Cette liste devrait comprendre les raisons pour lesquelles vous prenez ces médicaments, leurs interactions avec d'autres produits, notamment l'alcool, leurs effets indésirables potentiels et leur efficacité.

• Assurez-vous que la thérapie proposée est véritablement nécessaire, le principe de base étant d'utiliser le moins de médicaments possible.

- Si une thérapie médicamenteuse est nécessaire, commencez avec la dose la plus faible possible après discussion avec votre médecin.

- Lorsque vous ajoutez un nouveau produit à votre traitement, évaluez la possibilité d'éliminer un autre médicament.

- À tous les trois à six mois, évaluez avec votre médecin s'il est nécessaire de continuer à prendre les médicaments qui vous sont prescrits.

- Faites preuve de vigilance à l'égard de tout effet indésirable que vous pourriez éprouver : dépression, hallucinations, confusion, mouvements involontaires, nausées, constipation, incontinence, etc.

- Si après avoir pris un médicament vous éprouvez des réactions que vous n'avez jamais ressenties auparavant, demandez-vous si elles ne seraient pas le résultat de votre traitement.

- Avant de quitter le bureau du médecin ou la pharmacie, assurez-vous que les instructions pour la prise de votre médicament sont claires pour vous et informez-en vos proches.

- Jetez tout médicament dont vous n'avez plus besoin. Ne les donnez jamais à quelqu'un d'autre.

- Si vous consultez un spécialiste et qu'il vous prescrit un nouveau médicament, demandez à votre médecin de famille de vérifier les interactions possibles avec les autres produits que vous utilisez[367].

Le site Internet du HRG fournit une véritable mine d'informations, dont plusieurs sont accessibles gratuitement. L'abonnement à la publication mensuelle de *WPBP* donne accès, pour une somme plus que raisonnable, à l'ensemble des informations du site dont l'adresse est : http://www.citizen.org/hrg/.

Des conseils de Consumer Reports

L'organisme de défense des consommateurs américains Consumer Reports a identifié un certain nombre de médicaments à risque élevé. Ces produits ont des effets indésirables que la FDA n'avait pas détectés ou qu'elle avait sous-estimés au moment de leur homologation.

La plupart des risques qu'ils représentent sont relativement rares et certains d'entre eux n'ont pas été démontrés hors de tout doute. Mais ces risques sont suffisamment sérieux pour que ces produits soient prescrits uniquement quand toutes les autres alternatives ont échoué. Cette liste n'est pas exhaustive.

Liste de médicaments de Consumer Reports comportant des risques élevés

Médicament	Indication	Peut causer
Celebrex	Douleur et inflammation.	Crises cardiaques et AVC.
Hormones (Premarin, Prempro et autres)	Symptômes de la ménopause.	Risques accrus de cancer du sein, AVC, maladies coronariennes, caillots.
Accutane	Acné.	Malformations congénitales, dépression, psychose, tendances suicidaires.
Ovide	Poux.	Inflammabilité des cheveux et neurotoxicité.
Depo-Provera	Contraception.	Perte irréversible de masse osseuse.
Lariam	Prévention de la malaria pour les voyageurs.	Anxiété, paranoïa, hallucinations, dépression.
Crestor	Cholestérol.	Plus à risque que les autres statines de causer des dommages aux muscles et aux reins particulièrement chez les personnes d'origine asiatique.

Médicament	Indication	Peut causer
Serevent	Asthme.	Risque accru de mortalité due à l'asthme surtout chez les Afro-Américains.
Meridia	Agent anti-obésité.	Accroissement de la pression sanguine et du rythme cardiaque, crise cardiaque, problèmes de mémoire (voir **Xenical**).
Prozac, Paxil, Effexor, etc.	Anxiété et dépression.	Suicidalité (voir **antidépresseurs**).
Zelnorm	Syndrome du côlon irritable, constipation.	Diarrhée potentiellement sérieuse et autres problèmes intestinaux.

Source : *Consumer Reports*, janvier 2006, www.consumerReports.org, p. 39.

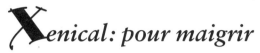

Xenical : *pour maigrir*

Efficacité très modeste et potentiel de toxicité inquiétant

Cher la livre

COMMENÇONS PAR LE MOINS PIRE. Vous paierez environ 1800 dollars canadiens par année — autour de 2200 $ US aux États-Unis — pour un médicament qui vous fera perdre 2,8 % de votre poids après un traitement de *quatre* ans. Au cours de ces quatre années, les patients sur Xenical sont passés d'une moyenne de 242 à 229 livres. Ils ont perdu 13 livres (six kilos) après avoir allongé autour de 8800 $. Cela fait quelque 677 $ la livre. *Quant aux patients sur placebo, ils ont perdu 6 livres de moins que les patients traités au Xenical. Par ailleurs, les deux groupes suivaient une diète faible en calories, recevaient les conseils d'un diététiste et poursuivaient un programme d'activités physiques*[368]. Qu'est-ce qui leur a fait perdre ces six kilos ? Le médicament ou le programme de suivi dont ils étaient l'objet ? Bref, pas très efficace, la pilule, surtout si l'on calcule que les patients traités au Xenical n'ont perdu que sept livres de plus que ceux du groupe témoin. Le Health Research Group vient de lancer une pétition pour le retrait du Xenical. En 2004, le médicament enregistrait des ventes mondiales de 500 millions de dollars.

Des effets indésirables soupçonnés et inquiétants

Lorsque la FDA a approuvé le médicament, l'agence indiquait qu'il n'y avait aucune preuve qu'il apportait un bénéfice quelconque sur le plan de la santé. Cet agent anti-obésité n'a pas été approuvé initialement parce que l'agence avait observé 10 cas de cancer du sein chez les patientes traitées au Xenical dans sept essais cliniques contre un seul dans le groupe témoin. Ces résultats ont amené l'évaluateur de la FDA à annuler son approbation initiale du Xenical. Entre 1999 et 2005, 28 cancers du sein ont été répertoriés chez les consommatrices de ce produit inventé par Roche. La société suisse fait décidément beaucoup parler d'elle depuis un certain temps.

Des recherches récentes chez les rats et sur les humains ont amené des chercheurs à soupçonner que le médicament *pourrait* créer des lésions pré-cancéreuses au côlon. Bien que le lien de causalité n'ait pas été encore établi entre le médicament et le cancer du côlon, cette découverte est préoccupante de l'avis de certains spécialistes, car de telles lésions sont généralement la première étape dans une série d'événements qui mènent à la maladie. Deux chercheurs financés par l'Institut national du cancer ont constaté l'existence d'un lien entre l'utilisation du Xenical et ces lésions. Ces deux médecins, signataires de la pétition du Health Research Group, ont publié 42 documents sur le cancer colorectal, dont 15 portant spécifiquement sur cette condition. Au moment de son approbation, l'évaluateur de la division des médicaments gastro-intestinaux de la FDA recommandait la surveillance post-marketing des personnes à risque de contracter le cancer du côlon et de celles qui présentaient des prédispositions ou des lésions qui pourraient s'avérer malignes.

Le *Bulletin canadien des effets indésirables* a signalé des cas de pancréatite et de cholécystite (inflammation de la vésicule biliaire) associés à cet agent anti-obésité[369]. Le *Bulletin* est muet sur le nombre de cas signalés et une recherche sur le site de la Direction des produits thérapeutiques de Santé Canada n'a pas permis d'en savoir plus.

Des effets indésirables moins graves mais gênants

Si le lien entre le Xenical et le cancer du côlon exige d'être confirmé, d'autres effets indésirables du médicament sont connus et plutôt gênants. Le produit, qui agit en prévenant l'absorption des graisses par l'organisme, est responsable de toute une série de symptômes gastro-intestinaux plus désagréables les uns que les autres : flatulences qui s'accompagnent d'expulsion d'excréments, diarrhées, besoin urgent et fréquent d'aller à la selle, excréments graisseux et incontinence fécale. Les flatulences accompagnées d'expulsion d'excréments survenaient chez 25 % des patients.

Le Xenical est également responsable de la perte de vitamines consécutivement à l'expulsion des matières graisseuses. Ce sont les vitamines A, D, E, K et le bêtacarotène. Le scientifique de la FDA suggérait qu'une étude post-marketing se penche sur la nécessité d'administrer des suppléments de vitamines aux consommateurs de Xenical.

Bientôt en vente libre ?

Roche a cédé la licence du Xenical à GlaxoSmithKline (GSK) pour le format en vente libre. Elle a obtenu 100 millions de dollars et une somme non divulguée en redevances sur les ventes[370]. Le Xenical sera disponible sous le nom d'Alli, en version de 60 mg, soit la moitié de la dose vendue sur ordonnance. La FDA estime que les résultats obtenus par la version en vente libre, recommandée pour une période de six mois, sont discutables. Selon les mots de l'évaluateur « on ne sait pas clairement quel sera le bénéfice obtenu par le consommateur qui achètera orlistat (nom générique du Xenical) sur une période de six mois ». Il estime qu'il n'existe aucune preuve qu'il réduira les risques de maladies associées à un surplus de poids[371]. Le comité de la FDA soulignait que des patients atteints de diabète et ceux qui prennent des médicaments anti-rejet ne devraient pas utiliser ce produit et se demandait s'ils pourraient faire un choix éclairé sans l'avis d'un médecin.

En dépit de toutes ces restrictions, GSK a obtenu une lettre disant que le produit en vente libre sera approuvé à condition qu'elle réponde à certaines questions des évaluateurs, questions dont on ignore la teneur puisque l'agence n'est pas tenue de les révéler. Un des membres du comité d'experts de la FDA devant recommander la version en vente libre du Xenical affirmait qu'il n'a jamais été informé que le médicament serait susceptible de causer des lésions précancéreuses: « C'est la première fois que j'en entends parler »… « Ceci ne figurait pas dans les documents que nous avons examinés. À moins que le fabricant, la FDA ou qu'un témoignage nous en informent, nous n'avons aucun moyen de le savoir[372] ».

Le produit n'a pas encore reçu son approbation officielle que, déjà, l'imposante machine du marketing est en marche. Dans un reportage ressemblant davantage à une réclame publicitaire qu'à un article d'information, le *New York Times* — qui, soyons justes, est souvent une excellente source d'information — présentait le cas d'un cadre de GSK. C'est un colosse de près d'un mètre 90 faisant osciller la balance à 123 kg qui sera responsable de la mise en marché d'Alli. Il deviendra le panneau réclame vivant du médicament. Au cours des trois dernières années il a perdu 27 kilos pendant son traitement au Xenical. C'est *21 kilos de plus* que la moyenne des participants aux essais cliniques. Il avoue que sa performance est supérieure à celle de l'utilisateur moyen parce qu'il s'en est tenu strictement à sa diète et à son programme d'activité physique. Bref, il y a là quelque incongruité : il a suivi son programme d'amaigrissement pendant trois ans avec une dose de médicament deux fois plus importante, sur une période six fois plus longue que celle qui est préconisée pour le produit en vente libre. Il faut dire que le marché des gadgets amaigrissants représente 15 milliards de dollars aux États-Unis.

Une feuille de route désastreuse pour les anorexigènes
L'autre anorexigène approuvé par les autorités médicales, le Meridia, également disponible au Canada, ne constitue pas une solution de rechange intéressante. Sur le plan de l'efficacité, sa feuille de route est semblable au Xenical et il a été lié à des effets indésirables graves pour le cœur. En un peu plus de huit mois au cours de 2003, Santé Canada recevait 53 rapports d'effets indésirables associés au Meridia : augmentation de la tension artérielle, du rythme cardiaque et troubles de la vue[373].

La base de données de la FDA signale 49 décès de causes cardio-vasculaires chez les utilisateurs de ce médicament entre le moment où il a été approuvé en février 1998 et mars 2003. Ces mêmes données révèlent l'existence de 124 incidents cardiovasculaires sérieux en l'espace de 18 mois. Le Meridia a été lié à toute une série d'événements indésirables chez le fœtus : malformations, enfants morts-nés, avortements spontanés, etc.[374]. Le comité d'experts de la FDA responsable de l'évaluation du médicament recommandait d'en rejeter l'approbation par un vote de 5 contre 4 parce que les risques excédaient les bénéfices. Au moment où il fut présenté aux autorités européennes, la Belgique a entrepris des actions pour en faire bloquer l'homologation pour des raisons de sécurité et de manque d'efficacité[375]. Ce produit fait partie des cinq médicaments que le docteur Graham de la FDA suggérait de restreindre sévèrement ou de retirer du marché, dans son témoignage devant le Congrès.

Dans une pharmacie de Montréal appartenant à l'une des grandes bannières, le feuillet de *désinformation* résume les effets secondaires du Meridia : insomnie, constipation, bouche sèche, maux de tête. Rien sur les effets cardiovasculaires. Le tout pour un traitement annuel de 1847,88 $ canadiens.

Wyeth, le fabricant de Redux, est toujours aux prises avec des poursuites totalisant 21 milliards de dollars, dix ans après le retrait de cet agent anti-obésité[376].

Votre coffre à pharmacie contient peut-être des produits qui vous font prendre du poids. C'est le cas des médicaments contre le diabète, de certains antipsychotiques (voir **Zyprexa**), de divers médicaments contre la haute pression, des corticostéroïdes, des antihistaminiques et des antidépresseurs lorsqu'ils sont pris sur une longue période. Des patients consommant des antipsychotiques ont gagné jusqu'à 45 kilos sur une période de 9 à 12 mois[377].

Nous vivons dans un environnement obésogène. La nourriture est disponible en quantité et en tout temps ; nous sommes sollicités par la publicité qui nous encourage à commander une pizza à toute heure du jour ou de la nuit ; les portions servies dans les restaurants sont généreuses, pour quelques sous de plus il est possible de commander une frite et une boisson gazeuse qui contiendront 400 calories supplémentaires et, en 30 ans, les assiettes sont passées de 25 à 35 cm à New York. Depuis 1976, la consommation de sucre, de viande rouge et de laits plus riches en gras a diminué, mais nous consommons 2000 calories de plus par semaine qu'il y a 30 ans[378]. Nous mangeons environ 1300 calories de trop chaque jour et à cause des conditions de vie stressantes, la nourriture est devenue un refuge, une façon de remplir le vide de nos existences.

Moins mais mieux

Nous savons qu'une alimentation faible en calories et riche en nutriments prolonge la vie des singes, des rats et des souris en prévenant les maladies cardiaques et le diabète. Ce type d'alimentation diminue les taux d'insuline et la température du corps qui sont des signes de longévité, ainsi que le taux des hormones thyroïdiennes et les dommages à l'ADN.

Une équipe de l'Université du Wisconsin a étudié 76 singes rhésus sur une période de plus de 10 ans. Quatre-vingt-dix pour cent des singes qui ont suivi une diète faible en calories sont toujours en vie par comparaison à 70 % du groupe témoin. On a enregistré deux cas de cancer contre cinq dans le groupe témoin et celui-ci présentait un taux de mortalité deux fois plus élevé de maladies liées à l'âge, telles que des défaillances cardiaques et le diabète.

Y a-t-il un pilote dans la barque de la FDA ?

Des normes insuffisantes pour la sécurité des médicametnts

La FDA ne dispose pas de moyens clairs et efficaces pour prendre des décisions afin d'assurer la surveillance adéquate des médicaments les plus populaires.

GOVERNMENT ACCOUNTABILITY OFFICE

La roulette russe

POUR LES RAISONS QUE NOUS AVONS ÉVOQUÉES (voir **essais cliniques**), nombre d'études sont défaillantes et n'arrivent pas à démontrer de façon satisfaisante que les médicaments sont à la fois efficaces et sécuritaires. Les essais cliniques ne sont pas seuls en cause. Les critères des agences de contrôle pour déterminer la sécurité des médicaments garantissent que des produits dangereux vont se retrouver sur le marché. Tel est le point de vue du Dr David Graham, le mouton noir de la FDA.

Quand un médicament est approuvé par une agence de contrôle, celle-ci exige que sa probabilité d'efficacité soit de 95 %. Ce critère d'efficacité protège les patients contre un médicament qui ne fonctionne pas. Cependant, c'est le même critère qui prévaut sur le plan de la sécurité et c'est ici que les choses se gâtent. *Un médicament est sécuritaire jusqu'à ce vous puissiez démontrer avec un taux de confiance de 95 % ou plus* qu'il ne l'est pas. En plaçant la barre aussi haut, il est pratiquement impossible d'établir que le médicament est potentiellement dangereux. Pour arriver à un degré de certitude de 95 % de dangerosité, il est nécessaire d'organiser des essais cliniques d'envergure, regroupant un grand nombre de sujets et qui s'étendent sur une assez longue période. Ce qui n'arrive pratiquement jamais. C'est dans la vraie vie, après l'approbation du médicament, que nous apprenons son degré réel de dangerosité.

Quand la météo annonce que la probabilité d'averses est de 80 %, la plupart des gens prennent leur parapluie. En transposant les critères des agences de contrôle à ce cas, il faudrait attendre que les probabilités d'averses soient de 95 % avant de prendre un parapluie. Graham a recours à une image plus forte pour illustrer son propos. Imaginez un pistolet de 100 chambres dans lequel vous disposez 95 balles au hasard. Le pistolet représente le médicament et les balles un risque de sécurité. D'après les critères des agences de contrôle, c'est au moment où le *pistolet contient 95 balles ou plus qu'un problème de sécurité se pose*. Si vous retirez cinq balles au hasard, il reste 90 balles dans les 100 chambres. Parce qu'il n'y a que 90 % de risques que le médicament représente un danger, les agences de contrôle concluent que le pistolet n'est pas chargé et que le médicament est sécuritaire[379].

Le Congrès blâme la FDA

Depuis 2000, 10 médicaments ont dû être retirés de la circulation à cause des torts qu'ils ont infligés et des décès qu'ils ont provoqués. Une enquête sénatoriale a découvert que la FDA est de plus en plus complaisante à l'égard de l'industrie. Entre 2000 et 2005, sous le règne de Bush fils, le nombre de lettres d'avertissement émises contre les sociétés pharmaceutiques et les fabricants de dispositifs médicaux a chuté de 54 %, pendant que la saisie de produits dangereux, défectueux ou mal étiquetés diminuait de 44 %[380].

En avril 2006, le Congrès américain publiait un rapport accablant sur les ratés de l'agence et sur son incapacité à assurer la sécurité des médicaments. Le rapport du Government Accountability Office pointe la désorganisation, les chicanes internes et l'incapacité de l'agence à forcer les fabricants à conduire les essais cliniques nécessaires pour en préciser l'efficacité et la sécurité. Une fois que les nouveaux médicaments sont sur le marché, l'agence demande aux fabricants de conduire des études pour en tester l'efficacité et la sécurité. C'est ici que le bât blesse et doublement. D'une part, cela implique que toutes les études nécessaires pour tester l'efficacité et la sécurité des médicaments n'ont pas été conduites *avant* leur homologation. D'autre part, comme la FDA le signalait en mars 2006, les deux tiers des études demandées et promises par les fabricants n'ont jamais débuté. On joue ainsi au poker avec la vie et la santé des gens. Le sénateur républicain Charles E. Grassley, qui préside le comité des finances du Sénat, souligne que ce rapport démontre que les problèmes de la FDA ne sont pas des problèmes isolés qui pourraient s'arranger facilement. Ce sont des « problèmes systémiques attribuables à la culture » qui règne à l'agence. Le rapport reprend plusieurs des critiques formulées par David Graham. Lorsque les spécialistes en matière de sécurité des médicaments sonnent l'alarme, ils ont l'impression que leurs recommandations tombent dans un trou noir. Les plus hauts responsables de la FDA empêchent des spécialistes de la sécurité des médicaments de présenter leurs découvertes dans des forums publics et les tensions font partie du menu quotidien entre ceux qui approuvent les médicaments et ceux qui sont chargés de veiller à leur sécurité.

Le docteur Curt Furberg (voir **hypertension**) pense que ce rapport était attendu depuis longtemps. « Le Bureau de surveillance de la sécurité des médicaments à la FDA n'a pas de pouvoir ni d'argent comme le démontre le rapport[381]. »

L'ancien D.G. de Santé Canada joint sa voix au concert

Comme les règles de Santé Canada sont essentiellement les mêmes que celles de la FDA, ces conclusions sont généralement valables pour Santé Canada. Dans une certaine mesure, c'est ce que confirme l'ancien directeur général de l'agence, le docteur Robert Peterson, qui dirige maintenant le British Columbia Child and Youth Health Centre Research Network. « *En matière de sécurité, la réglementation internationale est adéquate dans 75 % des cas [...] Mais dans environ 20 % des cas, les informations touchant la sécurité des médicaments font surface après leur mise sur le marché*[382] » (je souligne).

« En focalisant étroitement sur les exigences avant la mise en marché du produit », la réglementation actuelle est « inadéquate ». Le docteur Peterson propose que des règles claires soient établies pour :

- contrôler les essais cliniques suivant la commercialisation du produit ;

• émettre des licences provisoires conditionnelles à des études complémentaires;

• assurer l'information complète des prescripteurs et des patients.

Le système actuel, fondé sur l'autoréglementation, ne fonctionne pas. En dépit des promesses de l'industrie, les essais exigés par les agences de contrôle ne sont pas complétés ni même commencés. En outre, Santé Canada n'a pas l'autorité pour exiger des fabricants des changements à la monographie d'un produit, sauf pour les forcer à le retirer du marché. Santé Canada n'exige pas que l'information transmise aux prescripteurs à propos des nouveaux médicaments le soit à des *fins strictement éducatives*. Il est *totalement absurde* de croire que les monographies qui accompagnent les médicaments fournissent aux médecins la *compétence* nécessaire pour prescrire un produit. La monographie pourra dire qu'il est important de surveiller les effets du produit sur le foie, mais elle n'expliquera pas pourquoi cette mesure est d'une importance capitale.

En Europe, une licence provisoire pour un médicament doit être renouvelée annuellement. Cette mesure, qui n'existe pas ici, pose des limites à la prescription de médicaments. En outre, elle implique que des rapports rigoureux sur les effets indésirables soient faits régulièrement et peut exiger qu'un essai compare le médicament à un produit existant.

Une réforme en profondeur est nécessaire à Santé Canada et à la FDA: les recommandations de l'Institute of Medicine

En septembre 2006, l'Institute of Medicine des États-Unis remettait un rapport accablant sur les failles du processus d'homologation des médicaments et des dispositifs médicaux et proposait une réforme en *profondeur*. Les recommandations de l'Institute of Medicine tombent sous le sens et sont transposables au Canada, dans la mesure où une entente de principe était signée récemment entre la FDA et la DPT pour harmoniser le processus d'approbation des médicaments dans les deux pays.

Le comité est particulièrement sévère à l'endroit des « frais aux usagers », (le fait que les sociétés pharmaceutiques contribuent jusqu'à 50 % du budget de la FDA pour l'approbation de leurs produits). Il recommande ni plus ni moins d'abolir cette pratique: « Le comité favorise un financement public adéquat du processus d'homologation pour remplacer "les frais aux usagers"[383]». Cette pratique biaise le processus d'approbation en favorisant l'homologation *rapide* des médicaments et dispositifs médicaux au détriment de l'évaluation des risques et des dangers qu'ils présentent.

Selon les recommandations de l'institut, la FDA doit:

- avoir le pouvoir d'exiger des études de suivi sur les risques posés par les médicaments une fois qu'ils sont commercialisés;

- pouvoir imposer des amendes, émettre des injonctions ou retirer un produit lorsque le fabricant refuse de se conformer aux demandes de l'agence pour des études complémentaires sur la sécurité d'un médicament;

- mettre en place un système de surveillance adéquat sur les effets indésirables des médicaments;

- apposer un triangle noir pour une période de deux ans sur tout nouveau médicament pour avertir le consommateur que la sécurité du produit est plus problématique que celle des anciens médicaments dont les effets sont connus;

- limiter la publicité directe au consommateur pour une période de deux ans pour tout nouveau produit;

- rendre obligatoire l'enregistrement détaillé auprès d'un organisme gouvernemental de presque [?] tous les essais cliniques;

- rendre disponible auprès du public toute l'information pertinente au sujet des médicaments et dispositifs médicaux;

- exclure les membres des comités d'experts chargés de conseiller la FDA s'ils sont en conflit d'intérêts au sujet du produit qu'ils recommandent;

- ré-évaluer les données sur la sécurité des médicaments tous les cinq ans;

- avoir les ressources et le personnel nécessaires pour assurer la sécurité des médicaments et des dispositifs médicaux.

Toutes ces recommandations sont plus que pertinentes pour Santé Canada et vont dans le sens même des revendications de son ancien directeur général Robert Peterson. Ajoutons à cette liste que le Bureau de recherche sur les médicaments, aboli en 1997, devrait être rétabli (voir **frais aux usagers**). Le gouvernement Harper dispose de surplus importants qu'il doit affecter à cette tâche et tout manque d'action à ce sujet met nos vies, notre sécurité et celle de nos enfants en danger. Il est plus que temps que le gouvernement canadien mette sur pied une commission sur la sécurité des médicaments. Pour une fois que son alignement sur les États-Unis profiterait au vaste public…

Zyprexa

Payé 200 fois trop cher par la RAMQ et diabète à la clé

ZYPREXA, fabriqué par Eli Lilly, est indiqué pour traiter la schizophrénie et la maniacodépression chez les adultes. Il appartient à la deuxième génération d'antipsychotiques (en compagnie du Risperdal, du Seroquel et du Geodon), qui coûtent des dizaines de fois plus cher qu'un ancien produit, la perphénazine, et s'accompagnent d'effets indésirables potentiellement mortels. On évalue que 2,5 millions d'enfants sont traités aux antipsychotiques aux États-Unis.

Une étude contrôlée en double aveugle réalisée par les Instituts nationaux de santé mentale (NIMH) et dirigée par le docteur Jeffrey A. Lieberman auprès de 1493 patients souffrant de schizophrénie comparait ces nouveautés à la perphénazine. Les auteurs de l'étude, publiée en septembre 2005 dans le *New England Journal of Medicine*, concluent que l'« efficacité de l'antipsychotique conventionnel perphénazine était semblable à celle de la quetiapine (Seroquel), de la rispéridone (Risperdal) et de la ziprasidone (Geodon) ». « L'olanzapine (Zyprexa) était le plus efficace lorsque mesuré par le taux d'interruption de la médication. » Cependant, il est lié à des effets indésirables graves tels qu'un gain de poids substantiel et l'augmentation du glucose qui accroissent le risque de contracter le diabète[384].

En raison de leurs effets indésirables graves ou de leur inefficacité à contrôler les symptômes, le taux d'interruption de ces médicaments variait entre 64 % pour le Zyprexa et 74 % à 82 % pour les quatre autres médicaments. Durant l'étude d'une durée de 18 mois, la plupart des patients ont interrompu leur médication. À 74 %, le taux d'abandon de la perphénazine était inférieur à celui des autres médicaments de la nouvelle génération, à l'exception du Zyprexa. L'efficacité légèrement supérieure du Zyprexa « était contrebalancée par le fait qu'il est moins tolérable et moins sécuritaire que les autres antipsychotiques[385] ».

Aux États-Unis ces nouveautés coûtent de trois à 10 fois plus cher que la perphénazine. Au Québec, le Zyprexa est remboursé par la Régie de l'assurance maladie au taux de 10,12 $ canadiens le comprimé de 15 mg et le Risperdal au taux de 3,83 $. Un comprimé de 16 mg de perphénazine coûte 0,055 $[386]. Ces taux représentent des déboursés qui sont *200 et 76 fois plus élevés* par rapport au vieux médicament, pour des doses équivalentes, selon mon pharmacien.

Une autre section de l'étude révélait qu'un des plus vieux produits sur le marché, la clozapine, est le médicament le plus efficace pour traiter les formes les plus sévères de la schizophrénie. Ironiquement, c'est le médicament qui se vend le moins. Les patients pouvaient tolérer la clozapine autour de 11 mois par comparaison à trois mois pour le Seroquel, le Risperdal ou le Zyprexa[387]. Si les médecins ne l'utilisent pas, c'est qu'il peut s'accompagner d'effets indésirables sévères et qu'il exige un suivi attentif.

Des médicaments reliés à des centaines de morts

Le Dr Graham, de la FDA, soulignait en novembre 2005 que ces nouveautés sont prescrites pour des usages *qui ne sont pas approuvés par les autorités sanitaires. Elles sont employées pour contrôler les vieillards souffrant de démence et les enfants ayant des problèmes de comportement.* Leur utilisation chez les enfants souffrant de problèmes tels que de l'agressivité et des changements d'humeur a été multipliée par cinq entre 1993-1995 et 2002. Ces médicaments n'ont jamais été approuvés pour traiter les enfants. Un professeur de psychiatrie de l'Université Duke est d'avis qu'on « se livre à des expériences avec la vie des jeunes américains[388]. »

Selon Graham, ces médicaments peuvent causer des torts irréversibles. En plus du diabète, ils sont susceptibles de provoquer des problèmes cardiaques et la mort. Graham affirme que ces utilisations non conformes à l'indication autorisée — connues de la FDA — pourraient avoir entraîné 62 000 morts supplémentaires par année.

Parmi les autres effets indésirables des nouveaux antipsychotiques, mentionnons des fractures de la hanche, des problèmes nerveux — mouvements involontaires des membres, de la langue et des lèvres — des symptômes semblables à la maladie de Parkinson, de la nervosité, l'abaissement de la pression sanguine, des attaques cérébrales et de la fatigue[389].

L'étude des bases de données de la FDA entre 2000 et 2004 révèle que ces médicaments seraient à l'origine de 1328 rapports d'effets indésirables graves et ils sont considérés comme suspect numéro un dans le décès d'au moins 45 enfants. La plus jeune victime avait quatre ans et prenait 10 autres médicaments. Un pharmacologue du Vanderbilt Medical School rappelle que seulement 1 % à 10 % des effets indésirables sont soumis aux agences de contrôle et le nombre de cas réels est beaucoup plus élevé. Entre 2001 et 2005, le gestionnaire de programmes d'assurance médicaments, Medco, a enregistré une augmentation de 80 % dans l'utilisation des nouveaux antipsychotiques chez les 19 ans et moins.

Plusieurs psychiatres craignent qu'on en fasse un usage abusif chez les enfants. Ils soulignent que la schizophrénie et la maladie bipolaire sont difficiles à diagnostiquer chez les enfants. Ces deux maladies graves sont souvent confondues avec le trouble du déficit de l'attention, la dépression et des conditions résultant de facteurs environnementaux ou de l'abus de drogues illégales[390].

Le groupe Alliance for Human Research Protection (AHRP) révèle que *8000 patients qui ont contracté le diabète* ont obtenu 700 millions de dollars de dommages du fabricant de Zyprexa[391]. AstraZeneca, le fabricant de Seroquel, fait face à des poursuites pour les mêmes raisons. Les avocats de la poursuite allèguent que les fabricants ont dissimulé les effets indésirables de leurs médicaments.

En avril 2005, la FDA demandait aux fabricants d'apposer un avertissement à l'effet que les antipsychotiques de deuxième génération peuvent accroître le risque de décès cardiovasculaire[392].

Quand le Zyprexa a été approuvé par la FDA, l'agence signalait que les essais cliniques, d'une durée de six semaines, comportaient de nombreuses failles et que le médicament provoquait des effets indésirables chez 22 % des patients, essentiellement les mêmes que ceux décrits plus haut. Le psychopharmacologue David Healy indiquait qu'aucun autre antipsychotique dans l'histoire n'avait enregistré des taux de suicide et de tentatives de suicide aussi élevés lors des essais pré-marketing[393].

La psychiatrie dans tous ses états

Les tribulations d'un psychiatre de Yale spécialiste de la schizophrénie illustrent bien les interrogations et les tourments de la psychiatrie moderne depuis une cinquantaine d'années. Pendant longtemps, le docteur McGlashan a soigné ses patients en ayant recours à la psychanalyse que Freud n'avait pas particulièrement conçue pour traiter les psychoses. En 1984, il considérait que ses patients n'avaient pas bénéficié de ce traitement et publiait une étude remettant cette approche en question.

Dans les années 1990, le docteur McGlashan, comme tant d'autres psychiatres, se tournait vers la biologie pour trouver des réponses. Il a participé à une étude controversée qui a recruté une soixantaine d'individus sains, surtout des adolescents, mais à risque de développer une psychose. L'interprétation des symptômes psychiatriques est un exercice ardu relevant davantage de l'art que de la science. Ces risques seraient de 8 % à 15 % chez ceux qui ont une sœur ou un frère schizophrène et de 25 % à 50 % chez ceux qui manifestent des signes précurseurs[394].

Les nouveaux antipsychotiques arrivaient sur le marché et la recherche, débutée en 1997, était financée par Eli Lilly et l'Institut national de santé mentale. En dépit de leurs effets indésirables importants, McGlashan considérait que les patients semblaient mieux les tolérer que les anciens médicaments. Les tests qu'il avait développés pour dépister les cas les plus à risque se sont avérés décevants et beaucoup moins fiables qu'il ne le croyait. En outre, plus des deux tiers des participants à l'étude ont abandonné.

En mai 2006, le docteur McGlashan rapportait que «ces médicaments étaient plus susceptibles d'induire un surplus de poids chez ses patients que de produire un résultat durable et significatif». Encore une fois, il remettait en question ses convictions les plus profondes. «Je ne crois pas que ces médicaments peuvent empêcher l'apparition d'une psychose avérée ; ils ne feront que la retarder. » Il a décliné une invitation pour participer à un débat sur la question. Les organisateurs voulaient qu'il prenne position en faveur du traitement préventif de la psychose chez les jeunes. Des médecins peuvent être financés par l'industrie et retenir leur indépendance professionnelle et leur intégrité ; d'autres succomberont aux charmes discrets de l'argent.

Source : Benedict Carey, « A Career That Has Mirrored Psychiatry's Twisting Path », NYT, 23 mai 2006.

Influence indue du lobby pharmaceutique auprès de G.W. Bush ?

En 2002, un inspecteur responsable de la détection des fraudes à l'emploi de l'État de Pennsylvanie, Allen Jones, révélait que des fonctionnaires en position d'influencer ce qui est prescrit dans les prisons et les hôpitaux pour malades mentaux ont reçu des sommes d'argent d'une société pharmaceutique pour que l'État adopte un programme de soins et qu'il remplace les vieux médicaments par les nouveaux sur ses formulaires. En guise de remerciements, on l'a congédié.

Le programme de soins choisi par l'État de Pennsylvanie est celui que l'État du Texas adoptait en 1997. Ce programme, connu sous l'acronyme TMAP, recommande l'emploi des nouveaux antipsychotiques et des antidépresseurs de la génération Prozac pour traiter les malades mentaux dans les hôpitaux et les prisons. Ce programme visait une clientèle importante, l'État du Texas comptant le plus grand nombre de malades mentaux et de prisonniers aux États-Unis. Ces recommandations ont été adoptées à l'époque où G. W. Bush était gouverneur du Texas. C'est à ce moment que les entreprises pharmaceutiques « ont commencé à verser des sommes d'argent généreuses aux universités texanes et aux responsables de la santé mentale[395] ». Faut-il voir dans ces nouvelles directives qui avantageaient les fabricants de ces médicaments, notamment Eli Lilly, une influence politique indue ? Rappelons que George Bush père a déjà siégé au conseil d'administration d'Eli Lilly, dont il détenait un nombre important d'actions[396].

Ces nouveaux médicaments ont été préférés aux anciens à la suite des essais cliniques postulant une efficacité et une innocuité supérieures pour ces produits par comparaison aux médicaments de la première génération. Dans une entrevue, Allen Jones a soutenu que ces essais n'étaient pas à la hauteur sur le plan scientifique et que, des 55 médecins appelés à se prononcer sur les nouvelles orientations en matière d'antipsychotiques, « 27 étaient liés à l'industrie pharmaceutique[397] ».

En octobre 2005, à la suite des révélations de l'étude des NIMH, les autorités américaines en santé mentale ont décidé d'abandonner le programme controversé de traitement adopté par le Texas, un « régime qui avait reçu l'appui du président Bush[398] ».

En avril 2005, la FDA demandait aux fabricants d'apposer un avertissement à l'effet que les anti-psychotiques de deuxième génération peuvent accroître le risque de décès cardiovasculaire[399].

Des alternatives : former du personnel qualifié

Le *British Medical Journal* suggère que du personnel qualifié constitue une alternative à l'utilisation des antipsychotiques chez les personnes âgées souffrant de troubles du comportement liés à la démence. Une recherche menée dans 12 maisons de retraite du Royaume Uni a réparti 349 patients dans deux groupes. Dans le premier groupe, le personnel a reçu un entraînement de six mois sur la façon de traiter ces patients pendant que le deuxième groupe continuait de recevoir sa médication. Un psychiatre a travaillé avec le personnel du premier groupe pour les aider à réduire la prise de médicaments. Un an plus tard, le pourcentage des patients utilisant des antipsychotiques dans les six maisons de retraite où le personnel avait été entraîné était significativement plus bas (23 %) que dans les maisons de retraite où les patients recevaient des médicaments (42,1 %)[400].

BIBLIOGRAPHIE

Publications

ANGELL, Marcia, M.D. «The Pharmaceutical Industry—To Whom is it Accountable?», *New England Journal of Medicine*, vol. 342, n° 25, 22 juin 2000.

————-. *The Truth About the Drug Companies. How They Deceive Us And What To Do About It*, New York, Random House, 2004.

Association des pharmaciens du Canada. *Compendium des produits et spécialités pharmaceutiques*, Ottawa, 2003.

BATT, Sharon. «Marcher à contre-pas : le mouvement pour la protection de la santé au Canada et le financement par l'industrie pharmaceutique», *Action pour la protection de la santé des femmes*, janvier 2005, www.whp-aspf.ca/fr/documents/doc_index-html.

BETTAYEB, Kheira. «Homéopathie. La mystification recommence», *Science & Vie*, décembre 2004.

BIRON, Pierre. *Dictionnaire de pharmacovigilance médicale*, Département de pharmacologie, Faculté de médecine, Montréal, Université de Montréal, 2e édition électronique, 1998.

———— (ed.). *Encyclopédie médicale de la famille*, Association médicale canadienne, Montréal, Sélection du Reader's Digest, 1993.

BLECH, Jörg. *Les inventeurs de maladies. Manœuvres et manipulations de l'industrie pharmaceutique*, Arles, Actes Sud, 2005.

BRUGÈRE-PICOUX, Jeanne. *Grippe aviaire. Les bonnes questions. Les vraies réponses*. Toulouse, Éditions Milan, 2006.

CASSELS, Alan. « Peddling Paranoia », *New Internationalist*, n° 362, novembre 2003.

CHAUVIN, Rémy. *Sociétés animales et sociétés humaines. La biologie de l'esprit*, Monaco, PUF/Rocher, 1999.

CHETLEY, Andrew. *Problem Drugs*, Amsterdam, Health Action International, 1993.

COHEN, David, CAILLOUX-COHEN, Suzanne, et l'AGGID-SMQ. *Guide critique des médicaments de l'âme*, Montréal, Les Éditions de l'Homme, 1995.

DIRECTION DES COMMUNICATIONS DU MINISTÈRE DE LA SANTÉ ET DES SERVICES SOCIAUX, *D'abord ne pas nuire. Les infections nosocomiales au Québec, un problème majeur de santé, une priorité*, Rapport du comité d'examen sur la prévention et le contrôle des infections nosocomiales, 2005, www.msss.gouv.qc.ca.

EHRENBERG, ALAIN. *La fatigue d'être soi. Dépression et société*, Paris, Éditions Odile Jacob, 1998.

EVEN, Philippe, Pr DEBRÉ, Bernard, Pr. *Savoirs et pouvoirs. Pour une nouvelle politique de la recherche et du médicament*, Paris, Le cherche midi, 2004.

FORTIN, Christian, Dr., BEAULIEU, Jacques. *Autopsie d'une catastrophe médicale. L'exemple du Vioxx*, Montréal, Les Éditions de l'Homme, 2005.

FURBERG, Curt D. et coll. « Major Outcomes in High-Risk Hypertensive Patients Randomized to Angiotensin-Converting Enzyme Inhibitor or Calcium Channel Blocker vs Diuretic », *Journal of the American Medical Association*, 18 décembre 2002.

GRAHAM, David, J. *Testimony of David Graham*, http://www.consumers union.org/pub/campaignprescriptionforchange/001651.html, 2004.

HAWTHORNE, Fran. *Inside the FDA. The Business And Politics Behind The Drugs We Take And The Food We Eat*, New Jersey, John Wiley & Sons, Inc., 2005.

HAILEY, David. « Scientific harassment by pharmaceutical companies : time to stop », *Journal de l'Association médicale canadienne*, 25 janvier 2000.

HEALY, David. *Let them eat Prozac*, Toronto, James Lorimer & Company Ltd., Publishers, 2003.

IOANNIDIS, John P. «Why Most Published Research Findings Are False», *PloS Medicine*, août 2005, <www.plosmedicine.org>.

KASSIRER, Jerome P., M.D. *On The Take. How Medicine's Complicity With Big Business Can Endanger Your Health*, New York, Oxford University Press, 2005.

————. «L'influence corruptrice de l'argent en médecine», *Transparency International's Global Corruption Report 2006*, version française, 13 mai 2006, http://www.transparencyinternational.org/publications/gcr/grc/_french_2006.

LACASSE, Jeffrey R., LEO, Jonathan. «Serotonin and Depression: A Disconnect between the Advertisements and the Scientific Literature», *Public Library of Science Medicine (PLoS)*, décembre 2005, Vol. 2, n° 12, p. 1211-1212. www.plosmedicine.org.

LEHMANN, Christian. *Patients, si vous saviez... Confessions d'un médecin généraliste*, Paris, Éditions Robert Laffont, 2003.

LENGLET, Roger, TOPUZ, Bernard. *Des lobbies contre la santé*, Paris, Éditions La Découverte et Syros, 1998.

LEXCHIN, Joel. «Secrecy and the Health Protection Branch», *Journal de l'Association médicale canadienne*, 8 septembre 1998.

————. «Drug Withdrawals from the Canadian market for safety reasons», 1963-2004, *JAMC*, 15 mars 2005.

————. «Bigger and Better: How Pfizer Redefined Erectile Dysfunction», *PLoS Medicine*, avril 2006.

McBANE, Michael. *Le risque d'abord, la sécurité en dernier. Manuel du citoyen pour la santé et la sécurité d'abord!*, Ottawa, Coalition canadienne de la santé, 2003.

————. *Ill-Health Canada: Putting food and drug company profits ahead of safety*, Ottawa, Canadian Centre for Policy Alternatives, 2005.

MONGEAU, Serge. *Survivre aux soins médicaux*, Montréal, Québec Amérique, 1982.

MOYNIHAN, Ray, CASSELS. Alan, *Selling Sickness*, Vancouver/Toronto, Greystone Books, 2005.

PAQUET, Ginette. *Partir du bas de l'échelle. Des pistes pour atteindre l'égalité sociale en matière de santé*, Montréal, Les Presses de l'Université de Montréal, 2005.

PATENAUDE, Dr., Robert. *La santé ce mal nécessaire*, Montréal, Québec Amérique, 2003.

PIGNARRE, Philippe. *Le grand secret de l'industrie pharmaceutique*, Paris, La Découverte, 2003.

————. *Comment la dépression est devenue une épidémie*, Paris, Éditions La Découverte, 2001.

PUBLIC CITIZEN. *Worst Pills Best Pills News*, Washington, D.C., diverses années.

REGUSH, Nicholas. *Safety Last. The Failure of the Consumer Health Protection System in Canada*, Toronto, Key Porter Books, 1993.

ROBINSON, Jeffrey. *Prescription Games. Money, Ego and Power. Inside the Global Pharmaceutical Industry*, Toronto, McLelland & Stewart Ltd., 2001.

ROSSION, Pierre. « Homéopathie. Le retour des fausses preuves », *Sciences & Vie*, février 1995.

SAINT-GERMAIN, Christian. *Paxil, Blues. Antidépresseurs: la société sous influence*, Montréal, Les Éditions du Boréal, 2005.

SENDER, Éléna. « La vraie histoire d'une légalisation », *Sciences et Avenir*, novembre 2004.

SERVAN-SCHREIBER, David. *Guérir le stress, l'anxiété et la dépression sans médicaments ni psychanalyse*, Paris, Éditions Robert Laffont, 2003.

STANTON, Danielle. « Obsédés par la santé », *Chatelaîne*, décembre 2005.

STRAND, Ray D., M.D. avec la collaboration de WALLACE, Donna K. *Mort sur ordonnance. La vérité consternante que cache la consommation de médicaments*, Éditions du trésor caché, Éditions le mieux-être, 2005.

ST-ONGE, J.-Claude. *La condition humaine. Quelques conceptions de l'être humain*, Montréal, Gaëtan Morin éditeur, Chenelière éducation, 3ᵉ édition, 2005.

————. *L'envers de la pilule. Les dessous de l'industrie pharmaceutique*, Montréal, Les Éditons Écosociété, 2004.

ULLMAN, Dana, MPH. *Why Homeopathy Makes Sense and Works*, http://www.homeopathic.com, 2005.

VAN DUPPEN, Dirk. *La guerre des médicaments. Pourquoi sont-ils si chers?*, Bruxelles, Les Éditions Aden, 2005.

VILLEDIEU, Yanick. *Un jour la santé*, Montréal, Les Éditions du Boréal, 2002.

VINCENT, Jérôme. « Un Français sur trois », *Sciences et Avenir*, mai 1995.

WOLFE, M., Sidney et coll. *Worst Pills Best Pills*, New York, London, Toronto, Sydney, Pocket Books, 2005.

Sites Internet

Alliance for Human Research Protection: http://www.ahrp.org/infomail/ 05/01/27.php.

British Medical Journal: bjm.bmjjournals.com/.

Canadian Health Coalition: http://www.healthcoalition.ca.

Food and Drug Administration: http://www.fda.gov/.

Health Action International: http://www.haiweb.org.

International Journal of Risk and Safety in Medicine: www.iospress.nl.

IMS Health: http://www.imshealthcanada.com.

Journal de l'Association médicale canadienne: http://www.cmaj.ca/jamc/.

Journal of the American Medical Association: jama.ama-assn.org/.

La revue Prescrire: http://www.prescrire.org/.

L'observatoire des transnationales: http://fr.transnationale.org.

New England Journal of Medicine: http://content.nejm.org.

Organisation mondiale de la santé: http://www.who.int/fr/.

Public Citizen's Health Research Group: http://www.citizen.org/hrg/index. cfm.

Santé Canada: http://www.hc-sc.gc.ca.

The Lancet: www.thelancet.com/.

NOTES

Introduction

1. Pr Philippe Even, Pr Bernard Debré, *Savoirs et pouvoirs. Pour une nouvelle politique de la recherche et du médicament*, Paris, Le cherche midi, 2004, p. 22.

Antidépresseurs

2. Voir J.-C. St-Onge, *L'envers de la pilule. Les dessous de l'industrie pharmaceutique*, Montréal, Éditions Écosociété, 2004, p. 130-133.
3. Alliance for Human Research Protection (AHRP), « Eli Lilly Prozac Documents : What do They Reveal ? », 27 janvier 2005, http://www.ahrp.org/infomail/05/01/27.php.
4. Radio-Canada, « Une petite pilule en quelques minutes », http://www.radio-canada.ca/nouvelles, 28 janvier 2006.
5. The Associated Press, « No Therapy for Patients on Antidepressants », *NYT*, 9 août 2006.
6. IMS Health, « Antidépresseurs — une comparaison interprovinciale 2004 », 23 octobre 2005, http://www.imshealthcanada.com/htmfr/3_1_42.htm.
7. *Science et vie*, « La dépression. Une maladie qui dérange », décembre 2004, p. 110.
8. Rod Mickleburgh, « Study slams anti-depressant research. Report finds 'disturbing shortcomings' in earlier trials on drugs for kids », *Globe and*

Mail, 9 avril 2004. Soulignons que les antidépresseurs sont prescrits aux jeunes pour toutes sortes d'autres conditions que la dépression : troubles alimentaires, anxiété, attaques de panique, timidité, etc. L'édition du 2 mars 2004 du *Journal de l'Association médicale canadienne (JAMC)* fait état de trois millions d'enfants qui consommeraient des antidépresseurs au Canada. Les auteurs ne citent pas leur source et l'évaluation semble exagérée. L'efficacité des antidépresseurs est loin d'avoir été démontrée chez ces utilisateurs.

9. Harriet L. MacMillan et coll., « Screening for depression in primary care : recommendation statement from the Canadian Task Force on Preventive Health Care », *JAMC*, 4 janvier 2005.

10. *Science et Vie*, *op. cit.*, p. 111.

11. Tom Watkins, CNN, « Papers Indicate firm knew possible Prozac suicide risk », http://edition.cnn.com/2005/HEALTH/01/03/prozac.documents. Voir aussi l'excellent site de AHRP, http://www.ahrp.org/infomail/05/01/04.php. Les antidépresseurs qui ont été comparés au Prozac sont ceux de la première génération, les « tricycliques » (trazodone, amitriptyline, désipramine, maprotiline). Considérés comme les plus puissants pour atténuer les symptômes dépressifs, leurs effets indésirables sont redoutables : baisse soudaine de la pression sanguine, troubles cardiaques, somnolence. En surdose, ils peuvent provoquer des réactions toxiques graves et entraîner la mort. (David Cohen, Suzanne Cailloux-Cohen et l'AGGID-SMQ, *Guide critique des médicaments de l'âme*, Montréal, Les Éditions de l'Homme, 1995, p. 54-56).

12. Sheryl Ubelacker, « SSRI antidepressants may raise suicide risk in elderly : study », *Canadian Press*, http://mailman1u.washington.edu/pipermail/phnutr-1/2006-may/007816.html, mai 2006.

13. Benedict Carey, Gardiner Harris, « Antidepressant May Raise Suicide Risk », *NYT*, 12 mai 2006.

14. Tarek A. Hammad et coll., « Suicidality in Pediatric Patients Treated With Antidepressant Drugs », *Archives of General Psychiatry*, mars 2006. Voir également Steven Dubovsky, MD., « Do Antidepressants Increase Suicidality in Younger Patients ? », *Journal Watch. Psychiatry*, http://psychiatry.jwatch.org/cgi/content/full/2006/419/, 19 avril 2006.

15. Par exemple l'analyse de Khan et collègues portant sur 19 639 participants montre que les taux de suicide et de tentative de suicide s'élevaient respectivement à 0,4 % et 2,7 % chez les patients sous placebo, par comparaison à 0,7 % et 3,4 % chez les patients traités aux antidépresseurs. Les auteurs ne considèrent pas que ces différences sont significatives. (Arif Khan et coll., « Symptom Reduction and Suicide Risk in Patients Treated With Placebo in Antidepressant Clinical Trials », *Archives of General Psychiatry*, avril 2000, p. 311-317). Une méta-analyse de 702 essais révélait que le risque de commettre des tentatives de suicide était 2,28 fois plus élevé chez les patients traités aux antidépresseurs par comparaison à ceux qui prenaient un placebo. Les auteurs ont corrigé

une erreur de calcul comparant les taux de suicides réussis chez ceux qui prenaient des ISRS par comparaison aux tricycliques. (D. Ferguson et coll., « Association between suicide attempts and selective serotonin reuptake inhibitors : systematic review of randomised controlled trials », *British Medical Journal*, http://bmj.com/ cgi/content/full/330/7488/396, 2005, p. 330; 396).

16. Santé Canada, *Bulletin canadien des effets indésirables*, Bulletin 13, 3 juillet 2003, p. 4-5, http://www.hc-sc.gc.ca/dhp-mps/medeff/bulletin/carn-bcei_v13n3_f.html.
17. J.-C. St-Onge, *L'envers de la pilule*, *op. cit.*, p. 94.
18. AHRP, « Eli Lilly Prozac Documents… », *op. cit.*
19. David Stipp, « Trouble in Prozac Nation », *Fortune*, 18 novembre 2005, p. 169.
20. Cité dans Jeanne Lenzer, « FDA to review "missing" drug company documents », *British Medical Journal*, http://bmj.bmjjournals.com/cgi/content/full/330/7481/7?ehom.
21. Peter R. Breggin, « Suicidality, violence and mania caused by selective serotonin reuptake inhibitors (SSRIs) : A review and analysis », *International Journal of Risk & Safety in Medicine*, vol. 16 (2003-2004), 31-49.
22. AHRP, « Eli Lilly Prozac Documents… », *op. cit.*
23. AHRP, « Eli Lilly Prozac Documents… », *op. cit.*
24. David Stipp, *op. cit.*, p. 166.
25. AHRP, « Eli Lilly Prozac Documents… », *op. cit.*
26. National Institute of Mental Health, « Depression », http://www.nimh.gov/healthinformation/depressionmenu.cfm, p. 10.
27. Ivan Wolffers, *The bitter pill*, disponible sur le site de l'Association for freedom of choice and Free information, http://www.laleva.cc/indexeng.html, 8 novembre 2004. C'est d'autant plus inquiétant que de 1 à 10 % des effets indésirables sont rapportés aux autorités sanitaires.
28. Christina D. Chambers et coll., « Selective Serotonin-Reuptake Inhibitors and Risk of Persistent Plumonary Hypertension of the Newborn », *New England Journal of Medicine*, 9 février 2006, p. 579-587.
29. AHRP, « Safety of Newborn infants Threatened by Rx antidepressants during pregnancy », 2 février 2006, htpp://www.ahrp.org/cms/index2.php?option=com_content&task=view&id=75&Itemid=28&pop=1&page=0.
30. Santé Canada, *Mise en garde*, 9 août 2004 et *Le Devoir*, « Des experts s'opposent au sevrage des femmes enceintes », 12 octobre 2005.
31. Santé Canada, « À l'intention des professionnels de la santé », 16 décembre 2005, http://www.hc-sc.gc.ca/dhp-mps/medeff/advisories-avis/prof/paxil_4_hpc-cps_f.html.
32. Public Citizen's Health Research Group, (dorénavant HRG), Sydney M. Wolfe, M.D. et coll., *Worst Pills Best Pills* (*WPBP*), New York, London, Toronto, Sydney, Pocket Books, 2005, p. 186.

33. Baptiste Ricard-Châtelain, «Les psychotropes, cause d'accidents» et «50 % des médicaments altèrent les facultés au volant», *Le Soleil*, 29 mai 2006.

34. André-Philippe Côté, *Psychoses & Cie*. *Docteur Smog à votre écoute*, Vie & Cie – Casterman, France, 2005, p. 4.

35. Marcia Angell, *The Truth About the Drug Companies. How they Deceive Us and What to Do About it*, New York, Random House, 2004, p. 112-113.

36. Irving Kirsh et coll., «Antidepressants and placebos: Secrets, revelations and unanswered questions», *Prevention & Treatment*, volume 5 (1), juillet 2002, p. 23 et 33.

37. Brown University News Service, «Antidepressant drug trials turn away most of the depressed population», http://www.brown.edu/Administration/News_Bureau/2001-02/01-091.html, 1 mars 2002.

38. Amy H. Cheung, Graham J. Emslie, Taryn L. Mayes, «The Use of antidepressants to treat depression in children and adolescents», *JAMC*, 17 janvier 2006, p. 196. Une des auteures a reçu des honoraires de Lilly pour des conférences. Un des signataires de l'article a reçu des subventions de recherche et des honoraires de consultant de plusieurs sociétés pharmaceutiques.

39. *Science et Vie*, «Guérir par la chimie ou la parole», décembre 2004, p. 119. Voir également Alain Ehrenberg, *La fatigue d'être soi. Dépression et société*, Paris, Éditions Odile Jacob, 1998, p. 210.

40. *Journal Watch (General)*, «Cymbalta Neurotransmitter animation», http://www.insidecymbalta.com/patient_ressources/neuro_animation.jsp, 2 juin 2006.

41. D. Ferguson, *op. cit.*

42. Simon Sobo, M.D., «A Reevaluation of the relationship between Psychiatric Diagnosis and Chemical Imbalances», http://www.geocities.com/ss06470/index.htm.

43. Christian Saint-Germain, *Paxil® Blues. Antidépresseurs: la société sous influence*, Montréal, Les Éditions du Boréal, 2005.

44. Voir J.-C. St-Onge, *La condition humaine. Quelques conceptions de l'être humain*, Montréal, Gaëtan Morin éditeur, Chenelière éducation, 3ᵉ édition, 2005, p. 8.

45. Albert Jacquard, *Au péril de la science?*, Paris, Éditions du Seuil, 1982, p. 99-100.

46. Dans le cas de la schizophrénie et de la maniacodépression, le généticien Jean-Louis Serre estime qu'il est impossible de se «référer au concept de "gène responsable" (même au pluriel)». J.-L. Serre, «Biologie et médias: les dangers du scoop», *La Recherche*, vol. 23 no 239, janvier 1992.

47. Jeffrey R. Lacasse, Jonathan Leo, «Serotonin and Depression: A Disconnect between the Advertisements and the Scientific Literature», *Public Library of Science Medicine (PLoS)*, décembre 2005, Volume 2, nº 12, p. 1211-1212, www.plosmedicine.org.

48. Colin Meek, «SSRI ads questionned», *JAMC*, 14 mars 2006, p. 754.

49. Benedict Carey, « Can Brain Scans See Depression », *NYT*, 18 octobre 2005.
50. J. R. Lacasse, J. Leo, *op. cit.*, p. 1212.
51. *Diagnostic and Statistical Manual of Mental Disorder – IV*, p. 1163.
    Cité par Vera Sharav, Conférence devant l'American Public Health Association, 12 décembre 2005, http://www.ahrp.org/ahrpspeaks/TeenScreen/index.php.
52. Katia Gagnon, « La pilule de la peine d'amour », *La Presse*, 16 février 2004.
53. Rémy Chauvin, *Sociétés animales et sociétés humaines. La biologie de l'esprit*, Monaco, PUF/Rocher, 1999, p. 61.
54. *Science & Vie*, « La dépression. Une « maladie » qui dérange », décembre 2004, p. 111.
55. A. Ehrenberg, *La fatigue d'être soi*, *op. cit.*
56. Gardiner Harris, « Use of Attention-Deficit Drugs Is Found to Soar Among Adults », *NYT*, 15 septembre 2005.
57. A. Ehrenberg, *op. cit.*
58. Associated Press, « Some Co-eds Evicted for Suicide Attempts », *NYT*, 1er septembre 2006.
59. David Healy, *Let them eat Prozac*, James Lorimer & Company Ltd., Publishers, Toronto, 2003, p. 20. Cette évaluation, qui me semble très pessimiste, placerait le nombre de déprimés au Canada dans une fourchette allant de trois à six millions. D'après les données de la dernière enquête de Santé Canada, que nous avons citées plus haut, 1,2 million de personnes de 15 ans et plus souffriraient de dépression *majeure*. En ajoutant les 0 à 14 ans, ceux qui souffrent de dépression légère ou modérée, ceux qui présentent des symptômes dépressifs nous ne sommes pas loin du 100 000 personnes par million.
60. J. R. Lacasse, J. Leo, « Serotonin and Depression... », *op. cit.*
61. *WPBP*, *op. cit.*, p 21.
62. Santé Canada, *Bulletin des effets indésirables des médicaments*, janvier 2004.
63. J.-C. St-Onge, *L'envers de la pilule*, *op. cit.*, p. 31. Philippe Pignarre, *Comment la dépression est devenue une épidémie*, Paris, La Découverte, 2003.
64. Benedict Carey, « Most Will Be Mentally Ill at Some Point, Study Says », *NYT*, 7 juin 2005.
65. Statistique Canada, *Définitions. Troubles de santé mentale*, http://www.statcan.ca/francais/freepub/82-617-XIF/def_f.htm.
66. H.L. MacMillan et coll., *op. cit.*
67. H.L. Macmillan et coll., *op. cit.*
68. D'après une enquête européenne citée dans *Le Monde*, 18 octobre 2005.
69. Voir Ray Moynihan, Alan Cassels, *Selling Sickness. How the World's Biggest Pharmaceutical Companies Are Turning Us All into Patients*, Vancouver/Toronto, Greystoke Books, 2005.
70. J.-C. St-Onge, *L'envers de la pilule*, *op. cit.*, p. 142.

71. Cécile Prieur, « Dès 8 ans le Prozac peut avoir un 'effet bénéfique' », *Le Monde*, 7 juin 2006.

72. J.-C. St-Onge, *L'envers de la pilule*, *op. cit.*, p. 107-110.

73. Voir P. Pignarre, *op. cit.*

74. Richard Chevalier, *Kiné-santé*, « L'exercice et la santé mentale », décembre-janvier 2002-2003, p. 2. Du même auteur, voir *La Presse*, 10 avril 2005.

75. *Science et Vie*, « Guérir par la chimie ou par la parole ? », *op. cit.*, p. 119.

76. Sheryl Ubelacker, *op. cit.*

77. David Servan-Schreiber, *Guérir le stress, l'anxiété et la dépression sans médicaments ni psychanalyse*, Éditions Robert Laffont, Paris, 2003.

78. Passeport Santé, http//www.passeportsante.net/fr/Solutions/Plantes Supplements/Fiche.aspx?doc=millepertuis.

79. Peter Lurie, *The US FDA at a Crossroads (HRG Publication # 1780*, http ://www.citizen.org/publications/print_release.cfm ?ID=7449.

Brésil

80. Ezequiel Dias Foundation, p. 9, www.funed.mg.gov.br.

81. Anne-Sophie Stamane, « Un combat contre les brevets », *L'Humanité*, 7 novembre 2003.

82. Christian Dutilleux, *Libération*, 5 juillet 2000.

83. Brochure de Farmanguinhos, Ministério da Saude, Fundaçao Oswaldo Cruz.

84. *The Lancet*, édition du 13 mai, cité par Paul Benkimoun, *Le Monde*, 24 mai 2006.

85. J.-C. St-Onge, *L'envers de la pilule*, *op. cit.*, p. 45.

86. Prabhat Jha, James V. Lavery, « Evidence for global Health », *JAMC*, 25 mai 2004, p. 170.

87. DNDi, Communiqué de presse, 3 juillet 2003, http://www.pasteur.fr/actu/ presse/com/commuiques/03DNDi-Geneve.htm. Les partenaires de DNDi sont le Conseil indien pour la Recherche médicale, la Fondation Oswaldo Cruz qui chapeaute Farmanguinhos, l'Institut Pasteur, l'Institut de recherche médicale du Kenya, Médecins Sans Frontières et le ministère de la Santé de Malaisie.

88. Claire Davidson, World Health Organisation, « New type of R&D cooperation spawns malaria drugs », http://www.who.int/bulletin/ volumes/84/1/news20106/en/print.html.

89. RAMQ, *Liste des médicaments*, Modification 13, 8 février 2006, p. 5.

90. Marc Favereau, *Libération*, 10 juillet 2000.

Corruption

91. M. Angell, *The Truth About…*, *op. cit.*, p. 232-233.

92. *Transparency International's Global Corruption Report 2006*, version française, 13 mai 2006, http://www.transparencyinternational.org/ publications/gcr/grc/_french_2006.

93. Nicholas Bakalar, « Treatments : Evidence Can Be Lacking for Drug Effectiveness », *NYT*, 16 mai 2006.
94. Jerome P. Kassirer, « L'influence corruptrice de l'argent en médecine », *Transparency International's Global Corruption Report 2006*, *op. cit.*
95. Jerome P. Kassirer, *On the Take. How Medicine's Complicity with Big Business Can Endanger your Health*, Oxford University Press, New York, 2005, p. 72.
96. J.P. Kassirer, *On the Take*, *op. cit.*, p. 68.
97. Pour plus de détails, voir *L'envers de la pilule*, *op. cit.*, chapitre VIII.

Créativité

98. J.-C. St-Onge, *L'envers de la pilule*, *op. cit.*, chapitre 2.
99. Règle générale un médicament fera l'objet de plusieurs brevets, portant non seulement sur l'ingrédient actif, mais sur sa méthode de fabrication, sur la forme et la couleur de la pilule ou de la bouteille, sur son mécanisme de libération, etc.
100. M. Angell, *The Truth About...*, *op. cit.*, p. 186.
101. M. Angell, *The Truth About...*, *op. cit.*, p. 77 et 184. Le fabricant a déposé 11 brevets sur le produit dont un sur la couche extérieure du Prilosec.
102. Dr Robert Patenaude, *La santé ce mal nécessaire*, Québec Amérique, Montréal, 2003, p. 194-195.
103. HRG, *Worst Pills Best Pills Newsletter*, mars 2003, http://www.worstpills.org/.
104. M. Angell, *The Truth About...*, *op. cit.*, p. 188-189.
105. HRG, *Worst Pills Best Pills Newsletter*, mars 2003, *op. cit.*

Déterminants sociaux de la santé

106. Ginette Paquet, Benoît Tellier, *Le système de santé au Québec. Organisations, acteurs et enjeux*. Collectifs sous la direction de Vincent Lemieux, Les Presses de l'Université Laval, St-Nicolas, 2003, p. 66.
107. Yanick Villedieu, *Un jour la santé*, Les Éditions du Boréal, Montréal, 2002, p. 130-131.
108. G. Paquet, *Partir du bas de l'échelle. Des pistes pour atteindre l'égalité sociale en matière de santé*, Montréal, Les Presses de l'Université de Montréal, 2005, p. 33.
109. Y. Villedieu, *op. cit*, p. 140.
110. G. Paquet, B. Tellier, *op. cit.*, p. 71.
111. G. Paquet, B. Tellier, *op. cit.*, p. 76.
112. G. Paquet, *op. cit.* Pour une nomenclature de ces études voir le chapitre 1.
113. G. Paquet, *op. cit.*, p. 66.
114. Y. Villedieu, *op. cit.*, p. 141.
115. Y. Villedieu, *op. cit.*, p. 145.
116. G. Paquet, *op. cit.*, p. 14.

Erreurs médicales

117. Richard A. Friedman, M.D., « Learning Words They Rarely Teach in Medical School : "I'm Sorry" », *NYT*, 26 juillet 2005.
118. Christiane Desjardins, *La Presse*, « Un couple poursuit quatre médecins de Sainte-Justine », 15 avril 2006.
119. Serge Mongeau, *Survivre aux soins médicaux*, Éditions Québec Amérique, Montréal, 1982, p. 24.
120. Éditorial, « Divulgation et rendement : on s'attend à plus et mieux », *JAMC*, 30 août 2005.
121. G. Ross Baker et coll., « The Canadian Adverse Events Study : the incidence of adverse events among hospital patients in Canada », *JAMC*, 25 mai 2004, p. 1678-1686.
122. *The Boston Globe*, repris par *La Presse*, « Erreurs », 8 août 2004.
123. Régis Blais et coll., www.gris.umontreal.ca/rapportpdf/R04-06.pdf, p. i, ii.
124. G. Ross Baker et coll., *op. cit.*, p. 1685.
125. Centre régional EIM de la Colombie-Britannique, *Réaction en bref*, « À propos des EIM. Un grand nombre d'EIM sont évitables », juillet 2001.
126. *La Presse*, « Les erreurs médicales occupent 1,1 million de lits par jour-an », 10 juin 2004.
127. Marie-Claude Malbœuf, « Un silence que la loi peine à briser », *La Presse*, 23 novembre 2005.
128. Alan J. Forster et coll., « Adverse events among medical patients after discharge from hospital », *JAMC*, 3 février 2004, p. 345.

Essais cliniques

129. Shankar Vedantam, « Comparison of Schizophrenia Drugs Often Favors Firm Funding Study », *Washington Post*, 12 avril 2006.
130. J. E. Bekelman et coll., « Scope and impact of financial conflicts of interest in biochemical research : a systematic review », *Journal of the American Medical Association (JAMA)*, 2003, 289, p. 454-465.
131. S. Vedantam, *op. cit.*
132. Dr Marc Girard, « Scientific integrity : "Truth" versus method », reproduit sur le site de l'AHRP, http://www.ahrp.org/cms/index2.php?option=com_content&task=view&id=59&Itemid=94, 18 mars 2006.
133. Rita Rubin, « Drug testing halted in patients by early success doesn't help patients », *USA Today*, 11 janvier 2005. Consulté sur le site Internet de l'AHRP.
134. P. Even, B. Debré, *op. cit.*, p. 241.
135. P. Even, B. Debré, *op. cit.*, p. 236.
136. John P. Ioannidis, « Why Most Published Research Findings Are False », *PloS Medicine*, août 2005, Volume 2, n° 8, p. 124.
137. AFP, « WHO launches new standards for reporting medical trials », *Yahoo! News*, 18 mai 2006.

138. Pour plus de détails, voir Jeffrey M. Drazen, Alastair J. J. Wood, « Trial Registration Report Card », *NEJM*, 29 décembre 2005, p. 2809-2811. Voir également l'édition du 30 mars 2006, ainsi que Karmela Krleza-Jeric, « Clinical Trial Registration : The Differing Views of the Industry, the WHO, and the Ottawa Group », *PloS Medicine*, novembre 2005.

« Frais aux usagers »
139. Joel Lexchin, « Drug withdrawals from the Canadian market for safety reasons, 1963-2004 », *JAMC*, 15 mars 2005. Je reprends ici des parties d'une présentation que j'ai faite au Congrès International du médicament de Montréal, intitulée « De certaines pratiques commerciales éthiquement discutables touchant le médicament ». Ce congrès s'est tenu à Montréal à l'été 2005 sous l'égide du Programme de recherche concertée sur la chaîne des médicaments de l'UQÀM, le GEIRSO.
140. Food and Drug Administration. *Effects of Users Fees on Drug Approval Times, Withdrawals an Other Agency Activities*, General Accountability Office, Septembre 2002, GAO-02958, p. 4.
141. Peter Lurie, *The US FDA at a Crossroads (HRG Publication # 1780)*, op. cit.
142. ISBD (International Society of Drug Bulletins), *Déclaration de l'ISBD sur le Progrès Thérapeutique dans le domaine des médicaments*, Paris, 2001, p. 3.
143. Laura Eggerston, « Drug approval system questionned in US and Canada », *JAMC*, 1er février 2005.
144. J.P. Kassirer, *On the Take*, op. cit., p. 22-23.
145. Michael McBane, « A Very Nasty Business », *Ottawa Citizen*, 21 novembre 1998.
146. Canadian Health Coalition, *A Citizen's Guide to the Health Protection Branch (HP Transition Consultations)*, septembre 1998, http://www.healthcoalition.ca.
147. *La Presse*, 28 mai 2006.
148. Barbara Sibbald, « Ottawa to combine smart regulation and precaution », *JAMC*, 7 juin 2005.
149. Louise Vandelac avec la collaboration de Rosanna Baraldi et Marie-Hélène Bacon, « Quand l'État confie la protection de la santé aux entre-prises », *Éthique publique*, vol. 1, Liber et INRS-Chaire Fernand-Dumont, printemps 1999.

Grippe aviaire
150. Margot Andresen, « Pandémic threat overblown by both experts and media », *JAMC*, 15 août, 2006, p. 341.
151. Sabin Russell, « Biotech firm wants to regain control of avian flu drug », *San Francisco Chronicle*, 24 juin 2005.
152. *Public Citizen's Worst Pills Best Pills*, « Do Not Use ! Zanamivir (RELENZA) for the Flu — Cost Without Benefit », novembre 1999, p. 81.

153. *Déclaration de l'ISBD sur le Progrès Thérapeutique dans le domaine des médicaments, op. cit.*, p. 5.

154. FDA, www.fda.gov/cder/drug/infopage/tamiflu/directormemo.htm, dernière mise à jour, 8 mars 2001.

155. *Drug profile*, «Tamiflu», http://www.worstpills.org/member/drugprofile. cfm?m_id=331&print=1.

156. *Relenza*, «Important New Warnings about the Flu Drug Zanamivir (RELENZA)», https://www.citizen.org/publications/print_release.cfm? ID=6826.

157. Jeanne Brugère-Picoux, *Grippe aviaire. Les bonnes questions. Les vraies réponses*, Toulouse, Éditons Milan, 2006, p. 11.

158. Nicholas Wade, «Studies Suggest Avian Flu Pandemic Isn't Imminent», *NYT*, 23 mars 2006.

159. Jeanne Brugère-Picoux, *op. cit.*, p. 80.

160. Santé Canada, *Influenza aviaire A (H5N1): Mise à jour de la situation*, http://www.nouvelles.gc.ca/cfmx/view/fr/index.jsp?articleid=214429, 20 mai 2006.

161. Menno D. de Jong et coll., «Oseltamivir Resistance during Treatment of Influenza A (H5N1) Infection», *NEJM*, 22 décembre 2005, p. 2667-2672.

162. *Wellcome Trust*, «About us», http://www.wellcome.ac.uk/aboutus/, 6 mai 2006.

163. Anne Moscova, M.D. «Oseltamivir Resistance — Disabling Our Influenza Defenses», *NEJM*, 22 décembre 2005, p. 2633-2636.

164. Andrew Pollack, «Childhood Deaths in Japan Bring New Look at Flu Drug», *NYT*, 18 novembre 2005.

165. Santé Canada, *Bulletin canadien sur les effets indésirables des médicaments*, octobre 2000.

166. Gregory A. Poland, M.D., «Vaccines against Avian Influenza — A Race against Time», *NEJM*, 30 mars 2006, p. 1412.

167. Mathieu Perreault, «Le vaccin moins efficace que prévu», *La Presse*, 30 mars 2006.

168. *Public Citizen*, «Drug Industry, Sen. Frist and the White House Conspired to Obtain Broad Liability Shield for Lawsuits Related to Pandemic Illnesses», http://www.citizen.org/pressroom/print_release. cfm?ID=2197.

169. Biographie de Bill Frist, http://en.wikipedia.org.wiki/Bill_Frist.

170. Donald G. McNeil Jr., «Avian Flu Wanes in Asian Nations it First Hit Hard», *NYT*, 14 mai 2006.

171. Jean-Yves Nau, «Le risque d'une pandémie due au virus H5N1 revu à la baisse», *Le Monde*, 9 août 2006.

Homéopathie

172. Kheira Bettayeb, « Homéopathie. La mystification recommence », *Science & Vie*, décembre 2004, p. 84.

173. Jérôme Vincent, « Un Français sur trois », *Sciences et Avenir*, mai 1995, p. 30.

174. Dana Ullman, MPH, *Why Homeopathy Makes Sense and Works*, http://www.homeopatic.com, 2005, p. 2.

175. P. Lefrançois, J. Lauzon, « Selon *The Lancet*, l'homéopathie : pas mieux qu'un placebo », http://www.passeportsante.net/fr, 5 septembre 2006.

176. Éléna Sender, « La vraie histoire d'une légalisation », *Sciences et avenir*, novembre 2004, p. 14.

177. É. Sender, *op. cit.*, p. 19.

178. Dr Jacques Théodor, *La validité scientifique de l'homéopathie en question : Quelques réflexions critiques*, http://www.unice.fr/zetetique/articles/homepathie.htm, 2005, p. 3.

179. D. Ullman, *op. cit.*, p. 6.

180. Dr Jacques Théodor, *op. cit.*, p. 3.

181. K. Bettayeb, *op. cit.*, p. 90.

182. K. Bettayeb, *op. cit.*, p. 90.

183. « Homéopathie. Une substance si diluée qu'il ne reste rien de rien », *Science & Vie*, avril 1997, p. 80-82.

184. J. Théodor, *op. cit.*

185. Andrew Vickers, Catherine Zollman, « ABC of complementary medicine », *British Medical Journal*, 23 octobre 1999.

186. Aijing Shang et coll., « Are the clinical effects of homeopathy placebo effects ? Comparative study of placebo-controlled trials of homeopathy and allopathy », *The Lancet*, 27 août 2005.

187. Cité dans D. Ullman, *op. cit.*

188. Cité dans Kheira Bettayeb, *op. cit.*, p. 87. Voir également Jacques Dangoumau, « Peut-on évaluer l'homéopathie en clinique ? », *La Recherche Hors-série*, juillet 2002, p 103.

189. Jérôme Vincent, « Le verdict d'un expert », *Sciences et Avenir*, mai 1995, p. 28.

190. Pierre Rossion, « Homéopathie. Le retour des fausses preuves », *Science & Vie*, février 1995.

191. É. Sender, *op. cit.*, p. 19.

Hypertension

192. Stephanie Saul, « Unease on Industry's Role in Hypertension Debate », *NYT*, 20 mai 2006.

193. IMS Health, *Quoi de neuf ?*, http://www.imshealthcanada.com/htmfr/1_0_26.htm, mars 2006.

194. R. Moynihan, A. Cassels, *op. cit.*, chapitre 5.

195. Stephanie Saul, « Unease… », *op. cit.*

196. Pour plus de détails, voir J.-C. St-Onge, *L'envers de la pilule*, *op. cit.*, p. 84-86.

197. Maryann Napoli, Center for Medical Consumers, *Prehypertension — New Medical Condition Identifed*, entrevue avec le docteur Michael Aldeman, http://www.medicalconsumers.org/pages/Prehypertension.html, août 2003.

198. Fondation des maladies du cœur, « Renseignements sur la tension artérielle — Une tension artérielle à la limite normale supérieure représente un risque cardiovasculaire », 3 juillet 2005.

199. L'étude du Texas est citée par Jean-Benoît Legault, « Des diurétiques efficaces pour traiter l'hypertension », *Passeport Santé*, http://www. passeportsante.net/fr/Actualites/Nouvelles/Fiche.aspx?doc=2006050910 %xtor=...., 20 mai 2006.

200. Curt D. Furberg et coll., « Major Outcomes in High-Risk Hypertensive Patients Randomized to Angiotensin-Converting Enzyme Inhibitor or Calcium Channel Blocker vs Diuretic », *JAMA*, 18 décembre 2002, p. 2981-2997.

201. *Liste des médicaments*, *op. cit.*, p. 105 et 214.

202. Jean-Benoît Legault, « Pression élevée ? Attendez une minute... », *Passeport Santé*, http://www.passeportsante.net, 24 mai 2006.

203. Étude de Harvard, citée dans *La Presse*, 21 août 2006.

Infections nosocomiales

204. Stephan Dussault, « Dangereux, l'hôpital ? », *Protégez-vous*, février 2004, p. 38.

205. Rapport du comité d'examen sur la prévention et le contrôle des infections nosocomiales, *D'abord ne pas nuire. Les infections nosocomiales au Québec, un problème majeur de santé, une priorité*, www.msss.gouv. qc.ca, p. 8-9.

206. Jacques Besson, « La prévention des infections nosocomiales. Une urgence pour le Québec », *Justice-Santé*, hiver 2005-2006, p. 8.

207. *D'abord ne pas nuire*, *op. cit.*, p. 23.

208. Stephen J. Dubner, Stephen D. Levitt, « Selling Soap », *NYT*, 24 septembre 2006.

209. *D'abord ne pas nuire*, *op. cit.*, p. 24.

210. Jacques Besson, *op. cit.*, p. 8.

211. Laura Eggertson, « *C. difficile* may have killed 2000 in Quebec : study », *JAMC*, 25 octobre 2005, p. 173.

Journaux médicaux

212. BBC News, *Med journals 'too close to firms'*, http://www.news.bbc. co.uk/go/pr/fr/-/1/hi/health/4552509.stm, 17 mai 2005.

213. *Éditorial*, « Les journaux font-ils assez d'efforts pour prévenir la publication frauduleuse », *JAMC*, 14 février 2006, p. 174.

214. John Hoey, « Editorial Independence and the *Canadian Medical Association Journal* », *NEJM*, 11 mai 2006, p. 1982-83.

Knock
215. Hélène Laliberté, http://www.surscene.qc.ca/theatre/1997-98/knock.html.

Le marché global
216. Philippe Pignarre, *La tribune du Québec*, 13 juillet 2004.
217. Kerry Capell, « Big Pharma's Reversal of Fortune », *Business Week*, 27 janvier 2006.
218. « Le chiffre d'affaires de Roche montent » (*sic*), *Webjournal.ch*, http://www.webjournal.ch/news.php?news_id=1238.
219. IMS Health, *Quoi de neuf. Les pharmacies et hôpitaux canadiens ont dépensé 16,57 milliards de dollars en médicaments en 2005*, http://www.imshealthcanada.com/htmfr/1_0_26.htm, 15 mars 2006, p. 1. Ce chiffre, exprimé en dollars canadiens, représente les achats en gros de médicaments d'ordonnance.
220. Alex Berenson, « Celebrex Ads Are Back, Dire Warnings and All », *NYT*, 29 avril 2006.
221. Denise Grady, « Study Finds Few Therapies Work Well on Hot Flashes », *NYT*, 3 mai 2006.
222. Baptiste Ricard-Châtelain, « Économies de 20 millions grâce au Vioxx », *Le Soleil*, repris par *La Presse*, 6 mai 2006.
223. David Evans et coll., *Drug Industry*, *op. cit.*
224. Kerry Capel, *op. cit.*
225. Robert Langreth, Matthew Herper, « Pill Pushers. How the drug industry abandoned science for salesmanship », *Forbes*, 8 mai 2006.
226. Éric Favereau, « Sanofi-Aventis dégaine contre les copies », *Libération*, 10 août 2006.
227. Andrew Bridges, « Generic Drug Payoff Draws Gov't Interest », Associated Press, repris par *Common Dreams News Center*, 25 avril 2006.
228. Y. Mamou, « Les laboratoires européens entament l'hégémonie de leurs rivaux américains, *Le Monde*, 12 avril 2006.
229. P. Even, B. Debré, *op. cit.*, p. 30.
230. Yves Petitgnat, « Schering, témoin de l'histoire à Berlin », *Le temps*, 22 avril 2006.

Marketing
231. Marcia Angell, *The Truth About...*, *op. cit.*, chap. 7.
232. Troyen A. Brennan et coll., « Health Industry Practices That Create Conflicts of Interest. A Policy Proposal for Academic Medical Centers », *JAMA*, 25 janvier 2006, p. 439-433.
233. Philip Rutledge et coll., « Do doctors rely on pharmaceutical industry funding to attend conferences and do they perceive that this creates a bias on their drug selection ? Results from a questionnaire survey »,

Pharmacoepidemiology and Drug Safety, décembre 2003, p. 663-667.
234. Sharon Batt, « Marcher à contre-pas : le mouvement pour la protection de la santé au Canada et le financement par l'industrie pharmaceutique », *Action pour la protection de la santé des femmes*, janvier 2005, p. 2, www.whp-aspf.ca/fr/documents/doc_index-html.
235. M. Angell, *The Truth About…*, *op. cit.*, p. 201.
236. Stephanie Saul, « Gimme an Rx ! Cheerleaders Pep Up Drug Sales », *NYT*, 28 novembre 2005 ; Ken Johnson, « Hold that Stereotype ! », *NYT*, 1er décembre 2005.

Nouvelle-Zélande

237. Dirk Van Duppen, *La guerre des médicaments. Pourquoi sont-ils si chers ?*, Bruxelles, Les Éditions Aden, 2005, p. 220. Ce qui suit doit largement au livre de Van Duppen.
238. RAMQ, *Liste des médicaments, op. cit.*, p. 245.
239. Zheng Zhou, et coll., « Effectiveness of statins for secondary prevention in elderly patients after acute myocardial infarction : an evaluation of class effect », *JAMC*, 26 avril, 2005. Dans la même édition du *JAMC*, le docteur James M. Wright précise que les conclusions de l'étude ne peuvent être étendues à la prévention primaire des problèmes cardiaques.

Obsédés par la santé

240. R. Moynihan, A. Cassels, *op. cit.*, p. 117, 172 et 46.
241. R. Moynihan, A. Cassels, *op. cit.*, p. 173.
242. Danielle Stanton, « Obsédés par la santé », *Chatelaîne*, décembre 2005, p. 91.
243. François Avard, « Santé Inc. », <http: //www.journalmir. com/membres/ courants/billets/74sn>.
244. Raymond Lemieux, « Inéluctable finitude », *Relations*, octobre-novembre 2005, p. 20.
245. *La Bible*, « Épître aux Corinthiens », Montréal, Société biblique canadienne, 1995, 5-6, p. 1677.
246. Natasha Singer, « "Plastic Disasters" a Documentary on Cosmetic Surgery, Has Its Premiere on HBO », *NYT*, 5 juin 2006.
247. D. Le Breton, « De l'indignité du corps à sa purification technique », *Corps et Science : Enjeux culturels et philosophiques*, sous la direction de L.-P. Bordeleau et S. Charles, Montréal, Éditions Liber, p. 162-265.
248. Benedict Carey, « New Depression Findings Could Alter Treatments », *NYT*, 8 août 2006.

Prix

249. Ann Silversides, « Monitoring the price of new drugs », *JAMC*, 23 mai 2006, p. 1548.
250. Reuters, « U.S. Accuses Abbott of Inflating Drug Prices », *NYT*, 19 mai 2006.

251. Henry Mintzberg, « Patent nonsense : Evidence tells on an industry out of social control », *JAMC*, 15 août 2006, en ligne.
252. Alex Berenson, « A Cancer Drug's Big Price Rise Is Cause for Concern », *NYT*, 12 mars 2006.
253. A. Berenson, « A Cancer Drug Shows Promise, at a Price That Many Can't Pay », *NYT*, 15 février 2006.
254. Conseil d'examen du prix des médicaments brevetés, *CEPMB, Rapport annuel, 2004*, Ottawa, p. 25.
255. A. Berenson, « A Cancer Drug's Big... », *op. cit.*
256. Pascale Breton, « Délais indus à l'assurance maladie », *La Presse*, 17 mars 2006.
257. FDA News, « FDA Approves New Drug for the Most Common Type of Lung Cancer. Drug Shows Survival Benefit », http://www.fda.gov/bbs/topics/news/2004/NEW01139.html.
258. CNW Group, « Quatre-vingt-dix pour cent des patients cancéreux ignorent totalement les nouveaux traitements novateurs qui, selon des spécialistes, pourraient transformer le cancer en maladie chronique », http://.www.newswire.ca/en/releases/archive/March2006/27/c5971.html? view=print.
259. CNW Group, *op. cit.*
260. Donald G. McNeil Jr., « Rotavirus Drugs Deemed Safe and Effective », *NYT*, 5 janvier 2006.
261. D.G. McNeil Jr., *op. cit.*
262. A. Berenson, « A Cancer Drug's Big... », *op. cit.*
263. Ann Silversides, "Monitoring the Price of New Drugs", *JAMC*, 23 mai 2006, p. 1548.
264. Cité dans Dirk Van Duppen, *op. cit.*, p. 219.

Québec
265. Ulysse Bergeron, « Pavel Hamet — Adieu capitale ! », *Le Devoir*, 6-7 mai 2006.
266. *Les Affaires*, 16 janvier 1999.
267. Stéphan Dussault, « Pilules dorées », *Protégez-vous*, janvier 2002, p. 18.
268. ICIS, *Dépenses en médicaments au Canada de 1985 à 2005*, *op. cit.*, p. 15.
269. Wayne Kondro, « Brand-name drug companies fail to meet R&D commitments », *JAMC*, 15 août 2006, p. 344. Ces données sont tirées du rapport du Conseil d'examen des prix des produits brevetés, année 2005.
270. Québec solidaire, *Pas de profit privé sur la santé du public. Innover dans l'organisation et le financement des services pour protéger le système de santé public*, Mémoire de QUÉBEC SOLIDAIRE, Présenté à la Commission des affaires sociales de l'Assemblée nationale du Québec, 31 mars 2006.

Ritalin & Cie

271. Benedict Carey, « Heart Risks With Stimulant Use ? Maybe. Worry ? For Some », *NYT*, 21 février 2006.

272. Direction générale des produits de santé et des aliments, *Renseignements importants en matière d'innocuité approuvés par Santé Canada concernant Adderall XR*, « Lettre de Shire », http://www.hc-sc.qc.ca/dhp-mps/medeff/advisories-avis/prof/2005/adderall_xr2hpc-cps_1.html, 31 août 2005.

273. Pierre Biron et coll., « Questions about Adderall XR », *JAMC*, 25 avril 2006, p. 1303.

274. *Passeport Santé*, « Trouble de déficit de l'attention/hyperactivité (TDA/H) », http://www.passeportsante.net/fr/Maux/Problemes/Fiche.aspx?doc=trouble_deficit_attention_hyperactivite_pm., 20 novembre 2005.

275. Ricardo Alonso-Zaldivar, « An FDA panel cites heart risks in its advisory on Ritalin and similar medications », *The Los Angeles Times*, 10 février 2006.

276. Ricardo Alonso-Zaldivar, *op. cit.*

277. Steve E. Nissen, *op. cit.*, p. 1446-1447.

278. Gardiner Harris, « Panel Advises Disclosure of Drugs' Psychotic Effects », *NYT*, 23 mars 2006.

279. Benedict Carey, « FDA Orders New Warning on Attention-Deficit Drug », *NYT*, 30 septembre 2005.

280. Serena Gordon, « ADHD Drugs can stunt Growth », *Yahoo News*, http://news.yahoo.com/s/hsn/20060502/hl_hsn/adhddrugscanstunt growth&printer=1;_ylt=A....., 2 mai 2006.

281. Nicolas Bérubé, « Des enseignants accros...au Ritalin », *La Presse*, 30 août 2003.

282. *Passeport Santé*, « Trouble de déficit de l'attention... », *op. cit.*

283. « Hyperactivité et thérapie », *La Presse*, 26 mai 2005.

Surconsommation

284. R. Moynihan, A. Cassels, *Selling Sickness*, *op. cit.*, p. xi.

285. J.-C. St-Onge, *L'envers de la pilule*, *op. cit.*, p. 191. En 2004, les prix américains étaient 57 % plus élevés qu'au Royaume-Uni (*CEPMB, 2004*, *op. cit.*, p. 25). Même en tenant compte de cette variable, l'écart sur le plan de la consommation en volume reste très élevé.

286. Institut canadien d'information de la santé, *Dépenses en médicaments au Canada de 1985 à 2005*, *op. cit.*, p. 33. Les données sur l'espérance de vie et la mortalité infantile datent de 2001.

287. HRG, WPBP, *op. cit.*, p. XXV.

288. Santé Canada, *Bulletin des effets indésirables*, janvier, 2004.

289. A. Chetley, *Problem Drugs*, Health Action International, Amsterdam, *op. cit.*, p. 5.

290. A. Cassels, « Peddling Paranoia », *New Internationalist*, novembre 2003.

291. *La Presse*, 28 décembre 2003.
292. Gardiner Harris, Eric Coli, «Lucrative Drug, Danger Signals and the F.D.A.», *NYT*, 10 juin 2005; R. Lenglet, B. Topuz, *Des lobbies contre la santé*, Paris, Éditions La Découverte et Syros, 1998, p. 29-30.
293. Jörg Blech, *Les inventeurs de maladies. Manœuvres et manipulations de l'industrie pharmaceutique*, Arles, Actes Sud, 2005, p. 29.
294. Benedict Carey, «Study Finds a Link of Drug Makers to Psychiatrists», *NYT*, 20 avril 2006. Les auteurs de l'étude proviennent des universités Tufts et du Massachusetts.
295. Joel Lexchin, «Bigger and Better: How Pfizer Redefined Erectile Dysfunction», *PLoS Medicine*, avril 2006.
296. J. Lexchin, «Bigger and Better: ...», *op. cit.*
297. R. Lenglet et B. Topuz, *op. cit.*, p. 39-41.
298. Nicolas Regush, *Safety Last. The Failure of the Health Protection System in Canada*, Toronto, Key Porter Books, 1993, chapitre 7.
299. *WPBP*, *op. cit.*, 47.
300. R. Patenaude, *op. cit*, p. 196.
301. M. Gagnon, *La Presse*, 20 novembre 1993.
302. Cité dans *Le Devoir*, 22 avril 2002.
303. Institut canadien d'information sur la santé, *Dépenses en médicaments au Canada, de 1985 à 2005*, Ottawa, 2006, p. 82.
304. J.-C. St-Onge, *L'envers de la pilule*, *op. cit.*, p. 65.

Trouble dysphorique prémenstruel
305. Cet exemple est tiré du livre de R. Moynihan et A. Cassels, *Selling Sickness*, *op. cit.*, p. 99.
306. R. Moynihan, A. Cassels, *op. cit.*, p. 114.
307. *Traiter la dépression chez la femme*, dans la série *Dialogue sur la dépression et l'anxiété chronique*, publié par Parkhurst, subventionné par Wyeth, 2005.

Un métier dangereux
308. Dene Moore, Presse Canadienne, *La Presse*, 24 mai 2006.
309. Canal Argent, «SFBC International transfère ses essais cliniques de Floride au Québec», http://www2.canoe.com/cgi-bin/imprimer.cg.?id=234359, 26 mai 2006.
310. Elisabeth Rosenthal, «British Rethinking Rules After Ill-Fated Drug Trial», *International Herald Tribune*, reproduit dans *NYT*, 8 avril 2006.
311. J.-C. St-Onge, *L'envers de la pilule*, p. 132; David Evans et coll., «Drug Industry Human Testing Masks Death, Injury, Compliant FDA», Bloomberg, 2 novembre 2005, http://www.bloomberg.com/apps/news?pid=71000001&refer=news?sid=aspHJ_sFenls.
312. Anik Perreault-Labelle, «Profession: "cobaye"», *Protégez-vous*, septembre 2003, p. 27.

313. Canal Argent, «SFBC International transfère ses essais cliniques de Floride au Québec», *op. cit.*
314. David Evans et coll., «Drug Industry»..., *op.cit.*
315. CTV.ca News Staff, «20 people test positive for TB after Quebec trial», http://www.ctv.ca/servlet/ArticleNews/print/CTVNews/20060310/tb_trial _ap_060310/2006, 10 mars 2006.
316. «20 people test positive...», *op. cit.*
317. David Evans, «SFBC Drug Testers...», *op. cit.*
318. SFBC International, http://www.sfbci/Sfbc/SFBC/client/fr/accueil/ accueil.asp.
319. David Evans, «SFBC Drug Testers Have Tuberculosis After Exposure (Update 2)», http://www.bloomberg.com/apps/news?pid=71000001 &refer=canada&sid=a9SVD66qyqEO.
320. D. Evans et coll., «Drug Industry...», *op. cit.*
321. D. Evans et coll., «Drug Industry...», *op. cit.*
322. D. Evans et coll., «Drug Industry...», *op.cit.*
323. D. Evans et coll. «Drug Industry...», *op.cit.*

Vioxx

324. PBS, *A Newsletter with Jim Lehrer*, Transcript, «Drug failure», 18 novembre 2004, http://www.pbs.org/newshour/bb/health/july-dec04/vioxx_11-18.html.
325. Pierre Chevalier, «Vioxx,, un succès commercial, une publicité bien orchestrée, de nombreuses complicités», www.grouperechercheaction sante.com/vioxxretrait.htm.
326. IMS Health, *Quoi de neuf?*, *op. cit.*, 25 mars 2006, p. 2.
327. Alex Berenson, «For Merck, Vioxx Paper Trail Won't Go Away», *NYT*, 20 août 2005.
328. News Target.com, «Merck caught in scandal to bury Vioxx heart attack risks, intimidate scientists and keep pushing dangerous drugs: Vioxx lawsuits now forming», 10 juin 2005, http://www.newstarget.com/ z002155.html.
329. Alex Berenson, «At Midpoint of Vioxx Trial, Merck Looks Battered, *NYT*, 2 avril 2005.
330. Theresa Agovino, «Merck Tried to Alter Vioxx in 2000», Associated Press, 23 juin 2005.
331. Alex Berenson, «Merck Suffers a Pair of Setbacks Over Vioxx», *NYT*, 18 août 2006; «Merck Loses Vioxx Suit in Texas», *NYT*, 22 avril 2006 «Merck Jury Adds $9million in Damages», *NYT*, 12 avril 2006.
332. Alex Berenson, «In Training Video, Merck Said Vioxx Did Not Increase Risk of Heart Attack», *NYT*, 21 juillet 2005.
333. Cette étude fut publiée en 2000 dans le numéro 343 du *NEJM*, p. 1520-1528.
334. Eric, J. Topol, «Rofecoxib [nom générique du Vioxx], Merck, and the FDA», *NEJM*, 30 décembre 2004, p. 2878.

335. Santé Canada, DPT, « Comité consultatif d'experts sur la pharma-covigilance », 28 janvier 2002.

336. Eric, J. Topol, « Rofecoxib....», *op. cit.*

337. The Associated Press, « Vioxx Data Suggest Risks Started Earlier », repris dans le *NYT*, 19 mai 2006.

338. Alex Berenson, « Merck Admits a Data Error on Vioxx », *NYT*, 31 mai 2006.

339. *Éditorial*, « Le Vioxx : leçons pour Santé Canada et la FDA », *JAMC*, 4 janvier 2005.

340. Henry A. Waxman, « The Lessons of Vioxx — Drug Safety and Sales », *NEJM*, 23 juin 2005, p. 2576-2578. Plusieurs des citations qui suivent sont tirées de la même source.

341. Henry A. Waxman, « The Lessons of Vioxx... », *op. cit.*

342. Bernadette Tansey, « Firm misled doctors on Vioxx, panel says. Sales staff told not do discuss risk study », *San Francisco Chronicle*, http://sfgate.com/cgi-bin/article.cgi?file=/c/a/2005/0.../MNGKLCL3V31. DTL&Type=printable....

343. Sydney Wolfe, M.D., « Vioxx, Other "Super Aspirins" Are Super Disasters — Other Cox-2 Alternatives Have Safety Problems », http://www.citizen.org/publications/release.cfm?ID=7333, 30 septembre 2004.

344. David J. Graham, *Testimony of David J. Graham*, MD, MPH, http://www.consumersunion.org/pub/campaignprescriptionforchange/00 1651.html,18 novembre 2004.

345. D. J. Graham, *op. cit.*

346. *WSJ*, cité dans *News Target. com*, « Merck caught in scandal... », *op. cit.*

347. *NYT*, 16 décembre 2005.

348. Liza Gibson, « Drug company sues Spanish bulletin over fraud claim », *British Medical Journal*, 24 janvier 2004, http://bmjjournals.com/cgi/content/full/328/7433/188?etoc.

349. D. J. Graham, *op. cit.*

350. Eric, J. Topol, « Failing the Public Health — Rofecoxib, Merck and the FDA », *NEJM*, 21 octobre 2004.

351. DPT, *Bulletin canadien des effets indésirables*, Volume 11, numéro 2, 2 avril 2001.

352. D. J. Graham, *op. cit.*

353. *La Presse*, 26 février 2005.

354. DPT, « Affiliation et sommaire d'intérêt pour le Groupe consultatif d'experts/COX-2 ». Réunion 9 et 10 juin 2005.

355. Sally Murray, « Health Canada lukewarm on Vioxx panel findings », *JAMC*, 16 août 2005.

356. *Passeport Santé*, http://www.passeportsante.net/fr/Maux/Problemes/Fiche.aspx?doc=arthrose_pm.

357. Voir notamment Scott D. Solomon et coll., « Cardiovascular Risk Associated with Celecoxib in a Clinical Trial for Colorectal Adenoma

Prevention», *NEJM*, 2005; 352; J. Cotter, E. Wooltorton, «New Restrictions on celecoxib (Celebrex) use and the withdrawal of valdecoxib (Bextra)», *JAMC*, 2005; 172 (10): 1299.

358. James M. Wright, «The double-edged sword of COX-2 selective NSAIDS», *JAMC*, 17 novembre 2002. L'étude CLASS enrôlait des patients pouvant continuer leur traitement à l'aspirine.

359. Santé Canada, *Avis*, «Renseignements sur l'innocuité des anti-inflammatoires non-stéroïdiens (AINS) du sous-groupe des inhibiteurs sélectifs de la cyclo-oxygénase-2 (COX-2): Vioxx (rofecoxib), Celebrex (celecoxib), Bextra (valdécoxib), Mobicox (meloxicam) et les autres formes génériques du meloxicam», 22 décembre 2004, http://www.hc-sc.gc.ca/français/protection/mises_garde/2004/2004_69_f.html.

360. Patricia McGettigan, David Henry, «Cardiovascular Risk and Inhibition of Cyclooxygenase». A Systematic Review of the Observational Studies of Selective and Nonselective Inhibitors of Cyclooxygenase 2», *JAMA*, édition en ligne, 12 septembre 2006, p. E 10.

361. David Graham, «Cox-2 Inhibitors, Other NSAIDS, and Cardiovascular Risk. The Seduction of Common Sense», *JAMA*, édition en ligne 12 septembre 2006, p. E 1.

362. American College of Rheumatology, «Glucosamine and Chondroitin sulfate may be useful for patients with moderate to severe pain from knee osteoarthritis», http://www.rheumatology.org/press/2005/clegg.asp.

363. HRG, *Worstpills.org*, «Safety Alert! Glucosamine and Chondroitin for Knee Arthritis: Still No Evidence of Effectiveness», http://www.worstpills.org/member/ealert.cfm?ea_id=33&print=1.

364. Claudia Wallis, «The Right (and Wrong) Way to Treat Pain», *Time*, 28 février 2005.

365. *Passeport Santé, op. cit.*

Worst Pills Best Pills

366. Karen E. Lasser et coll., «Timing of New Black Box Warnings and Withdrawals for Prescription Medications», *JAMA*, 23 juillet 2006, p. 2215.

367. Worstpills.org, *Ten Rules for Safer Drug Use*, http://www.worstpills.org/public/page.cfm?op_id=48&print=1».

Xenical

368. HRG, *Petition to the FDA to immediately remove the diet drug orlistat (XENICAL) from the market (HRG Publication # 1764*, http://www.citizen.org/publications/print_release.cfm?ID=7423, 10 avril 2006, p. 4.

369. Santé Canada, *Bulletin canadien des effets indésirables*, volume 10, n° 2, mis à jour le 28 novembre 2004.

370. Stephanie Saul, «Hoping for a Blockbuster», *NYT*, 26 avril 2006.

371. Stephanie Saul, «FDA Questions a Planned Over-the-Counter Diet Drug», *NYT*, 21 janvier 2006.

372. Public Citizen, « *Supplement to petition to ban diet drug orlistat (XENICAL)*. *Additionnal information provided about pre-cancerous changes to the colon (HRG Publication # 1771)*, http : www.citizen.org/publications/print_release.cfm ?ID 7436, 5 juin 2006.

373. Santé Canada, *Avis*, « Santé Canada présente au public ses conclusions sur le profil d'innocuité de MERIDIA (sibutramine) », http://www.hc-sc.gc.ca/ahc-asc/meridia/advisories-avis/2003/2003_07_f.html, 28 février 2003.

374. HRG, *Lettre au commissaire de la FDA*, http://www.citizen.org/publications/release.cfrm?ID-7273, 3 septembre 2003.

375. *WPBP News*, « Update On European Regulators And Diet Drugs : Sibutramine (Meridia) Hits A Snag », janvier 2000, p. 7.

376. Stephanie Saul, « Hoping for a Blockbuster », *op. cit.*

377. Mary Duenwald, « Is Your Medicine Cabinet Making You Fat ? », *NYT*, 16 août 2005.

378. Données de Statistique Canada, Stéphanie Bérubé, *La Presse*, 2 juin 2006.

Y a-t-il un pilote... ?

379. David Graham, *Testimony...*, *op. cit.*

380. Gardiner Harris, « Top Democrat Finds FDA's Efforts Have Plunged », *NYT*, 27 juin 2006.

381. Gardiner Harris, « Congressional Investigators Are Critical of FDA's Efforts to Detect Drug Dangers », *NYT*, 24 avril 2006.

382. Ann Silversides, « Former director general : Health Canada needs broader drug safety powers », *JAMC*, 9 mai 2006, p. 174.

383. Institute of Medicine, Report Brief, *The Future of Drug Safety : Action Steps for Congress*, septembre 2006, http://www.nationalacademies.org/.

Zyprexa

384. Jeffrey A. Lieberman et coll., « Effectiveness of Antipsychotic Drugs in Patients with Chronic Schizophrenia », *NEJM*, 22 septembre 2005.

385. Peter Roy-Byrne, M.D., *Journal Watch Psychiatry*, « Maximizing Schizophrenia Outcomes : How Important Is the Initial Selection of Antipsychotic Drug ? », 5 octobre 2005, http://psychiatry.jwatch.org/cgi/content/full/2005/1005/1.

386. RAMQ, *Liste des médicaments*, *op. cit.*, p. 182-183.

387. Shankar Wedantam, *op. cit.*

388. Benedict Carey, « Use of Antipsychotics by the Young Rose Fivefold », *NYT*, 6 juin 2006.

389. *WPBP*, *op. cit.*, p. 176-182.

390. Marilyn Elias, « New antipsychotic drugs carry risks for children », *USA TODAY*, http://www.usatoday.com/news/health/2006/05/01-atypical drugs_x.htm, 2 mai 2006.

391. AHRP, « Yale-Lilly Experiment : Adolescents Rx Toxic Drug for Presumed Mental Illness They Do Not Have », http://www.ahrp.org/cms/content/view/157/80/, 3 mai 2006.
392. Jim Rosack, « Drug-Related Mortality Similar in Antipsychotics », *Psychiatric News*, 6 janvier 2006, http://pn.psychiatryonline.org/cgi/content/full/41/1/34.
393. AHRP, « Yale-Lilly Experiment... », *op. cit.*
394. AHRP, « Yale-Lilly Experiment... », *op. cit.*
395. AHRP, « Rutherford Institute Interview : Allen Jones reveals TMAP drug scam linked to the then Governor George W. Bush », http://www.ahrp.org/infomail/05/10/14.php.
396. Voir *L'envers de la pilule*, *op.cit.*, p. 42.
397. AHRP « Rutherford Institute Interview... » *op. cit.*
398. Government Accountability Project, « Government Drops Corrupt Mental Illness Drug Program », 24 octobre 2005, http://www.whistleblower.org/content/press_detail.cfm ?press_id=277.
399. Jim Rosack, « Drug-Related Mortality Similar in Antipsychotics », *Psychiatric News*, 6 janvier 2006, http://pn.psychiatryonline.org/cgi/content/full/41/1/34.
400. Worstpills.org, *Increased Personal Care Provides Alternative to Antipsychotic Drugs for Elderly Dementia Patients*, http://www.worstpills.org/member/newsletter.cfm?n_id=476&print=, juillet 2006.

INDEX

Les Éditions Écosociété
De notre catalogue

L'envers de la pilule
Les dessous de l'industrie pharmaceutique

J.-CLAUDE ST-ONGE

À l'heure où le public se pose de plus en plus de questions sur l'avenir de notre système de santé et l'augmentation sans cesse croissante de la part des médicaments dans les dépenses de santé, *L'envers de la pilule* est un ouvrage incontournable.

S'appuyant sur une recherche poussée, J.-Claude St-Onge, brosse de sa plume alerte un tableau clair des dessous de l'industrie pharmaceutique. Dans cette synthèse, il dévoile l'envers sombre et alarmant des pratiques de cette industrie et montre comment elle est devenue, au cours des dernières décennies, la plus rentable de toutes.

Son analyse porte entre autres sur les profits colossaux et en constante progression de cet empire financier, les brevets et le monopole des médicaments, les essais cliniques, la recherche et développement, le marketing, la médicalisation des événements de la vie ou l'art de forger des pathologies, les nouveaux médicaments qui n'en sont pas véritablement, trop chers et moins efficaces que les vieilles pilules, les médicaments dangereux, les médicaments plus ou moins utiles. En excellent vulgarisateur, il illustre son propos d'exemples probants.

«À petite dose, on finit par digérer ces faits. Mais, en les mettant bout à bout, la pilule devient difficile à avaler», estime l'auteur.

ISBN 2-923165-09-8   228 pages

écosociété

Faites circuler nos livres.

Discutez-en avec d'autres personnes.

Inscrivez-vous à notre Club du livre.

Si vous avez des commentaires, faites-les-nous parvenir ; il nous fera plaisir de les communiquer aux auteurs et à notre comité éditorial.

Les Éditions Écosociété
C.P. 32052, comptoir Saint-André
Montréal (Québec)
H2L 4Y5

Courriel : info@ecosociete.org
Toile : www.ecosociete.org

NOS DIFFUSEURS

Diffusion Dimédia inc.
539, boulevard Lebeau
Saint-Laurent (Québec) H4N 1S2
Téléphone : (514) 336-3941
Télécopieur : (514) 331-3916
Courriel : general@dimedia.qc.ca

DG Diffusion
ZI de Bogues
31750 Escalquens
Téléphone : 05 61 00 09 99
Télécopieur : 05 61 00 23 12
Courriel : dg@dgdiffusion.com

Diffusion Fahrenheit 451
Rue du Lac 44
1400 Yverdon-les-Bains
Téléphone et télécopieur : 024 425 10 41
Courriel : diffusion@fahrenheit451.ch

*Achevé d'imprimer en novembre 2006 par les travailleurs
et les travailleuses de l'imprimerie Gauvin, Gatineau (Québec),
sur papier certifié Éco Logo contenant 100 % de fibres
post-consommation.*